D1555309

Italian
Business
Dictionary

Morry Sofer

General Editor

MariCarmen Pizarro

Italian Editor

Schreiber Publishing

Rockville, Maryland

Italian Business Dictionary
Morry Sofer
MariCarmen Pizarro

Published by:

Schreiber Publishing
Post Office Box 4193
Rockville, MD 20849 USA
www.schreiberpublishing.com

Library of Congress Cataloging-in-Publication Data

Italian business dictionary / Morry Sofer, general editor ; MariCarmen Pizarro, Italian editor. — 1st ed.
   p. cm.
  ISBN 0-88400-319-1 (pbk.)
  1. Business—Dictionaries. 2. English language—Dictionaries—Italian. 3. Business—Dictionaries—Italian. 4. Italian language—Dictionaries—English. I. Sofer, Morry. II. Pizarro, MariCarmen.

HF1002.I88 2006
330.03—dc

Printed in the United States of America

Introduction

Business language around the world in the twenty-first century is in a state of rapid change. This creates the need for new business dictionaries that are not tied to the past but rather reflect the new global economy. This is particularly true in regard to an English-Italian business dictionary, which brings together two economic systems that are far from identical.

Many of the English business terms in this dictionary are very American-specific. As such, they do not always have equivalent terms in Italian and therefore are explained in some detail.

This dictionary covers many areas of business, such as banking, insurance, real estate, export-import, stock market, and more. In addition, several hundred business-related computer and internet terms have been included.

The user of this dictionary is advised not to look upon all the Italian terms herein included as cast in stone. Some may be questioned by business professionals. But it goes without saying that the need for this kind of dictionary is urgent and should go a long way in contributing to better trade relations between English-speaking and Italian-speaking business partners.

How to Use the Dictionary

The first section of the dictionary—English into Italian—provides definitions and explanations of American business sterms where there is no exact equivalent in Italian. The second section—Italian into English—only lists the key Italian terms and their American equivalents. To use this dictionary effectively, it may be necessary to cross reference the two sections whenever a term needs further clarification.

English computer terms are followed by the word *computer* in parenthesis, and the word *informatica* for the Italian.

The user is reminded that business terminology in general and computer terminology in particular are fast changing these days, and further checking may be necessary for some terms.

Table of Contents

English into Italian

A

a priori statement
dichiarazione a priori
abandonment
abbandono; cessione; rinuncia (al
possesso di un bene)
abandonment clause
clausola di abbandono
abatement
riduzione; abbassamento; sgravio;
deduzione; detrazione
abrogazione; annullamento;
sospensione; soppressione; rescissione.
sconto; ribasso; abbattimento; abbuono
ABC method
metodo ABC
ability to pay
solvibilità; capacità di pagare
abort *(computer)*
uscita, termine del programma;
arresto, interruzione, sospensione
dell'esecuzione (di un programma)
v. abortire, sospendere l'esecuzione (di
un programma) in caso di grave errore
(informatica)
above the line
oltre il limite
(lett.) "sopra la riga". tutte le attività
di comunicazione pubblicitaria che
impiegano i media classici
abrogate
abrogare; annullare con atto di
autorità; abolire; revocare
absence rate
 absenteeism
tasso di assenza
assenteismo
absentee owner
proprietario assenteista
absolute advantage
vantaggio assoluto
absolute liability
responsabilità incondizionata
absolute sale
vendita totale
absorbed
assorbito
absorption costing
contabilità a costi pieni

absorption rate
tasso di assorbimento
abstract of record
estratto del verbale
abstract of title
estratto del certificato di
proprietà
abusive tax shelter
scappatoia fiscale abusiva
accelerated cost recovery system
(ACRS)
sistema accelerato di recupero del
costo
accelerated depreciation
ammortamento accelerato;
ammortamento anticipato;
ammortamento a quote decrescenti
acceleration
accelerazione
acceleration clause
clausola di scadenza anticipata
accelerator
acceleratore
accelerator principle
principio di accelerazione
acceptance
accettazione
acceptance sampling
accettazione su campionatura
access *(computer)*
accesso; punto di accesso; entrata;
noto programma per la gestione di
database relazionali sviluppato da
microsoft.
v. accedere a; entrare (in una banca
dati) *(informatica)*
access right
diritto di passaggio
access time
tempo di accesso
accession
entrata; accesso; immissione
accordo; accrescimento; adesione;
assenso
accommodation endorser, maker
 or party
girante di comodo, girante di favore;
parte interessata

accommodation paper
effetto di comodo; effetto di favore
accord and satisfaction
mutuo consenso
account
conto; saldo; bilancio
v. stimare; considerare; reputare;
ritenere; contare
account executive
funzionario addetto ai contatti coi
clienti – responsabile servizio clienti;
responsabile gestione clienti;
responsabile dei rapporti con i clienti
account number
numero di conto
account statement
estratto conto
accountability
responsabilità; responsabilità di rendere
i conti; resa di conti
accountancy
ragioneria; contabilità
accountant
ragioniere; contabile
accountant's opinion
parere contabile
accounting change
cambio contabile
accounting cycle
ciclo contabile
accounting equation
equazione contabile
accounting error
errore contabile
accounting method
metodo contabile; sistema di
contabilità
accounting period
periodo contabile; esercizio
finanziario; periodo di
contabilizzazione
accounting principles,
accounting standards
principi contabili; principi di
contabilizzazione; criteri contabili
accounting procedure
procedura contabile
accounting rate of return
rendimento medio contabile; tasso di
rendimento contabile
accounting records
registrazioni contabili
accounting software
software contabile

accounting system
sistema contabile
accounts payable
debito; conto passivo; effetto da
pagare; conto fornitori; debito verso
fornitori
accounts payable ledger
registro dei conti da pagare; libro
mastro dei conti da pagare; libro
fornitori
accounts receivable
conto attivo; crediti; effetto
all'incasso; crediti correnti; conto
verso clienti; conto debitori diversi;
credito a breve termine
accounts receivable financing
sconto commerciale; finanziamento su
crediti in essere
accounts receivable ledger
registro dei crediti; libro clienti
accredited investor
investitore accreditato
accretion
accrescimento (nella successione);
estensione; incremento
accrual method
metodo contabile basato sulla
competenza temporale
accrue
maturare; accumularsi; accumulare
accrued interest
interessi in via di maturazione;
interessi da maturare;
rateo interessi
accrued liabilities
ratei passivi; passività maturate
accrued taxes
imposte maturate; imposte e tasse di
competenza
accumulated depletion
svalutazione accumulata
accumulated depreciation
fondo ammortamento
accumulated dividend
dividendi non distribuiti; dividendi
accumulati;
dividendo accumulato. dividendo
arretrato;
dividendi cumulati
accumulated earnings tax or
accumulated profits
tassa sull'accumulazione dei profitti;
imposta sugli utili accantonati;
riserva di utili

acid test ratio
rapporto fra attività e passività
correnti; coefficiente di liquidità
acknowledgment
riconoscimento; ammissione;
conferma; accettazione;
dichiarazione; attestazione; atto
acquisition
acquisizione; acquisto
acquisition cost
costo d'acquisto
acre
acro
acreage
superficie in acri
across the board
uniforme; indiscriminato; generale
act of bankruptcy
atto di fallimento
act of God
causa di forza maggiore
activate *(computer)*
attivare; rendere attivo; lanciare (un
programma); azionare (un pulsante);
mettere in funzione; mettere in
servizio *(informatica)*
activate a file *(computer)*
attivare un archivio; rendere attivo un
archivio *(informatica)*
activate a macro *(computer)*
attivare una macro *(informatica)*
active cell (computer)
cella attiva (informatica)
active income
reddito attivo
active market
mercato attivo
actual cash value
valore contabile effettivo
actual cost
costo reale
actual damages
danni effettivi
actuarial science
scienza attuariale
actuary
attuario
ad infinitum
ad infinitum; all'infinito; senza limiti
ad item
merce che è aggiunta ad un'altra già
venduta, come un accessorio che
cambia il modo in cui l'articolo
originale è utilizzato; per esempio, la

vendita di un portafoglio come
prodotto originale e poi gli accessori,
come una calcolatrice e un'agenda
ad valorem
ad valorem; in base al valore; in
proporzione al valore
addendum
appendice; addendum
additional first-year depreciation
(tax)
ammortamento aggiuntivo per il
primo anno (tasso)
additional mark-on
margine di profitto addizionale
(differenza fra costo e prezzo di
vendita)
additional paid-in capital
sovrapprezzo azioni (capitale versato
in eccesso al valore nominale); Riserva
da sovrapprezzo azioni;
sovrapprezzo azioni (Additional paid-
in capital o anche Other paid-in
capital);
la differenza tra il capitale versato dai
soci e il valore nominale (o dichiarato)
delle azioni emesse
add-on interest
interesse aggiuntivo; interesse
calcolato sull'ammontare del debito
adequacy of coverage
protezione adeguata; copertura
adeguata
adhesion contract
contratto di adesione
adhesion insurance contract
contratto assicurativo di adesione
adjective law
(codice di) procedura
adjoining
contiguo; adiacente
adjudication
aggiudicazione; giudizio; sentenza
adjustable life insurance
polizza vita indicizzata
adjustable margin *(computer)*
margine di regolazione *(informatica)*
adjustable mortgage loan (AML)
mutuo ipotecario a tasso variabile
adjustable-rate mortgage
(ARM)
ipoteca a tasso variabile
adjusted basis or adjusted tax
basis
base corretta o base imponibile
corretta

adjusted gross income
reddito lordo non ancora diminuito
con le deduzioni spettanti
adjuster
liquidatore; perito assicurativo
adjusting entry
scrittura di rettifica
administer
amministrare; gestire
administered price
prezzo amministrato
administrative expense
spese di amministrazione; costi di
gestione
administrative law
diritto amministrativo
**administrative management
society**
società di gestione amministrativa
**administrative services only
(ASO)**
soltanto servizi amministrativi
administrator
amministratore; direttore; gestore
administrator's deed
atto che trasferisce la proprietà di una
persona morta senza testamento
(intestato); atto ab intestato
advance
acconto; anticipo; anticipazione
v. portare avanti; avanzare; progredire;
anticipare
advanced funded pension plan
fondo pensione a finanziamento
anticipato
adversary
avversario; antagonista
adverse opinion
opinione contraria; giudizio
negativo
adverse possession
usucapione
advertising
pubblicità
advertising appropriation
stanziamento pubblicitario; cifra
accantonata per la pubblicità
affective behavior
comportamento affettivo
affidavit
affidavit; attestato; dichiarazione
giurata
affiliated chain
catena (di negozi) associati

affiliated company
società controllata; società affiliata
affiliated retailer
grossista che fa parte di una catena di
commercianti all'ingrosso o promuove
una catena di negozi affiliati
affirmative action
(Lett.) "azione positiva"
insieme di politiche e di programmi
volti ad assicurare uguali opportunità a
tutti gli individui
affirmative relief
(Lett.) "riparazione positiva"
beneficio risultante da un ordine
giudiziario
after market
mercato secondario
after-acquired clause
clausola dell'acquisto successivo
after-acquired property
proprietà dell'acquisto successivo
after-tax basis
base post-tassazione; base al netto
delle imposte
after-tax cash flow
flusso di cassa al netto delle imposte
after-tax real rate of return
rendimento reale post-tassazione
against the box
(Lett.) "Contro il deposito"
vendita allo scoperto di titoli già
posseduti, ma che non possono essere
mobilizzati o dei quali non si vuole
cedere la proprietà. I titoli che devono
essere consegnati al compratore,
devono essere presi a prestito (a
riporto) dal venditore
age discrimination
discriminazione per età
agency
agenzia; rappresentazione; ente
statale; organismo governativo
agency by necessity
rappresentanza per necessità
agent
agente; rappresentante
agglomeration
agglomeramento
agglomeration diseconomies
diseconomie di agglomerazione
aggregate demand
domanda globale; domanda aggregata
aggregate income
reddito complessivo

aggregate indemnity (aggregate limit)
indennizzo totale (limite globale)
aggregate supply
offerta totale
aging of accounts receivable or aging schedule
ageing
(Classificazione dei crediti in base alla scadenza) (Analisi per scadenza dei crediti commerciali)
agreement
accordo; convenzione; intesa; concordato; compromesso; contratto; atto contrattuale; trattato
agreement of sale
contratto di compravendita
agribusiness
complesso di imprese operanti in prodotti agricoli; attività dipendenti dall'agricoltura
air bill
lettera di trasporto aereo
air rights
diritti sullo spazio sopra una proprietà
air freight
trasporto merci via aerea
aleatory contract
contratto aleatorio
alien corporation
società sotto giurisdizione straniera
alienation
alienazione; cessione
alimony
alimenti (nelle cause di separazione); mezzi di sostentamento (dir.)
all risk/all peril
tutti i rischi; tutti i pericoli
allegation
asserzione; dichiarazione
allocate
stanziare; assegnare; collocare; destinare; accantonare; ripartire; allocare
allocated benefits
benefici assegnati
allocation of resources
allocazione delle risorse
allodial
allodiale
allodial system
sistema allodiale
allowance
concessione; ammissione;

assegnazione; stanziamento
sconto; abbuono; riduzione
gratifica; corresponsione
permesso; autorizzazione
indennità; assegno; dotazione
allowance for depreciation
accantonamento al fondo ammortamento; fondo ammortamento
allowed time
tempi ufficiali – tempo concesso/ consentito
alternate coding key (alt key) (computer)
tasto Alt; tasto alternate (informatica)
alternative hypothesis
ipotesi alternativa
alternative minimum tax
imposta minima alternativa
alternative mortgage instrument (AMI)
titolo ipotecario alternativo
amass
ammassare; accumulare
amend
correggere; rettificare; cambiare; modificare
amended tax return
redditi soggetti a tassazione separata
amenities
amenità; comodità
American Stock Exchange (AMEX)
borsa valori americana
amortization
ammortamento
amortization schedule
piano d'ammortamento
analysis
analisi
analysis of variance (ANOVA)
analisi della variazione
analysts
analista; analizzatore
analytic process
processo analitico
analytical review
revisione analitica
anchor tenant
locatario di prestigio
animate (computer)
animare (informatica)
annexation
annessione; aggiunta
annual basis
base annuale

annual debt service
gestione del debito annuale
annual earnings
profitto annuale
annual meeting
assemblea annuale
annual mortgage constant
rata annuale di ammortamento
costante
annual percentage rate (APR)
tasso percentuale annuo
annual renewable term insurance
assicurazione annuale rinnovabile
annual report
bilancio annuale
annual wage
salario annuale
annualized rate
tasso annuale;
annuitant
beneficiario
annuity
annualità; rendita annua
annuity due
annualità dovuta
annuity factor
fattore di annualità
annuity in advance
annualità anticipata
annuity in arrears
annualità arretrata
answer
risposta; soluzione
v. rispondere
anticipated holding period
periodo finanziario anticipato
anticipatory breach
risoluzione/rescissione anticipata di
contratto
antitrust acts
misure antimonopolistiche
antitrust laws
norme antimonopolio
apparent authority
autorità fittizia
appeal bond
cauzione in caso di ricorso in appello
appellate court (appeals court)
court of appeal=corte d'appello
applet *(computer)*
applet (piccolo programma)
un applet è un programma progettato
per essere eseguito all'interno di un
programma-container, ne consegue

che l'applet non può essere eseguito
indipendentemente da un altro
programma) *(informatica)*
application of funds
richiesta di fondi
application program *(computer)*
programma applicativo
(informatica)
application software *(computer)*
software applicativo *(informatica)*
application window *(computer)*
finestra applicativa *(informatica)*
applied economics
economia applicata
applied overhead
costi generali assorbiti
applied research
ricerca applicata
apportionment
ripartizione; spartizione; distribuzione
appraisal
valutazione; stima; perizia
appraisal rights
diritti di recesso
appraise
stimare; valutare; stabilire il valore
monetario
appraiser
esperto; perito; stimatore
appreciate
apprezzare; stimare; valutare
appreciation
apprezzamento; valutazione;
riconoscimento; stima
appropriate
adatto; appropriato; adeguato;
pertinente
v. assegnare; destinare; stanziare;
accantonare; distribuire
appropriated expenditure
denaro accantonato per uno scopo
preciso
appropriation
stanziamenti; destinazione;
accantonamento; allocazione;
impegno di spesa
distribuzione; ripartizione
appropriazione; incameramento
approved list
elenco approvato degli investimenti da
effettuare
appurtenant
annesso; accessorio; pertinente;
legalmente connesso

17

appurtenant structures
strutture annesse/accessorie/
pertinenti; strutture legalmente
connesse
arbiter
arbitro legale
arbitrage
arbitraggio; arbitrato
arbitrage bond
cauzione/ garanzia di arbitraggio
arbitration
arbitrato; arbitraggio
arbitrator
arbitro; mediatore
archive storage
area utilizzatta per l'archiviazione di
vecchi documenti
arm's length transaction
transazione a spanna
array
fila; schiera; serie; ordine; insieme;
disposizione
arrearage
arretrato; debito; morosità
arrears
arretrati; debiti arretrati
articles of incorporation
statuto societario
artificial intelligence (AI)
intelligenza artificiale
as is
tale quale; nello stato in cui trovasi
asked
chiesto; richiesto; domandato
asking price
prezzo dell'offerta
assemblage
assemblaggio
assembly line
catena di montaggio
assembly plant
fabbrica di montaggio; impianto di
montaggio
assess
accertare; stabilire il valore; fare
accertamenti; valutare
v. tassare; gravare di imposte
assessed valuation
valutazione accertata; valore stabilito
da perizia fiscale
assessment
accertamento; valutazione; stima;
perizia del valore;
imposta; tassa; tassazione

assessment of deficiency
accertamento (in rettifica) di deficit
assessment ratio
coefficiente di valutazione
assessment role
ruolo delle imposte
assessor
agente delle imposte; funzionario del
fisco; perito
asset
bene; cespite
asset depreciation range (ADR)
limite di ammortamento
assign
assegnare; attribuire; stabilire;
nominare; designare;
trasferire; cedere; alienare
assignee
assegnatario; concessionario; avente
diritto
assignment
assegnazione; attribuzione;
nomina; designazione; incarico;
trasferimento; concessione;
alienazione
assignment of income
trasferimento di redditi
assignment of lease
cessione contratto d'affitto
assignor
cedente; alienante; parte venditrice
assimilation
assimilazione; assorbimento;
incorporazione
association
associazione; unione;
società; persona giuridica
assumption of mortgage
assunzione di ipoteca
asterisk *(computer)*
asterisco *(informatica)*
asynchronous
asincrono
at par
alla pari
at risk
a rischio
at the close
in chiusura
at the opening
in apertura
attachment
allegato; attacco; legame
accessorio; strumento a corredo

talloncino; appendice
attained age
età raggiunta
attention
attenzione
favore; cortesia
attention line
all'attenzione di
attest
attestare; legalizzare; autenticare;
vidimare;
dimostrare
attorney-at-law
procuratore generale; avvocato
attorney-in-fact
procuratore commerciale; procuratore
ad negotia
attribute sampling
campionamento per attributi
attrition
attrito; logorio; logoramento
auction or auction sale
asta o vendita all'asta
audience
udienza; ascolto
diffusione; indice d'ascolto
pubblico; uditorio; ascoltatori
audit
revisione contabile; controllo
amministrativo; verifica contabile;
certificazione
audit program
programma di revisione
audit trail
lista di controllo (che collega la
revisione ai documenti originali);
controllo e ritrovo (EDP)
auditing standards
principi di revisione contabile
auditor
sindaco (di una società); controllore;
ispettore; revisore ufficiale dei conti
auditor's certificate
attestato del parere dei revisori;
certificato di revisione

**auditor's certificate, opinion or
report**
parere dei revisori;
relazione dei revisori; rapporto dei
sindaci
authentication
autenticazione; legalizzazione;
convalida
**authorized shares or authorized
stock**
azione massime consentite (in base
allo stato societario costitutivo)
automatic (fiscal) stabilizers
stabilizzatori automatici
(fiscali)
automatic checkoff
contributo sindacale trattenuto
automaticamente sulle paghe
automatic merchandising
attività promozionale automatica;
commercializzazione automatica;
merchandising automatico
automatic reinvestment
reinvestimento automatico
automatic withdrawal
prelievo automatico; prelevamento
automatico
auxiliary file *(computer)*
file ausiliario *(informatica)*
average
media
average (daily) balance
saldo medio giornaliero; media
giornaliera dei depositi bancari
average cost
costo medio
average down
copertura al ribasso
average fixed cost
costo fisso medio
average tax rate
aliquota d'imposta media
avoirdupois
avoirdupois (sistema di peso)
avulsion
avulsion

B

baby bond
obbligazione baby; obbligazione USA di piccolo taglio
baby boomers
boom delle nascite
(i nati negli anni del boom economico e demografico del dopoguerra)
back haul
back haul; trasporto di ritorno
back office
ufficio amministrativo di servizio titoli (banche, USA)
back pay
paga arretrata
back up *(computer)*
backup; Copia di sicurezza (informatica)
back up withholding
sistema per controllare il pagamento delle tasse
backdating
retrodatare
background check
verifica precedenti
background investigation
indagine sui precedenti
backlog
lavoro inevaso; arretrato
backslash *(computer)*
barra obliqua inversa *(informatica)*
backspace key *(computer)*
tasto per tornare indietro *(informatica)*
backup file *(computer)*
archivio di sicurezza (informatica)
backward vertical integration
integrazione verticale a monte
backward-bending supply curve
curva dell'offerta di lavoro
bad debt
credito inesigibile; credito irrecuperabile
bad debt recovery
recupero di crediti inesigibili
bad debt reserve
riserva per crediti inesigibili; fondo rischi su crediti
bad title
titolo non valido di proprietà

bail bond
garanzia di pagamento
bailee
depositario garante; consegnatario; comodatario
bailment
deposito di beni in garanzia; comodato; deposito cauzionale
bait and switch advertising
pubblicità con prodotti civetta
bait and switch pricing
prezzi civetta; determinazione dei prezzi per attrarre i clienti
balance
bilancio; bilancia; pareggio; equilibrio resto; saldo; conguaglio; rimanenza a saldo
v. bilanciare; equilibrare; compensare; pareggiare
balance of payments
bilancia dei pagamenti
balance of trade
bilancia commerciale
balance sheet
bilancio annuale; bilancio d'esercizio; stato patrimoniale e conto profitti e perdite; rendiconto annuale
balance sheet reserve
riserva di bilancio
balanced mutual fund
fondo comune di investimento bilanciato
balloon payment
versamento del rateo finale di mutuo (superiore al normale)
ballot
scheda (per votare); votazione segreta
bandwidth
larghezza di banda
bank
banca
v. depositare in banca; tenere denaro in banca; dirigere una banca
bank holding company
società finanziaria bancaria (società che controlla almeno due banche)

bank line
linea di credito
bank trust department
ufficio crediti;
ufficio amministrazioni fiduciarie
banker's acceptance
accettazione bancaria
bankruptcy
fallimento; bancarotta; dissesto
finanziario; "crac"
bar
barra; ostacolo; impedimento
albo degli avvocati; professione
forense; ordine degli avvocati
v. sbarrare; ostacolare; impedire;
precludere; vietare
bar code
codice a barre
bar code label *(computer)*
etichetta di codice a barre
(informatica)
bargain and sale
titolo di proprietà che contiene la
garanzia del venditore di non aver
compiuto nulla che possa interferire
con il trasferimento della piena
proprietà all'acquirente
bargain hunter
cacciatore di offerte/di occasioni/di
affari
bargaining agent
delegato alle trattative (sindacali)
bargaining unit
delegazione sindacale (alle trattative)
barometer
barometro; indice
barter
baratto; scambio; cambio; permuta
v. barattare; scambiare merci o
prodotti
base period
periodo base; periodo di riferimento
base rate pay
paga base (stipendio o salario non
comprensivo di straordinari, gratifiche,
premi)
base rent
affitto-base; noleggio base
base-year analysis
analisi dell'anno base
basic input-output system (bios)
(computer)
sistema operativo base di ingresso e
uscita dati *(informatica)*

basic limits of liability
limiti di responsabilità basici
basic module *(computer)*
modulo di base *(informatica)*
basic operating system *(computer)*
sistema operativo di base *(informatica)*
basis
base
basis point
punto-base
batch application *(computer)*
programma di applicazione sequenziale
(informatica)
batch file *(computer)*
archivio sequenziale *(informatica)*
batch processing
elaborazione di massa; elaborazione a
blocchi, a lotti
battery
violenza privata; aggressione; percosse
baud
baud; unità di velocità di trasmissione
baud rate *(computer)*
velocità di trasmissione *(informatica)*
bear
ribassista; speculatore al ribasso
v. speculare al ribasso; gravare; pesare;
fruttare; rendere; produrre
bear hug
abbraccio dell'orso; offerta favorevole
[lett. abbraccio dell'orso] un'offerta
d'acquisto ostile in cui viene offerto un
premio eccezionalmente alto in modo
da costringere (hug) una società ad
accettare; se la società vittima lascia
intendere che non è contraria alla
fusione purché si alzi il prezzo offerto
per ogni azione, l'espressione usata è
teddy bear hug
bear market
mercato al ribasso
bear raid
speculazione al ribasso
bearer bond
titolo al portatore
before-tax cash flow
flusso di cassa prima della
tassazione
bellwether
indicatore delle tendenze
below par
sotto la pari
benchmark
punto di riferimento

beneficial interest
diritti di un beneficiario; diritto di
usufrutto
beneficial owner
usufruttuario; beneficiario
beneficiary
beneficiario; beneficiato; accreditato
benefit
beneficio; vantaggio; profitto; utilità;
favore
v. beneficiare; trarre profitto; giovare;
avvantaggiare
benefit principle
criterio del beneficio
benefit-based pension plan
piano pensioni/ fondo pensioni/
programma di pensionamento basato
su benefici
benefits, fringe
corresponsione non salariale; beneficio
aggiuntivo; prestazione accessoria;
indennità extra salariale
bequeath
lascito; legato testamentario
v. lasciare per disposizione
testamentaria; lasciare in eredità
bequest
lascito; legato testamentario
best rating
miglior quotazione; miglior
valutazione; miglior stima
beta coefficient
coefficiente "beta"; coefficiente di
rendimento di un titolo
betterment
miglioramento; miglioria
biannual
biannuale; semestrale
bid and asked
denaro e lettera (borsa); corso di
acquisto e offerta (borsa); margine
nella compravendita di titoli
bid bond
cauzione per concorrere a una
licitazione; garanzia di
mantenimento offerta;
fidejussione per l'esecuzione di
lavori
bidding up
far denaro; far salire l'offerta
biennial
biennale
big board
borsa di Wall Street

big-ticket items
beni di investimento molto
costosi
bilateral contract
contratto sinallagmatico; contratto
bilaterale
bilateral mistake
errore bilaterale
bill
effetto; cambiale; titolo
conto; fattura; bolletta
disegno di legge
bill of exchange
cambiale; cambiale-tratta; effetto
bill of lading
polizza di carico
billing cycle
ciclo di fatturazione
binder
caparra; polizza d'assicurazione
provvisoria
bit error rate
(computer)
tasso di errori sui bit (informatica)
bit map *(computer)*
grafica "bit-map"; grafica per punti
(informatica)
black list
lista nera; lista di proscrizione
black market
mercato nero
blank cell *(computer)*
cella vuota *(informatica)*
blanket contract
contratto multiplo; contratto
collettivo
blanket insurance
assicurazione generale; multirischi
blanket mortgage
ipoteca multipla
blanket recommendation
raccomandazione multipla
bleed
al vivo
v. sanguinare; estorcere denaro;
prosciugare fondi
blended rate
tasso combinato
blended value
valore combinato
blighted area
zona di povertà; zona distrutta
blind pool
investimento alla cieca

(lett. gruppo cieco) interazione commerciale o finanziaria fra due o più soggetti i quali non conoscono lo scopo ultimo dell'attività alla quale partecipano, ma si affidano ad uno dei partecipanti, che è il solo ad esercitare la gestione

blind trust
trust cieco

blister packaging
imballaggio plastico

block
blocco
v. bloccare; chiudere; fermare; arrestare

block policy
polizza a blocchi

block sampling
campionamento a blocchi

blockbuster
grande successo

blockbusting
pratica discriminatoria razziale e illegale di allontanamento dei proprietari da un quartiere costringendoli, con minacce, a vendere una casa a una minoranza razziale o etnica, rapidamente e a prezzi bassi

blowout
svendita; emissione calda (condizione in cui, in concomitanza all'emissione di nuovi titoli vi è un'elevata domanda di questi ultimi, con un sollecito assorbimento da parte del mercato

blue collar
lavoratore manuale; operaio; impiegato (colletto bianco)

blue laws
leggi morali ; leggi ispirate al puritanesimo; leggi americane sull'apertura dei pubblici esercizi

blue-chip stock
titolo di prim'ordine

blueprint
piano tecnico dettagliato; progetto; cianografia

blue-sky laws
legge che regola la vendita di titoli(USA)
(leggi dei singoli stati degli usa, diverse da caso a caso)

board of directors
consiglio di amministrazione

board of equalization
organizzazione statale di compensazione

boardroom
sala di consiglio; sala per le assemblee

boilerplate
clausole standardizzate; condizioni generali di contratto le informazioni generiche ripetute in ogni tipo di lettera, etichetta, busta o catalogo postale; ripetitivo; preconfezionato

bona fides
in buona fede; serio

bona fides purchaser
acquirente in buona fede

bond
obbligazione statale; buono del tesoro; obbligazione di società privata

bond broker
intermediario/mediatore di titoli

bond discount
sconto su titoli

bond premium
premio su titoli; premio obbligazionario

bond rating
rating delle obbligazioni affidabilità finanziaria

bonded debt
debito obbligazionario; debito garantito da obbligazione

bonded goods
merce sotto vincolo doganale

book
libro; registro; libro contabile
v. mettere a libro; registrare; contabilizzare; annotare

book inventory
rimanenze contabili

book value
valore contabile; valore di bilancio; valore d'inventario; valore di carico; valore di libro

book-entry securities
titoli scritturali

bookkeeper
contabile; ragioniere

bookmark *(computer)*
favorito *(informatica)*

boondoggle
progetto inutile, dispendioso o fraudolento

boot *(computer)*
inizializzazione; lancio; avvio
(informatica)
boot record *(computer)*
registro di avvio principale
(informatica)
borrowed reserve
riserva presa a prestito
borrowing power of securities
capacità di finanziamento in titoli
bottom
fondo; minimo;
v. mettere in fondo; andare al fondo di;
essere basato; basarsi su; toccare il
fondo
bottom fisher
(lett. pescatore sul fondo) operatore
che ricerca titoli che abbiano il prezzo
attorno ai livelli minimi, e che spesso
sono addirittura di società vicine alla
bancarotta
bottom line
risultato finale; profitti; reddito netto;
ultima riga (Termine gergale per
indicare il reddito netto).
Boulewarism
offerta prendi o lascia; offerta
prendere o lasciare
boycott
boicottaggio
bracket creep
salto di scaglione; slittamento degli
scaglioni d'imposta;
aliquota effettiva di imposta più
elevata
brainstorming
tempesta di idee; generazione di idee in
gruppo
branch office manager
direttore di filiale
brand
marchio; marca; qualità; tipo
v. marcare; segnare (col marchio di
fabbrica)
brand association
associazioni collegate alla marca
brand development
sviluppo del marchio
brand development index (BDI)
indice di sviluppo del marchio
brand extension
estensione della marca
brand image
immagine del prodotto

brand loyalty
fedeltà alla marca; fedeltà dei
consumatori a un determinato
prodotto
brand manager
direttore di marca; direttore di
prodotto; responsabile di marketing di
una determinata linea di prodotti
brand name
marca; nome del prodotto
brand potential index (BPI)
indice di potenzialità del marchio
brand share
quota di mercato di una marca
breach
infrazione; rottura; violazione;
inadempienza; abuso; breccia
v. aprire una breccia; squarciare
breach of contract
inadempimento del contratto;
inadempienza contrattuale; rottura di
contratto
breach of warranty
infrazione di garanzia
breadwinner
capofamiglia; sostegno della famiglia
break
rottura; interruzione
intervallo; pausa; sosta
diminuzione; calo
v. rompere; interrompere; spezzare
cambiare; fallire; andare in rovina; fare
bancarrotta
break-even analysis
analisi del punto di equilibrio
break-even point
punto di equilibrio; punto di pareggio
fra costi e ricavi; fatturato minimo per
chiudere in pareggio
breakup
rottura; scioglimento; realizzo;
svendita; liquidazione
bridge loan
credito provvisorio; credito interinale
crediti di brevissima durata; prestito a
breve termine;
credito ponte
brightness *(computer)*
luminosità *(informatica)*
broken lot
lotto incompleto; partita (di merci)
incompleta
broker
intermediario; mediatore; broker

broker loan rate
tasso d'interesse sul prestito
all'intermediario
brokerage
mediazione; intermediazione
brokerage allowance
commissione di mediazione
browser *(computer)*
navigatore *(informatica)*
bucket shop
agenzia di cambio illegale; ufficio di
agenti che trattano azioni di scarso
valore
budget
budget; bilancio preventivo; bilancio di
previsione
budget mortgage
ipoteca che richiede pagamenti mensili
per tasse ed assicurazione oltre
all'interesse e al capitale
buffer stock
stock di riserva; scorta di sicurezza
building code
regolamento edilizio
building line
linea di arretramento; linea de
allineamento della costruzione
building loan agreement
contratto di prestito immobiliare
building permit
licenza di costruzione; licenza edilizia
built-in stabilizer
stabilizzatore automatico
bull
rialzista; speculatore al rialzo; fase
rialzista
bull market
mercato al rialzo
bulletin
bollettino; comunicato; dispaccio
bulletin board system (BBS)
bacheca elettronica; bollettino
elettronico; archivio elettronico on
line
bunching
raggruppamento; concentramento
bundle-of-rights theory
teoria di un insieme di diritti
burden of proof
obbligo della prova; obbligo della
testimonianza
bureau
ufficio; agenzia; dipartimento
governativo; ufficio federale; ufficio

informazioni
bureaucrat
burocrate
burnout
esaurimento
business
affare; affari; azienda; ditta; impresa;
commercio; attività; lavoro;
occupazione
business combination
concentrazione d'aziende; fusione
aziendale
business conditions
condizioni di affari
business cycle
ciclo economico; ciclo
commerciale
business day
giorno lavorativo
business ethics
etica degli affair; etica d'impresa
business etiquette
norme di comportamento negli affair;
bon-ton nel mondo degli, affari,
galateo e buone maniere applicati al
contesto lavorativo
business interruption
interruzione di attività
business reply card
cartolina con risposta pagata
business reply envelope
busta pre-indirizzata con affrancatura
prepagata
business reply mail
corrispondenza commerciale di
risposta
business risk exclusion
esclusione di rischio commerciale
business-to-business advertising
comunicazione pubblicitaria rivolta ad
un'altra azienda e non al consumatore
finale
bust-up acquisition
scalata bust-up
acquisizione di una società effettuata
per mezzo dell'emissione di debito che
sarà rimborsato tramite la vendita delle
attività presenti nella società
obiettivo
buy
comperare; acquistare; fare acquisti
buy down
buy down; riduzione iniziale del tasso
d'interesse

buy in
riacquisto
v. riscattare; ricomperare; stoccare;
riprendersi
buy order
ordine d'acquisto
buy-and-sell
accordo di compravendita; accordo di
compravendita di quote
agreement
azionarie per mantenere il controllo
buy-back agreement
accordo per la costruzione di un
impianto contro acquisto di parte della
produzione
buyer
acquirente; compratore
buyer behavior
comportamento dell'acquirente
buyer's market
mercato al ribasso; mercato dei
compratori
buying on margin
acquisti con margine;
acquisto con versamento d'anticipo

buyout
buyout; scalata;
rilevare; acquisire il controllo;
comperare il pacchetto di maggioranza
buy-sell agreement
accordo acquisto-vendita; accordo di
compravendita; accordo di
compravendita di quote azionarie per
mantenere il controllo
buzzwords
parole chiave; gergo
buy the book
secondo le regole; secondo la
procedura
bylaws
legge comunale; legge locale; ordinanza
comunale; statuto; regolamento;
normativa societaria
bypass trust
amministrazione di eredità per evitare
il pagamento di imposte sulla
successione
by-product
sottoprodotto; succedaneo; prodotto
derivato

C

C&F
costo e nolo
cable transfer
rimessa telegrafica; bonifico
telegrafico
cache
nascondiglio; deposito segreto;
provviste nascoste
cache *(computer)*
cache; è un insieme di dati che viene
raccolto in un locazione temporanea;
dove può essere recuperato
velocemente su richiesta
(informatica)
cadastre
catasto
cafeteria benefit plan
programma flessibile di benefici;
permette agli impiegati la libera scelta
della struttura dei propri benefici
calendar year
anno solare; anno di calendario
call
chiamata; richiamo; invito;
convocazione; appello; chiamata
nominale; richiesta di pagamento
v. chiamare; richiamare; invitare;
convocare; richiedere; esigere -
tipologia di covered warrant che
attribuisce al suo possessore il diritto
ma non l'obbligo di acquistare, a una
certa data, una determinata quantità
del sottostante a un prezzo prefissato
call feature
caratteristiche della chiamata
call option
opzione di acquisto
call premium
premio su rimborso anticipato; premio
dont; premio di rialzo
call price
prezzo di rimborso
call report
verbale di ogni incontro; magari
semplicemente telefonico; avvenuto
tra l'agenzia e il cliente
callable
esigibile; estraibile; redimibile;

rimborsabile; sorteggiabile
cancel
cancellare; abrogare; annullare;
stornare; revocare; disdire; rescindere
cancellation clause
clausola di disdetta
cancellation provision clause
clausola di decadenza
dell'accantonamento
capacity
capacità; possibilità; abilità; funzione;
ufficio; veste; qualifica; capienza;
capacità di contenuto
capital
capitale; capitali; patrimonio; fondo di
dotazione; fondo di capitale
capital account
conto capitale; conto patrimoniale;
bilancia dei movimenti di capitale
capital assets
immobilizzazioni; capitale fisso;
cespiti patrimoniali
capital budget
budget degli investimenti; previsioni
del fabbisogno di capitali
capital consumption allowance
ammortamento degli investimenti
capital contributed in excess of
 par value
contributo di capitale in eccedenza a
valore nominale
capital expenditure
immobilizzi; investimento di capitali;
spese in conto capitale
capital formation
formazione di capitale
capital gain
plusvalenza; sopravvenienza attiva;
utile da capitale
capital loss
perdita di capitale; minusvalenza;
sopravvenienza passiva
capital goods
beni strumentali; attrezzature; beni di
investimento
capital improvement
aumento di capitale

capital investment
investimento di capitali
capital intensive
ad intensità di capitale
capital lease
locazione di capitale
capital loss
perdita di capitale; mercato finanziario
capital market
mercato dei capitali; mercato
finanziario
capital nature flight
fuga di capitali
capital rationing
razionamento del capitale
capital requirement
fabbisogno di capitali
capital resource
fondi di finanziamento; mezzi
finanziari
capital stock
capitale azionario
capital structure
struttura del capitale
capital surplus
eccedenze di capitale; sovrapprezzo
azioni (US)
capital turnover
rotazione di capitali
capitalism
capitalismo
capitalization rate
tasso di capitalizzazione
capitalize
capitalizzare; trasformare in capitale;
trasformare in valore attuale
capitalized value
valore capitalizzato; valore attuale
caps
limiti; soglia massima
caps lock key
tasto che mette le lettere in maiuscolo
caps lock key
(computer)
tasto che mette le lettere in maiuscolo
(informatica)
captive finance company
società finanziaria dipendente
cargo
carico; caricamento; merce trasportata
cargo insurance
assicurazione sul carico
carload rate
tariffa ridotta (per carichi consistenti)

carrier
vettore; corriere; spedizioniere;
consegnatario (per trasporto merci via
terra)
carrier's lien
privilegio del trasportatore; diritto
di ritenzione della impresa tras
portatrice
carrot and stick
il bastone e la carota (strategia nelle
contrattazioni)
carryback
riporto (da esercizi precedenti)
carrying charge
spese bancarie e (costi) di
mantenimento
carryover
riporto da esercizi precedenti
cartage
trasporto su carro; carriaggio; ritiro e
consegna a domicilio
cartel
cartello; accordo (per regolare i prezzi
e la produzione in un determinato
ramo di attività)
case-study method
metodo della casistica; metodo dello
studio dei casi
cash
cassa; denaro contante; liquido;
disponibilità
v. incassare; riscuotere; realizzare
cash acknowledgement
conferma di versamento
cash basis
criterio di cassa; su base cassa; metodo
contabile basato sull''incassato
cash budget
pianificazione della liquidità;
preventivo di cassa
cash buyer
acquirente /cliente che ordina
allegando il proprio pagamento
cash cow
"mucca da latte" (azienda, attività o
prodotto di grande redditività)
cash discount
sconto di cassa; sconto per pagamento
in contanti
cash disbursement
versamento in contanti; uscita di cassa
cash dividend
dividendi in denaro liquido; dividendo
erogato

cash earnings
introiti di cassa
cash equivalence
investimenti a breve termine
altamente liquidi che sono convertibili
in importi noti di denaro e che sono
soggetti a rischi non significativi di
cambiamenti di valore
cash flow
"cash flow"; flusso di cassa; reddito
societario come misura delle
consistenze
cash market
mercato in contanti
**cash on delivery
(COD)**
pagamento alla consegna;
contrassegno; consegna contro
rimborso
cash order
mandato di pagamento; buono di cassa
cash payment journal
libro di cassa dei pagamenti in
contanti
cash position
situazione di cassa
cash ratio
rapporto fra disponibilità liquide e
pasivita; coefficiente di liquidità
cash register
registratore di cassa
cash reserve
riserva di cassa; fondo cassa
cash surrender value
valore di riscatto (ass.)
cashbook
libro cassa
cashier
cassiere
cashier's check
assegno di cassa; assegno circolare
(spiccato dalla banca su se stessa in
favore di terzi)
casual laborer
lavorante a giornata
casualty insurance
assicurazione contro sinistri; polizza
r.c.
casualty loss
perdite accidentali
catastrophe hazard
pericolo di catastrofe
catastrophe policy
politica di catastrofe

cats and dogs
(letterale) cani e gatti:
titoli azionari dei quali non si conosce
a sufficienza la storia dei risultati
passati; e quindi sono generalmente
considerati come dubbie opportunità di
investimento
titoli di borsa di bassa
quotazione
cause of action
causa di azione legale
CD-writer *(computer)*
masterizzatore
(informatica)
CD-burner
(computer)
bruciatore
(informatica)
cell definition
definizione di cella
cell definition
(computer)
definizione di cella
(informatica)
cell format
formato di cella
cell format *(computer)*
formato di cella *(informatica)*
censure
censura
central bank
banca centrale
**central business
district (CBD)**
centro degli affair città; cuore
finanziario della città
central buying
centrale di acquisti
central planning
pianificazione centrale
central precessing unit (CPU)
(computer)
unità centrale *(informatica)*
central tendency
tendenza centrale
centralization
centralizzazione; accentramento
certificate of deposit (CD)
certificato di deposito
certificate of incorporation
atto costitutivo di società; certificato
di costituzione di società
certificate of occupancy
certificato di abitabilità

certificate of title
certificato di proprietà; titolo di proprietà
certificate of use
certificato d'uso
certification
certificazione; attestazione autenticazione; legalizzazione; vidimazione
certified check
assegno a copertura garantita; assegno vistato dalla banca; assegno coperto
certified financial statement
relazione certificata di bilancio; rendiconto gestionale certificato/ autenticato
certified mail
lettera raccomandata
chain feeding
alimentazione a catena
chain of command
catena di commando
chain store
negozio a catena
chainman of the board
presidente de consiglio di amministrazione
chancery
cancelleria; corte di giustizia
change
variazione; cambio; cambiamento; mutamento; scambio; sostituzione; trasformazione
v. cambiare; mutare; variare; trasformare; alterare; sostituire; rimpiazzare
change of beneficiary provision
cambio di clausola beneficiaria
channel of distribution
canale di distribuzione
channel of sales
canale di vendita
character
carattere; indole
character *(computer)*
carattere tipografico *(informatica)*
charge
carico; responsabilità; incarico; onere; imposta; tassa; onere; obbligo; impegno; addebito; imputazione; spesa; costo
v. caricare; accusare; incolpare; far pagare; chiedere un prezzo; addebitare; imputare; mettere in conto; affidare;

incaricare; designare; tassare; imporre tributi
charge buyer
cliente che compra con carta di credito
chart *(computer)*
grafico; diagramma; tabella *(informatica)*
chart of accounts
piano dei conti
charter
carta; atto; statuto; autorizzazione; privilegio; esclusiva; concessione; licenza
v. noleggiare (aerei, navi)
chartist
chartista:
esperto nell'interpretazione e nell'analisi dei grafici rappresentativi dell'andamento di grandezze economiche
chat forum
forum di discussione
chat forum *(computer)*
forum di discussione *(informatica)*
chattel
bene mobile; bene personale; proprietà non ammobiliare
chattel mortgage
ipoteca su beni mobili; mutuo su pegno
chattel paper
uno o più scritti che comprovano l'esistenza di un'obbligazione monetaria e di una garanzia su beni determinati
check
controllo; verifica; arresto; freno; ostacolo; scontrino; contromarca; assegno bancario; conto; bolletta
v. esaminare; controllare; verificare; arrestare; frenare; rallentare; contrassegnare; spuntare; depositare; lasciare in consegna; emettere un assegno
check digit
cifra di controllo
check protector
apparecchi per protezione di assegni
check register
registro assegni
checkstub
blocchetto di matrici (degli assegni staccati)

check-kiting
emissione e riscossione indebita di assegni; assegni a vuoto
Chief Executive Officer (CEO)
direttore generale; presidente
Chief Financial Officer (CFO)
direttore finanziario
Chief Operating Officer (COO)
direttore delle operazioni
child and dependent care credit
credito per l'assistenza all'infanzia e ai dipendenti
chi-square test
test del chi-square
chose in action
diritto a bene mobiliare per il cui possesso è neccesaria un'azione legale
churning
rotazione elevata
CIF
costo; assicurazione; nolo
cipher
cifra; zero; cifrario; codice; messaggio cifrato
v. cifrare; mettere in codice; calcolare
circuit
giro; circuito; rotazione; organizzazione a catena
circuit board *(computer)*
piastra *(informatica)*
civil law
diritto privato; diritto civile
civil liability
responsabilità civile verso terzi
civil penalty
sanzione civile
claim
diritto; pretesta; titolo; rivendicazione reclamo; ricorso; richiesta di rivendicazione; indennizzo; indennità; risarcimento
class
classe; ordine; tipo; categoria
class action B shares
azioni classe B azioni di gruppo/collettive per titoli classe B
classification
classifica; classificazione
classified stock
azioni classificate; titoli azionari classificati

clause
clausola; disposizione; frase
clean
pulito; netto; senza riserve; incondizionato; senza restrizioni
clean hands
mani pulite
cleanup fund
frase che serve a determinare l'importo delle polizze vita in una famiglia
clear
chiaro evidente; distinto; libero; esente; senza ostacoli; sgombro; senza deduzioni; netto
v. chiarire; saldare; riscattare; liberare; liquidare; svendere
clear title
titolo franco e libero
clearance sale
liquidazione; svendita
clearinghouse
stanza di compensazione
clerical error
errore di trascrizione; svista di un impiegato
clerk
impiegato; commesso di negozio (US)
client
cliente
clipboard *(computer)*
appunti: area di memoria temporanea che conserva l'ultima informazione inseriva dall'utente (testo, immagine, suono, ecc. *(informatica)*
close
chiusura; conclusione; fine; termine; v. chiudere; finire; concludere
close corporation plan
piano di società a ristretta base azionaria
close out
chiusura forzata
closed account
conto chiuso
closed economy
economia chiusa
closed stock
merce venduta in modo chiuso
closed-end mortgage
ipoteca limitata; mutuo ipotecario chiuso

closed-end mutual fund
fondo comune di investimento chiuso
closely held corporation
società a ristretta partecipazione
azionaria (US)
closing
di chiusura; ultimo; finale
closing agreement
accordo finale
closing cost
spese di chiusura; spese contrattuali
closing date
termine utile; data di chiusura
closing entry
scrittura di chiusura; registrazione di
inventario
closing inventory
rimanenze finali
closing price
prezzo di chiusura
closing quote
prezzo di chiusura
closing statement
conto riepilogativo
estratto conto di chiusura
cloud on title
incertezza apparente su un diritto
cluster analyst
analisi dei cluster; analisi dei gruppi
cluster housing
edilizia/ abitazioni in condominio
cluster sample
campione a grappoli
cluster sampling
campionamento a grappoli
code
codice
code oh ethics
codice di etica professionale
codicil
codicillo
coding of accounts
codificazione dei conti;
codificazione contabile; classificazione
dei conti
coefficient of determination
coefficiente di determinazione
coinsurance
coassicurazione
collateral assignment
trasferimento a titolo di garanzia
cold canvass
primo contatto con la clientela
potenziale

collapsible corporation
società liquidata prima della
distribuzione degli utili (al fine di
evadere le imposte)
collateral
garanzia; collaterale; ausiliario;
accessorio; supplementare; garantito
collateralize
dare a garanzia; prestare garanzia;
depositare a cauzione
collateralized mortgage obligation
(CMO)
obbligazione garantita da ipoteca
colleague
collega; compagno di lavoro
collectible
riscuotibile; esigibile; incassabile
collection
raccolta; collezione; ritiro; prelievo;
incasso; esazione; riscossione; colletta
collection ratio
rapporto di conversione in cassa
collective bargaining
contrattazione collettiva (sindacale)
collusion
collusione; fraudolento
collusive oligopoly
oligopolio collusivo
column chart/graph *(computer)*
grafico a colonne *(informatica)*
combinations
combinazioni; leghe; alleanze;
associazioni; consorzi
comfort letter
lettera di gradimento
command
ordine; comando; padronanza;
autorità; dominio
v. ordinare; comandare; controllare
command economy
economia pianificata; economia
diretta dal centro
commencement of
coverage
inizio della copertura assicurativa
commercial
commerciale; mercantile
commercial bank
banca commerciale; banca di credito
ordinario
commercial blanket bond
cauzione generale commerciale
commercial broker
intermediario commerciale

commercial credit insurance
assicurazione sui crediti commerciali
commercial forgery policy
polizza contro la contraffazione/
falsificazione commerciale
commercial forms
formulari commerciali
commercial health insurance
assicurazione commerciale sulla salute
commercial law
diritto commerciale
commercial loan
finanziamento commerciale;
prestito produttivo; finanziamento a
breve
commercial paper
carta commerciale; effetti e titoli di
credito negoziabili
commercial property
immobile adibito a uso commérciale
commercial property policy
politica di adibito a uso commerciale
commingling of funds
confusione dei fondi; ricorso alla
copertura di un'attività legittima
per confondere la provenienza di
capitali
commission
commissione; provvigione;
percentuale
comitato; delegazione
commission broker
intermediario a commissione
commitment
obbligo; impegno
commitment free
libero da impegni
commodities futures
operazioni a termine
mercati a termine
commodities
materie prime; merce; bene; prodotto;
articolo
commodities cartel
cartello di materie prime
common area
area comune; zona comune
common carrier
autotrasportatore; agenzia di
trasporti
common disaster clause
clausola di disastro comune
common elements
elementi comuni

common law
diritto consuetudinario; diritto
"comune"
common stock
azione ordinaria; titolo ordinario
common stock equivalent
equivalente di azioni ordinarie
common stock fund
fondo di azioni ordinarie
common stock ratio
rapporto fra il valore delle azioni
ordinarie e il valore di tutte le altre
azione emesse (US)
communications network
rete di comunicazioni
communism
comunismo
community association
associazione comunitaria
community property
comunione dei beni (nel matrimonio)
commutation right
diritto di commutazione
commuter
pendole
commuter tax
tassa del pendolare
co-mortgagor
codebitore ipotecario
company
compagnia; società; impresa; azienda
company benefits
benefici dell'impresa; prestazioni
dell'impresa
company car
automobile dell'impressa
company union
sindacato interno aziendale; sindacato
patronale; sindacato "giallo"
comparable worth
valore comparabile/ confrontabile
comparables
confrontabili
comparison shopping
processo di confrontare prezzi e
condizioni di vendita prima di
effettuare un acquisto
comparative financial statements
bilanci comparati
comparative negligence
negligenza comparativa
compensative balance
saldo compensativo (deposito
obbligatorio per le imprese che

ottengono fido bancario, US)
compensating error
errore di compensazione (in
contabilità)
compensation
compenso; retribuzione; indennizzo;
risarcimento
compensatory stock options
opzioni per l'acquisto di azioni
compensatory time
tempo compensativo
competent party
parte competente
competition
concorrenza; competizione
competitive bid
asta competitive; offerta comparativa
competitive party
parte competitive
competitive party method
metodo della parte competitive
competitive strategy
strategia competitive
competitor
concorrente; competitore
compilation
redazione; compilazione
compiler
compilatore
complex capital structure
struttura complessa di capitale
complete audit
revisione contabile completa
completed contract method
metodo per la conclusione dei
contratti
completed operations insurance
assicurazione di esecuzione completa
completion bond
garanzia di esecuzione di contratto
complex trust
fondo d'investimento complesso
compliance audit
verifica di conformità
compliant
compiacente; arrendevole
component part
componente
composite depreciation
svalutazione mista; deprezzamento
misto;
composition
composizione; accordo;
intesa

compound growth rate
tasso di incremento composto
compound interest
interesse composto
compound journal entry
registrazione contabile composta;
registrazione a libro giornale composta
**comprehensive annual financial
report (CAFR)**
rapporto finanziario dettagliato;
rendiconto di bilancio dettagliato;
relazione dettagliata
comprehensive insurance
assicurazioni miste; polizza
globale
compress *(computer)*
comprimere; condensare (i dati)
(informatica)
comptroller
controllore; revisore; ispettore
compulsory arbitration
arbitrato coercitivo; forzato
compulsory insurance
assicurazione obbligatoria
compulsory retirement
pensionamento obbligatorio
computer
"computer"; calcolatore; elaboratore
elettronico
computer-aided *(computer)*
assistito da elaboratore
(informatica)
concealment
dissimulazione; occultamento
concentration banking
concentrazione bancaria
concept test
valutazione di idea/concetto di
prodotto
concern
faccenda; affare; azienda; ditta;
impresa; interesse; partecipazione
concession
agevolazione; concessione;
facilitazione; diritto; privilegio
conciliation
conciliazione
conciliator
conciliatore; arbitro
condemnation
condanna; confisca;
esproprio
condition precedent
condizione sospensiva

condition subsequent
condizione risolutoria
conditional contract
contratto condizionato
conditional sale
vendita condizionata; vendita con
riserva
conditional-use permit
permesso di uso condizionato
conference call
conferenza telefonica
confidence game
truffa all'americana; imbroglio
confidence interval
intervallo di confidenza
confidence level
grado di affidabilità
confidential
riservato; confidenziale; segreto
confirmation
conferma; approvazione; ratifica;
convalida
conflict of interest
conflitto di interessi
conformed copy
copia conforme
confusion
confusione; disordine
conglomerate
conglomerato; grande impresa
diversificata
conservatism
conservatorismo
conservative
conservatore
consideration
considerazione; riguardi; interesse;
compenso; corrispettivo; retribuzione
consignee
consegnatario; destinatario; ricevente;
depositario
consignment insurance
assicurazione di spedizione
consignor
mittente; latore; speditore
consignment
spedizione; invio
consistency
consistenza; solidità
console
quadro di commando; console
consolidated financial
statement
bilancio consolidato

consolidated fax return
denuncia dei redditi consolidata;
dichiarazione delle imposte consolidata
consolidation loan
prestito consolidato
consolidator
consolidatore; intermediario che
provvede al raggruppamento delle
merci
consortium
consorzio; associazione temporanea
constant
costante; elemento invariabile
constant dollars
dollari costanti
constant-payment loan
credito a rata costante
constituent company
impresa costituente
constraining factor
fattore limitante/ vincolante
limiting factor
fattore limitante
construction loan
finanziamento immobiliare a breve
constructive notice
presunzione di conoscenza;
conoscenza presunta
constructive receipt of income
presunta percezione di reddito a fini
contributive
consultant
consulente; esperto; perito
consumer
consumatore; utente
consumer behavior
comportamento del consumatore
consumer goods
beni di consumo
consumer price index (CPI)
indice dei prezzi al consumo
consumer protection
protezione del consumatore
consumer research
ricerca di mercato sui bisogni dei
consumatori
consumerism
consumismo
consumption function
funzione di consumo
container ship
nave per trasporto di container
contestable clause
clausola contestabile / impugnabile

contingency fund
fondo per le contravvenienze; fondo di previdenza
contingency planning
pianificazione delle contingenze
contingency table
tavola di contingenza
contigent fee
parcella condizionata al buon esito della causa patrocinata
contigent liability
impegno collaterale di secondo grado; sopravvenienza passiva
continuing education
educazione continua
continuity
continuità
continuous audit
revisione/ verifica constante/ permanente
continuous process
processo produttivo a ciclo continuo
continuous production
produzione a ciclo continuo
contra-asset account
conto di contropartita; giroconto; conto d'ordine; posta rettificativa: una posta (conto) che rettifica il valore di un'attività e che dunque ha il saldo sempre in avere; ad esempio, il fondo svalutazione crediti è una posta rettificativa dei crediti commerciali
contract
contratto; convenzione; patto
contract carrier
vettore contrattuale
contract of indemnity
contratto di indennizzo
contract price (tax)
prezzo contrattuale (tassa)
contract rate
tasso contrattuale
contract rent
affitto stabilito per contratto
contraction
contrazione; restringimento
contractor
imprenditore; agente commissionario; aggiudicatario; appaltatore
contrarian
chi preferisse investire in titoli che hanno avuto performance negative convinto di un possibile recupero nel

lungo termine; il metodo si basa principalmente sul fare sistematicamente il contrario di ciò che fanno tutti ovvero comprare sui minimi e vendere sui massimi
contrast *(computer)*
contrasto *(informatica)*
contribution
contributo, contribuzione
contribution profit margin
margine di contribuzione
contributory negligence
concorso di colpa
contributory pension plan
piano pensionistico con contributi (del datore di lavoro e dei dipendenti)
control
controllo; autorità; potere
v. sorvegliare; controllare; verificare
control account
conto sintetico; conto riepilogativo
control key (ctrl) *(computer)*
tasto di servizio *(informatica)*
controllable costs
costi controllabili
controlled company
società controllata
controlled economy
economia controllata; dirigismo
controller
controllore; revisore
controlling interest
partecipazione di maggioranza; quota di controllo; cointeressenza di controllo
convenience sampling
campionamento scelto in base alla comodità e disponibilità
conventional mortgage
ipoteca ordinaria
conversion
conversione; trasformazione; appropriazione indebita; distrazione
conversion cost
costo di trasformazione
conversion factor for employee contributions
fattore di conversione per contributi degli impiegati
conversion parity
parità di conversione
conversion price
prezzo di conversione

conversion ratio
rapporto di conversione
convertible term life insurance
rssicurazione sulla vita
temporaneamente convertibile
convertibles
convertibili
convey
trasportare; portare; convogliare;
trasferire; cedere; trasmettere
conveyance
trasporto; trasmissione; trasferimento
(di proprietà); trapasso (di proprietà);
cessione
cooling-off period
periodo di tregua salariale (imposto dal
governo)
co-op
cooperativa; cooperazione
cooperative
cooperativo; cooperativa; società
cooperativa; gruppo d'acquisto
cooperative advertising
pubblicità a favore del rivenditore
cooperative apartment
appartamento cooperativo
copy- protected *(computer)*
protezione di copia *(informatica)*
copyright
proprietà letteraria; diritto d'autore
cornering the market
accaparramento; incetta
corporate bond
titolo obbligazionario di società
corporate campaign
campagna corporativa
corporate equivalent yield
rendimento equivalente corporativo
corporate strategic planning
pianificazione strategica corporativa
corporate structure
struttura corporativa
corporate veil
velo corporativo
corporation
corporazione; ente giuridico; persona
giuridica; società di capitali
corporeal
corporale; corporeo; fisico; materiale
corpus
corpo; consistenza patrimoniale (di
fondo fiduciario)
correction
correzione; rettifica; variazione;

modifica
correlation coefficient
coefficiente di correlazione
correspondent
corrispondente
corrupted *(computer)*
alterato; degradato *(informatica)*
cosign
cofirmare
cost
costo; prezzo; valore; spesa; onere
v. costare; stimare; valutare il costo;
preventivare; determinare il costo
cost accounting
analisi dei costi; contabilità basata
sui costi; contabilità analitica di
esercizio; contabilità industriale
cost application
ripartizione dei costi
cost approach
costo approssimato
cost basis
costo base; costo di acquisizione
cost center
centro di pagamento
cost containment
contenimento dei costi
cost method
metodo del costo
cost objective
obiettivo dei costi
cost of capital
costo del capitale; costo dei
fondi
cost of carry
costo di trasporto
cost of goods manufactured
costo dei manufatti
cost of goods sold
costo delle merci vendute
cost overrun
sconfinamento nei costi; sovraccosto
cost records
contabilizzazione dei costi; registro dei
costi
cost-benefit analysis
analisi preventiva della convenienza
dei costi; previsioni sulla redditività
cost-effectiveness
redditività dei costi
cost-of-living adjustment
(COLA)
aumento della contingenza; scatto
nella scala mobile

cost-push inflation
inflazione da costi
co-tenancy
locazione in comune; coaffittanza
cost-plus contract
contratto dei costi totali più una
percentuale fissa; contratto
comprendente il rimborso delle spese
cottage industry
industria a conduzione familiare
counsel
avvocato; consulente legale
consulenza; consiglio; parere
v. consigliare; fare consulenza
counterclaim
controrichiesta; controquerela;
controreclamo; domanda
riconvenzionale
v. presentare una controrichiesta;
inoltrare domanda riconvenzionale;
fare una controquerela
countercyclical policy
politica anticongiunturale
counterfeit
contraffazione; falsificazione
v. contraffare; falsificare; imitare
countermand
contrordine; annullamento; revoca
v. fermare; revocare; annullare
counteroffer
controfferta
coupon bond
obbligazione con cedole al portatore
court of record
tribunale di giurisdizione
covariance
covarianza
covenant
patto; convenzione; accordo;
compromesso; composizione
clausola contrattuale; azione legale;
querela (per inadempienza
contrattuale)
covenant not to compete
clausola di non concorrenza
cover
copertura; cauzione; garanzia
v. coprire; pagare; saldare; liquidare;
garantire; proteggere
covered option
opzione coperta
cracker
"cracker": esperti informatici
irrequieti, ansiosi di crackare codici,

penetrare illegalmente nei sistemi o
portare caos nel traffico informatico
craft union
sindacato di categoria
crash (computer)
incidente; blocco; distruzione dati
registrati (informatica)
credit requirements
disposizioni per l'utilizzo del credito
creative black book
libro della creatività
creative financing
finanziamento creativo
credit
credito; accredito; accreditamento
v. dar credito; prestar fede; accreditare;
bonificare; registrare in avere; mettere
nell'attivo
credit analyst
analista di credito
credit balance
differenza a credito; saldo a credito;
saldo attivo; saldo in avere; saldo
creditori
credit bureau
ufficio informazioni commerciali;
agenzia per reperimento
di referenze
credit card
carta di credito
credit order
ordine di credito
credit rating
grado di solvibilità; reputazione
commerciale; valutazione
dell'affidabilità creditizia
credit risk
rischio di credito; rischio bancario
credit union
società cooperativa di credito;
associazione di consumatori
creditor
creditore
creeping inflation
inflazione strisciante
critical path method (CPM)
metodo del percorso critico; metodo
del cammino critico
critical region
regione critica
crop (computer)
tagliare (informatica)
cross
incrociato; opposto; in opposizione;

reciproco
v. attraversare; intersecare
cross merchandising
commercializzazione incrociata
cross purchase plan
piano di acquisto incrociato
cross tabulation
tabulazione incrociata
cross-footing
somma orizzontale
crowd
folla; moltitudine; massa; gente
v. stipare; affollare; riempire
crowding out
spiazzamento: riduzione
dell'investimento privato:
(indica le conseguenze prodotte dal
manifestarsi di una forte domanda del
settore pubblico all'interno di un
sistema economico già caratterizzato
dalla piena utilizzazione delle risorse
produttive)
crown jewels
i gioielli della corona: le migliori
società o unità all'interno di un gruppo
per capacità di generare utili, valore
degli attivi e potenzialità del business;
diventano rilevanti soprattutto durante
le acquisizioni, quando diventano la
preda più attraente per i compratori
crown loan
prestito apprezzato; prestito senza
interessi
cum dividend
con dividendo
cum rights
con diritto d'opzione
cum warrant
con warrant
cumulative dividend
dividendo cumulativo
cumulative liability
responsabilità cumulativa
**cumulative preferred
stock**
titoli azionari privilegiati
cumulative voting
votazione cumulativa
curable depreciation
ammortamento correggibile
currency futures
contratti valutari a termine
currency in circulation
moneta circolante

current
corrente; attuale
current asset
attività corrente; attività liquida;
attivo disponibile; disponibilità
corrente; attività convertibile in
denaro
**current assumption whole life
insurance**
assunzione corrente di assicurazione
totale sulla vita
current cost
costo corrente; costo attuale
current dollars
dollari correnti
current liabilities
passività correnti; impegni a breve
current market value
valore attuale di mercato
current ratio
rapporto fra attività e passività
correnti; indice di liquidità
current value accounting
sistema contabile basato sui valori
attuali
current yield
rendimento immediato; rendimento
attuale
cursor *(computer)*
cursore; indice luminoso
(informatica)
curtailment in pension plan
taglio; riduzione; decurtazione;
accorciamento (in un piano
pensionistico)
curtesy
usufrutto vedovile (del marito)
curtilage
zona di terreno attorno ad una
abitazione
custodial account
conto di custodia
custodian
custode; guardiano
custody
custodia; protezione; tutela
customer profile
profilo della clientela
customer
cliente; acquirente
customer service
servizio assistenza clienti
customer service representative
rappresentante del servizio assistenza

39

clienti
customs
dogana; dazio; diritti
doganali
customs court
tribunale doganale
cutoff point
punto di pareggio
cyberspace
(computer)
ciberspazio; spazio cibernetico
(informatica)

cycle billing
fatturazione ciclica
cyclic variation
variazione ciclica
cyclical demand
domanda ciclica
cyclical industry
industria ciclica
cyclical stock
azioni cicliche
cyclical unemployment
disoccupazione ciclica

D

daily trading limit
limite di oscillazione
daisy chain
collegamento a margherita; a cascata
damages
danni; risarcimento danni
data
dati; elementi; informazioni
data collection *(computer)*
raccolta di dati *(informatica)*
data maintenance *(computer)*
aggiornamento dei dati; manutenzione
dei dati *(informatica)*
data processing insurance
assicurazione sull'apparecchiatura per
elaborazione dati
data retrieval
(computer)
reperimento di dati; recupero di dati
(informatica)
data transmission *(computer)*
trasmissione dati *(informatica)*
database
base di dati
database management
gestione di base di dati
date of issue
data di emissione
date of record
data di registrazione
dating
datazione; durata; estensione
de facto corporation
corporazione di fatto; impresa di fatto
dead stock
giacenze di magazzino; merce
invendibile; capitale azionario
inutilizzato
dead time
tempo morto; spreco di tempo; tempo
sprecato
deadbeat
mancato pagatore; moroso abituale
dead-end job
lavoro senza futuro
deadhead
chi viaggia o assiste a uno spettacolo
con biglietti omaggio; spostare un

pezzo del veicolo da trasporto senza
trasportare un carico pagante (persona
o carico)
deadline
data limite; termine ultimo; data di
scadenza
dealer
commerciante; negoziante;
rivenditore; distributore; agente;
rappresentante; commissionario;
concessionario
death benefit
indennità in caso di morte
debasement
deprezzamento; svalutazione; tosatura
(di monete)
debenture
obbligazione; pagherò
debit
addebito; registrazione a debito
addebitare; mettere a debito
debit memorandum
nota di addebito; contabile di addebito
debt
debito; obbligo debitorio
debt coverage ratio
rapporto di copertura del debito; indice
di copertura del debito
debt instrument
strumento di debito
debt retirement
riscatto di debiti
debt security
titolo di debito
debt service
servizio del debito; impegno di
debito
debtor
debitore
debt-to-equity ratio
rapporto fra i debiti e il capitale
proprio
debug *(computer)*
mettere a punto un programma,
eliminare gli errori
"spulciare" *(informatica)*
decentralization
decentramento

deceptive advertising
pubblicità ingannevole; pubblicità
scorretta
deceptive packaging
imballaggio ingannevole; confezione
ingannevole
decision model
modello di decisioni
decision package
pacchetto decisionale (complesso di
iniziative da sottoporre alla
valutazione della direzione)
decision support system (DSS)
sistema di supporto decisionale
decision tree
albero delle decisioni (grafico
illustrante la sequenza delle decisioni)
declaration
dichiarazione; denuncia
declaration of estimated tax
dichiarazione stimata delle tasse;
dichiarazione relativa all'imposta sul
reddito stimato
declaration of trust
dichiarazione di assunzione in
amministrazione fiduciaria
declare
dichiarare; annunciare; proclamare
declining-balance method
metodo dei saldi decrescenti
metodo di ammortamento a quote
decrescenti
decryption *(computer)*
deciframento; operazione di decodifica
dei dati dalla forma protetta e
crittografata a una forma chiara e
leggibile *(informatica)*
dedicated line
linea dedicata
dedication
dedica; dedizione
**deductibility of employee
contributions**
deducibilità dei contributi degli
impiegati
deduction
deduzione; detrazione; sottrazione;
trattenuta; ritenuta
deductive reasoning
ragionamento deduttivo
deed
atto; scrittura; contratto
deed in lieu of foreclosure
scrittura in luogo della preclusione del

diritto di riscatto di un'ipoteca
deed of trust
contratto fiduciario
deed restriction
restrizione di scrittura
deep discount bond
obbligazione con retrocessione sul
prezzo d'emissione
defalcation
appropriazione indebita; peculato;
malversazione; storno; compensazione
di debito
default
inadempienza; mancanza; mancato
adempimento
v. essere contumace; non comparire;
venir meno; essere inadempiente
default *(computer)*
programma suggerito dal sistema
(informatica)
default judgment
giudizio in contumacia
defeasance
condizione risolutiva; annullamento;
revoca; cancellazione; abrogazione
defective
difettoso; carente; viziato
defective title
titolo difettoso
defendant
accusato; convenuto; imputato
**defense of suit against
insured**
causa di difesa contro assicurato
defensive securities
titoli difensivi
valori mobiliari stabili
deferred account
conto differito
deferred billing
fatturazione differita
deferred charge
costo differito; risconto dell'attivo;
deferred compensation
compenso differito
deferred compensation plan
piano di compenso differito
deferred contribution plan
piano di contribuzione differito
deferred credit
credito differito; risconto del passivo;
risconto attivo
deferred group annuity
rendita di gruppo differita

deferred interest bond
obbligazione con interessi postergati
deferred maintenance
mantenimento differito
deferred payments
pagamento differito
deferred profit-sharing
compartecipazione differita
deferred retirement
pensione posticipata
deferred retirement credit
credito per pensione posticipata
deferred wage increase
incremento salariale differito
deferred-payment annuity
rendita di pagamento differito
deficiency
deficienza; difetto; insufficienza
deficiency judgment
sentenza di esecuzione ipotecaria
deficiency letter
lettera di deficit
deficit
deficit; disavanzo; scoperto; passivo;
sbilancio; saldo negativo
deficit financing
"deficit financing"; finanziamento del
disavanzo; sistema economico
deficitario
deficit net worth
patrimonio netto negativo
deficit spending
spesa in disavanzo
defined contribution pension plan
prepensionamento a contribuzione
definita
fondo pensione a contribuzione
definita
defined-benefit pension plan
prepensionamento a prestazione
definita; fondo pensione a prestazione
definita
deflation
deflazione
deflator
fattore deflazionistico; deflatore
defunct company
società liquidata; società sciolta
degression
diminuzione (dell'aliquota fiscale)
deindustrialization
deindustrializzazione
delegate
delegato; incaricato

v. delegare; autorizzare
delete *(computer)*
eliminare; sopprimere; cancellare;
annullare *(informatica)*
delete key (del *(computer)***)**
tasto eliminare *(informatica)*
delinquency
colpevolezza; delinquenza; colpa;
misfatto; morosità
delinquent
delinquente; moroso
delisting
depennamento; cancellazione di un
titolo (dal listino di borsa);
cancellazione dal listino
delivery
consegna; recapito; rilascio
delivery date
data di consegna
demand
domanda; richiesta
v. domandare; chiedere
demand curve
curva della domanda
demand deposit
deposito a vista; deposito in conto
corrente
demand loan
finanziamento a vista; prestito
rimborsabile a vista
demand note
pagherò cambiario a vista; titolo
pagabile a vista; avviso di
pagamento
demand price
prezzo della domanda
demand schedule
tabella della domanda
demand-pull inflation
inflazione dovuta all'incremento della
domanda
demarketing
"demarketing": insieme di azioni
messe in atto da un'azienda o da
un'autorità pubblica per scoraggiare
temporaneamente il consumo di
determinati prodotti a causa di
domanda eccessiva
demised premises
locali affittati
demographics
dato demografico
demolition
demolizione; abbattimento

43

demonetization
demonetizzazione; ritirare moneta
dalla circolazione
demoralize
demoralizzare; scoraggiare
demurrage
sosta; ritardo
demurrer
eccezione; obiezione
denomination
denominazione; nome; spezzatura;
valore nominale; taglio (di valuta,
titoli, ecc.); unità di misura
density
densità
density zoning
piano regolatore
department
dipartimento; ministero; sezione;
reparto; ufficio
dependent
dipendente; subordinato
dependent coverage
copertura assicurativa
depletion
esaurimento
deposit
deposito; pagamento; versamento (di
denaro); caparra; cauzione
v. depositare; depositare a garanzia;
dare cauzione; pagare; versare
deposit administration plan
piano di amministrazione dei depositi
deposit in transit
deposito in stanza; deposito
contabilizzato dalla banca ma non dal
cliente
deposition
deposizione; testimonianza
depositors forgery insurance
assicurazione contro falso depositante
depository trust company (DTC)
società fiduciaria depositaria
depreciable life
vita ammortizzabile; vita svalutabile
depreciable real estate
beni immobili ammortizzabili
depreciate
svalutare; deprezzare; svalutarsi;
deprezzarsi; ammortizzare; ammortare
depreciated cost
costo deprezzato; costo svalutato
depreciation
svalutazione; deprezzamento;

deperimento; ammortamento
depreciation recapture
recupero di deprezzamento/
ammortamento
depreciation reserve
fondo di ammortamento
depression
depressione; abbassamento; riduzione;
recessione
depth interview
intervista in profondità
deregulation
abolizione della regolamentazione;
sfoltimento delle disposizioni
amministrative e legali;
deregolamentazione
derived demand
domanda derivata
descent
trasmissione di beni per eredità
description
descrizione
descriptive memorandum
memorandum descrittivo
desk
scrittoio; scrivania; tavolo; banco
desktop publishing
editoria elettronica
descriptive statistics
statistica descrittiva
destination file (network)
(computer)
archivio di destinazione (rete)
(informatica)
detail person
rappresentante delle vendite di
un'impresa selezionato per visitare la
clientela e incaricarsi di realizzare
compiti specifici
devaluation
svalutazione; deprezzamento
developer
promotore; fomentatore; società
immobiliare
development
sviluppo
development stage enterprise
impresa in fase di sviluppo
developmental drilling program
continuazione del programma di
perforazione
deviation policy
politica di deviazione

devise
disposizione testamentaria (di beni
immobili); legato (di immobili)
v. escogitare; ideare; progettare; legare
beni immobili per testamento
disability benefit
assegno d'invalidità
diagonal expansion
espansione diagonale
dial-up
accesso commutato
accesso ad internet tramite una linea di
accesso commutata (via modem).
diary
diario; agenda
differential advantage
vantaggio concorrenziale
differential analysis
analisi differenziale: analisi marginale
differentiation strategy
strategia di differenziazione
digits deleted
cifre cancellate; cifre eliminate
dilution
diluizione
diminishing-balance method
metodo a quote decrecescenti
diplomacy
diplomazia
direct access
accesso diretto
direct charge-off method
metodo di ammortamento diretto
direct cost
costo diretto; costo variabile
direct costing
sistema contabile dei costi diretti;
contabilità industriale a costi diretti;
suddivisione fra costi variabili e costi
fissi
direct financing lease
leasing finanziario diretto;
direct investment
investimento diretto
direct labor
manodopera diretta
direct liability
responsabilità diretta; debito
diretto
direct marketing
commercializzazione senza
intermediari; vendita diretta
direct material
materiale diretto

direct overhead
costo comune a imputazione diretta
direct production
produzione diretta
direct response advertising
pubblicità a risposta diretta
direct sales
vendita diretta
direct-action advertising
pubblicità di azione diretta
directed verdict
verdetto diretto
director
direttore
directorate
carica di direttore o di
amministratore
direct-reduction mortgage
ipoteca di riduzione diretta
disability buy-out insurance
assicurazione di recupero per invalidità
disability income insurance
assicurazione di reddito sull'invalidità
disaffirm
revocare; risolvere (contratto);
annullare; contraddire; confutare
disbursement
esborso; erogazione; spesa; pagamento
discharge
scaricamento; scarico
v. scaricare; annullare; revocare;
licenziare; congedare; destituire;
prosciogliere; liberare; pagare;
estinguere; adempiere; assolvere
discharge in bankruptcy
riabilitazione del fallito
discharge of lien
revocare un pegno
disclaimer
negazione; sconfessione; ritrattazione;
astensione; diniego; rinuncia
disclosure
rivelazione; scoperta; divulgazione;
trasparenza
discontinuance of plan
cessazione di un piano; interruzione di
un piano
discontinued operation
operazione interrotta
discount
sconto; riduzione; abbuono; detrazione;
ribasso
discount bond
titolo a sconto

discount broker
scontista; cambista; agente di sconto;
broker finanziario
discount points
punti sconto
discount rate
tasso di sconto
discount window
sportello sconto
discount yield
rendimento a sconto
discounted cash flow
flusso di cassa scontato
discounting the news
variazione nel prezzo secondo le
notizie
discovery
scoperta; rinvenimento
discovery sampling
campionamento di scoperta
discrepancy
discrepanza; divergenza; disaccordo;
divario; differenza
discretion
discrezione; riserbo; cautela; prudenza
discretionary cost
costo discrezionale
discretionary income
reddito disponibile (dopo la tassazione)
discretionary policy
politica discrezionale
discretionary spending power
poteri di spesa discrezionali
discrimination
discriminazione
diseconomies
diseconomie
dishonor
disonore
disinflation
deflazione; disinflazione
disintermediation
disintermediazione
disciplinary layoff
sospensione disciplinare
disjoint events
avvenimenti sconnessi
disk (computer)
disco (informatica)
disk drive (computer)
unità disco (informatica)
dismissal
destituzione; congedo; licenziamento;
rigetto; archiviazione; proscioglimento

dispatcher
mittente; spedizioniere
disposable income
reddito disponibile; reddito netto
dispossess
spogliare; privare; spodestare;
espropriare; sfrattare
dispossess proceedings
azione legale/ atto di sfratto
dissolution
dissoluzione; scioglimento
distressed property
proprietà sequestrata
distribution
distribuzione; divisione; ripartizione;
smistamento; scomposizione
distribution allowance
abbuono di distribuzione
distribution cost analysis
analisi dei costi di distribuzione
distributor
distributore; addetto alla distribuzione
diversification
diversificazione; differenziazione
diversified company
impresa diversificata
divestiture
privazione; spoliazione;
spossessamento
dividend
dividendo
dividend addition
somma dei dividendi
dividend exclusion
esclusione dei dividendi
dividend payout ratio
rapporto fra dividendi distribuiti e utili
conseguiti
dividend reinvestment plan
piano di reinvestimento dei
dividendi
dividend requirement
dividendi richiesti
dividend rollover plan
piano rinnovabile dei dividendi
dividends payable
godimento; dividendi da pagare;
dividendo dichiarato ma non pagato
division of labor
divisione del lavoro
docking
multa; penale; sanzione a un impiegato
per mancata osservanza del
regolamento di lavoro

docking station *(computer)*
accessorio dei notebook che si tiene
sulla scrivania e permette di espandere
le potenzialità con periferiche che non
potrebbero essere contenute nel
portatile stesso *(informatica)*
documentary evidence
prova documentale
documentation
documentazione
doing business as (DBA)
fare affari sotto il nome di:
espressione utilizzata quando un
individuo o un'associazione conosciuta
con un certo nome opera negli affari
con un altro nome
dollar cost averaging
sistema di investimento azionario;
acquisto di azioni a intervalli regolari e
a un valore fisso
dollar drain
esaurimento di dollari
dollar unit sampling (DUS)
metodo di campionamento del valore
monetario
dollar value LIFO
valore in dollari lifo (ultime entrate
prime uscite)
domain name system
sistema di denominazione del
dominio
domestic corporation
società nazionale
domicile
domicilio; residenza
domiciliare; stabilirsi
dominant tenement
fondo superiore
donated stock
azioni donate; azioni elargite
donated surplus
sovrappiù / surplus elargito
donor
donatore; donante
double (treble) damages
doppio (triplo) risarcimento danni
double click *(computer)*
doppio click *(informatica)*
double declining balance
ammortamento a quote dimezzate
double precision
doppia approssimazione
double taxation
doppia tassazione

double time
doppia paga
double-digit inflation
inflazione a due cifre
double-dipping
doppio impiego ai fini di ottenere due
pensioni
double-entry accounting
contabilità in partita doppia
Dow theory
teoria di Dow
dower
legittima (porzione del patrimonio del
marito spettante per legge alla
vedova); dote; dotazione; assegnazione
down tick
punto al ribasso: diminuzione di prezzo
di un titolo della minima unità di
misura monetaria utilizzata per la
quotazione
download *(computer)*
scaricare; trasferire (archivi, ecc.) dal
sistema centrale verso i satelliti
(informatica)
downpayment
pagamento a cauzione; acconto;
versamento anticipato; caparra
downscale
discendente; discesa; attività
commerciale in discesa (da livelli più
alti a livelli più bassi)
downside risk
rischio al ribasso
downstream
flussi in discesa: flussi finanziari, o di
altro genere di beni, erogati da una casa
madre in favore di una controllata
downtime
tempo improduttivo; tempo passivo
downturn
regresso; fase decrescente; recessione;
tendenza depressionaria
down zoning
rizonizzazione; per ridurre l'intensità
di uso di una terra
dowry
dote
draft
tratta; effetto; titolo di credito; ordine
di pagamento; abbuono; sgravio;
stesura; compilazione; redazione;
progetto; piano; abbozzo; bozzetto;
schema; minuta; bozza; brutta
copia

draining reserves
contrazione della liquidità
draw
tiro; tirata; estrazione
emettere; spiccare (tratte, assegni,
ecc.) ritirare; prelevare; percepire;
ottenere; ricavare; ricevere
draw tool *(computer)*
strumento di disegno *(informatica)*
drawee
trattario; trassato; accettante
drawer
traente; emittente
drawing account
conto corrente; conto prelievi
drive *(computer)*
unità; pilotaggio
(informatica)
drop-down menu *(computer)*
menù a caduta *(informatica)*
drop-shipping
vendere senza avere il magazzino;
ovvero, vendere prodotti che
qualcun'altro, il grossista, tiene in
magazzino per te e che ti invia o,
meglio ancora, invia per conto tuo al
cliente finale, una volta venduto e
incassato il pagamento
dry goods
merci solide; granaglie; cereali;
tessuti

dual contract
doppio contratto
due bill
riconoscimento di debito
due-on-sale clause
clausola di pagamento a vista
dummy
prestanome
dumping
vendita sottocosto (su mercato
straniero)
dun
insistente richiesta di pagamento;
creditore insistente; esattore di crediti
v. chiedere; esigere il pagamento di un
debito; sollecitare
duplex copying *(computer)*
copiatura doppia; copia a doppia
facciata *(informatica)*
duplex printing *(computer)*
stampa fronte retro
(informatica)
duplication of benefits
raddoppiamento di benefici
duress
costrizione; violenza
Dutch auction
asta al ribasso; vendita all'incanto con
sistema olandese; asta olandese
duty
dovere; obbligo

48

E

each way
transazione di azioni in cui l'agente di cambio agisce per l'acquirente e il venditore
early retirement
prepensionamento
early retirement benefits
benefici da prepensionamento
early withdrawal penalty
penale per rimborso anticipato
earned income
reddito da lavoro; reddito operativo
earnest money
caparra; anticipo
earnings and profits
utili e profitti
earnings before taxes
utili ante imposte
earnings per share
utili per azione
earnings report
relazione degli utili
easement
servitù; diritto; privilegio
easy money
allentamento monetario; denaro facile; credito facile
econometrics
econometria
economic
economico
economic analysis
analisi economica
economic base
base economica
economic depreciation
svalutazione/ deprezzamento economico
economic freedom
libertà economica
economic growth
crescita economica
economic growth rate
tasso di crescita economica
economic indicators
indicatori economici

economic life
vita economica
economic loss
perdita economica
economic rent
affitto economico (che dà un reddito equo)
economic sanctions
sanzioni economiche
economic system
sistema economico
economic value
valore economico
economics
economia; scienze economiche
economies of scale
economia di scala; economia di massa
economist
economista; studioso di economia
economy
economia
edit
edizione; stampa; commento; compilazione; annotazione
v. curare un'edizione; dare alle stampe; commentare; compilare; annotare
edit (computer)
editare (informatica)
effective date
data di entrata in vigore; data di esecuzione
effective debt
debito effettivo
effective net worth
patrimonio netto effettivo; mezzi propri effettivi
effective rate
tasso effettivo
effective tax rate
aliquota d'imposta effettiva
efficiency
efficienza; rendimento; produttività
efficient market
mercato efficiente
efficient portfolio
portafoglio efficiente

eject *(computer)*
espellere *(informatica)*
ejectment
sfratto; esproprio
elasticity of supply and demand
elasticità della domanda e dell'offerta
elect
eletto; nominato; prescelto
v. eleggere; nominare; scegliere;
decidere; preferire
electronic mail (e-mail)
posta elettronica
emancipation
emancipazione
embargo
embargo
embed *(computer)*
includere; integrare *(informatica)*
embezzlement
appropriazione indebita;
malversazione; storno illecito;
peculato; sottrazione
emblement
proventi del raccolto; profitti della
terra coltivata; frutti della terra
eminent domain
diritto di dominio; dominio eminente;
diritto di esproprio per pubblica utilità
employee
dipendente; impiegato; lavoratore;
occupato
employee association
sindacato
employee benefits
agevolazioni a favore dei
dipendenti
employee contributions
contributi dei dipendenti
employee profit sharing
partecipazione azionaria dei
lavoratori; partecipazione dei
lavoratori agli utili
employee stock option
opzioni su azioni; transazione a
premio dei dipendenti
employee stock ownership plan
(ESOP)
piano di diffusione del capitale
azionario ai dipendenti
employer
datore di lavoro; imprenditore;
principale; titolare
employer interference
interferenza del titolare

employment agency
agenzia di collocamento
employment contract
contratto d'impiego
enable *(computer)*
mettere in servizio; permettere,
abilitare (circuiti) *(informatica)*
enabling clause
clausola abilitante; clausola derogatoria
encoding
codificazione
encroach
usurpare; intromettersi; invadere; usare
illegalmente; occupare illegalmente
terreni di altri; ledere
encroachment
usurpazione; invasione; lesione (del
diritto di proprietà)
encryption
cifratura
encumbrance
ingombro; ostacolo; impedimento;
gravame; onere
end of month
fine mese
end user *(computer)*
utilizzatore finale *(informatica)*
endorsement or indorsement
girata; avallo; firma a tergo
endowment
dotazione; donazione; lascito; dote;
sovvenzione
energy tax credit
credito d'imposta energetico; credito
d'imposta sul consumo di energia
enjoin
intimare; ingiungere; ordinare;
prescrivere; vietare; interdire; diffidare
enterprise
impresa; iniziativa; progetto
enterprise zone
centro degli affari
entity
entità; ente; istituzione; istituto;
organismo
entrepreneur
imprenditore; operatore economico;
uomo d'affari
entry-level job
lavoro di apprendista principiante;
apprendistato
environmental impact statement
(EIS)
dichiarazione d'impatto ambientale

equal protection of the laws
uguale protezione legale
equalization board
ufficio governativo per l'imparzialità
delle leggi tributarie
equilibrium
equilibrio
equilibrium price
prezzo di equilibrio
equilibrium quantity
quantità di equilibrio
equipment
apparecchiatura; equipaggiamento,
attrezzatura; impianto
equipment leasing
locazione finanziaria di macchinari
equipment trust bond
titolo fiduciario per macchinari
equitable
equo; giusto; ragionevole
equitable distribution
distribuzione equa
equity
equità; giustizia; imparzialità; passivo
patrimoniale; azione ordinaria;
partecipazioni azionarie; possesso di
capitali e diritto agli utili; valore netto
di una proprietà; consistenza
patrimoniale
equity financing
finanziamento azionario
equity method
metodo contabile consistente
nell'adeguamento degli investimenti
azionari
equity of redemption
diritto di riscatto (concesso al debitore
ipotecario per riscattare la proprietà
ipotecata per una somma inferiore al
suo valore)
equity REIT
fondi immobiliari
equivalent taxable yield
rendimento tassabile equivalente
erase *(computer)*
cancellazione; cancellare *(informatica)*
error
errore; sbaglio; fallo; colpa
error message *(computer)*
messaggio d'errore *(informatica)*
escalator clause
clausola di scala mobile; indennità di
contingenza; clausola di adeguamento
monetario

escape key (esc) *(computer)*
tasto escape *(informatica)*
escheat
diritto di incameramento da parte dello
stato; passaggio di proprietà allo stato
per mancanza di eredi
escrow
impegno a garanzia; deposito a
garanzia; atto in deposito presso
terzi
escrow agent
garante del fondo di garanzia;
responsabile dell'impegno a
garanzia
espionage
spionaggio
essential industry
industria essenziale
estate
proprietà; possedimento; beni;
sostanze; patrimonio
estate in reversion
proprietà reversibile
estate in severalty
proprietà individuale
estate planning
pianificazione patrimoniale
estate tax
imposta di successione
estimate
stima; valutazione; perizia;
preventivo; calcolo preventivo
estimated tax
imposta stimata
estimator
perito; valutatore; stimatore;
preventivista
estoppel
preclusione giuridica
estoppel certificate
certificato di preclusione
giuridica
estovers
legnatico
diritto di far legna sul territorio
comunale
ethical
etico; morale
ethics
etica; morale
euro
euro: moneta europea
European Common Market
Mercato Europeo Comune

European Economic Community (EOC)
Comunità Economica Europea
eviction
sfratto; evizione
actual eviction
sfratto effettivo
constructive eviction
sfratto costruttivo
partial eviction
sfratto parziale
evidence of title
evidenza di proprietà
exact interest
interesse esatto
« except for » opinion
opinione « tranne per »;
opinione « fatta eccezione per »
excess profits tax
imposta sui sovrapprofitti
excess reserves
riserve delle eccedenze
exchange
cambio; scambio; baratto; sostituzione
exchange control
controllo valutario; disciplina dei cambi
exchange rate
tasso di cambio; corso del cambio
excise tax
imposta erariale sui consumi; imposta indiretta; diritto di monopolio imposta sui beni voluttuari
exclusion
esclusione
exclusions
esclusioni
exculpatory
giustificativo; liberatorio
ex-dividend rate
quotazione ex-dividendo; tasso ex-dividendo
execute
eseguire; effettuare; attuare; dar corso; rendere esecutivo; mandare in vigore; stipulare; convalidare; perfezionare
executed
eseguito; effettuato; attuato
executed contract
contratto stipulato
execution
esecuzione; adempimento; attuazione
executive
esecutivo

executive committee
comitato esecutivo
executive perquisites
competenza accessoria; paga extra; gratifica una tantum
executor
esecutore testamentario
executory
esecutorio; esecutivo
exempt securities
titoli esenti
exemption
esenzione; esonero; dispensa; non assoggettabilità
exercise
esercizio; esercitazione
v. esercitare; tenere in esercizio
exit interview
intervista d'uscita
e' l'intervista che normalmente viene fatta al collaboratore uscente da una organizzazione per capire a fondo le ragioni di un abbandono
exit interview è un'intervista che cerca di capire i motivi per cui un cliente ha abbandonato un determinato prodotto
ex-legal
ex-legale
expandable *(computer)*
estensibile; espandibile; evolutivo *(informatica)*
expansion
allargamento; espansione; ampliamento; dilatazione; sviluppo
expected value
valore atteso
expense
spesa; conto; onere; esborso; dispendio; disborso
expense account
conto spese; conto delle spese; nota spese
expense budget
bilancio preventivo delle spese
expense ratio
rapporto di spesa
expense report
rapporto delle spese; resoconto spese
experience rating
tariffazione in base all'esperienza tasso di premio in base all'esperienza
experience refund
rimborso per esperienza

expert power
potere da perito;
potere legato alla percezione altrui
delle proprie competenze
expiration
termine; scadenza; fine
expiration notice
avviso di scadenza
exploitation
sfruttamento; utilizzazione a scopo di
profitto
exponential smoothing
attenuazione esponenziale
export
esportazione
v. esportare
**Export-Import Bank
(EXIMBANK)**
banca per l'esportazione e
l'importazione
(EXIMBANK)
exposure
esposizione; denuncia; scoperta;
rivelazione
exposure draft
nota integrativa
express
espresso; esplicito; manifesto;
apposito; chiaro
v. esprimere; manifestare; esporre;
spedire per espresso
express authority
autorità espressa

express contract
contratto formale
extended coverage
copertura estesa
extended coverage endorsement
girata di copertura estesa
extension
prolungamento; proroga; estensione;
dilazione; ampliamento
extension of time for filing
proroga del termine per la
presentazione della dichiarazione
extenuating circumstances
circostanze attenuanti
external audit
revisione esterna; revisione contabile
da parte di revisori esterni
external documents
documenti esterni
external funds
fondi esterni
external report
relazione esterna
extra dividend
dividendo extra
extractive industry
industrie estrattive
extraordinary dividends
dividendo straordinario
extraordinary item
sopravvenienza
extrapolation
estrapolazione

F

f statistic
statistica *f*
fabricator
fabbricante; costruttore
face amount
valore facciale; importo
nominale
face interest value
valore nominale dell'interesse
percentuale dell'interesse di un titolo
riportato sul certificato dello stesso
face value
valore facciale, valore nominale valore
di un titolo riportato sul certificato
dello stesso
facility
facilitazione; agevolazione
facsimile
facsimile; fax
factor analysis
analisi fattoriale
factorial
di depositario; relativo ad agente
commissario; fattoriale
factoring
"factoring"; finanziamento aziendale
tramite cessione di crediti
tipo di finanziamento aziendale in cui
l'impresa cede a un'altra società
finanziaria i propri crediti
commerciali, ottenendo
immediatamente il pagamento del
valore attuale degli stessi calcolato al
tasso di finanziamento stabilito
factory overhead
costo fisso di produzione
faculty installation
capacità d'installazione
fail to deliver
impossibilitato a consegnare; mancata
consegna
fail to receive
impossibilitato a ricevere; mancata
ricezione
failure analysis
analisi del fallimento/ dell'insuccesso
fair market rent
equo affitto/equa locazione di mercato

fair market value
equo valore di mercato; valore
corretto di mercato
fair rate of return
giusto rendimento; tasso de
rendimento equo
fair trade
commercio libero; commercio
internazionale basato su un
corrispettivo prefissato
fallback option
opzione di ripresa; alternativa di
ripresa
fallen building clause
clausola di crollo di fabbricato
false advertising
pubblicità falsa
family income policy
polizza di reddito familiare
family life cycle
ciclo di vita familiare
family of funds
gruppo di fondi
FAQ (frequently asked questions)
(computer)
domande frequenti *(informatica)*
farm surplus
eccedenza agrícola
fascism
fascismo
fast tracking
seguire la via veloce; ritmo accelerato
fatal error *(computer)*
errore fatale *(informatica)*
favorable trade balance
bilancia commerciale attiva; bilancia
commerciale favorevole
feasibility study
studio della fattibilità; studio delle
possibilità
featherbedding
imposizione di personale in eccesso;
impiego di manodopera
sovrabbondante
Fed wire
fedwire: collegamento automatizzato
fra le banche del Federal Reserve
System

federal deficit
deficit federale
Federal Deposit Insurance
Corporation (FDIC)
compagnia federale d'assicurazione sui
depositi
federal funds (FED FUNDS)
riserva obbligatoria (delle banche
americane presso il federal reserve)
federal funds rate
tasso di remunerazione dei federal
funds
Federal Reserve Bank
Banca della Riserva Federale
Federal Reserve Board (FRB)
Consiglio del Federal Reserve System
Federal Reserve System (FED)
sistema delle 12 banche federali (le
federal reserve banks) che svolgono
attività di emissione e di sconto
Federal Savings and Loan
Association
associazione federale delle casse di
risparmio
fee
emolumento; compenso; onorario;
parcella
fee simple
proprietà assoluta;
terreno appartenente al proprietario di
un fabbricato
fee simple absolute
proprietà assoluta/ esclusiva
pieno diritto di proprietà (su beni
immobili)
feeder lines
linea secondaria (in un sistema di
comunicazioni aeree o ferroviarie)
FHA mortgage loan
prestito ipotecario/ mutuo ipotecario
del FHA (ente federale per gli alloggi)
fidelity bond
assicurazione sulla fedeltà dei
dipendenti; polizza cauzionale; polizza
"fedeltà"; cauzione contro perdite
dovute a comportamento doloso dei
dipendenti
fiduciary
fiduciario
fiduciary bond
polizza fiduciaria
field staff
personale esterno (venditori, agenti,
ecc.)

field theory of motivation
teoria della motivazione
esterna
file
fascicolo; incartamento; dossier;
pratica; cartella; archivio
v. classificare; schedare; archiviare;
registrare; iscrivere; presentare;
inoltrare; depositare
file backup *(computer)*
copia di sicurezza di archivio
(informatica)
file extension *(computer)*
estensione di archivio
(informatica)
file format *(computer)*
formato di archivio *(informatica)*
file transfer protocol (FTP)
protocollo di trasferimento file
fill or kill (FOK)
"eseguire o annullare"
"esegui o cancella": ordine di
compravendita che viene dato
all'intermediario in titoli, che se non
viene immediatamente eseguito deve
essere cancellato
filtering down
filtraggio verso il basso
final assembly
montaggio finale
finance charge
oneri finanziari; oneri del
finanziamento
finance company
società finanziaria; finanziaria;
compagnia di finanziamento
financial accounting
contabilità finanziaria
financial advertising
pubblicità finanziaria
financial future
future finanziario;
contratto finanziario per acquisto
futuro (prodotti agricoli, titoli, ecc.)
financial institution
istituto finanziario; finanziaria
financial intermediary
intermediario finanziario
financial lease
locazione finanziaria
financial management rate of
return (FMRR)
tasso di remunerazione della gestione
finanziaria; indice di rendimento della

55

gestione finanziaria
financial market
mercato finanziario
financial position
posizione finanziaria; situazione
patrimoniale
financial pyramid
piramide finanziaria
financial statement
bilancio e conto economico; bilancio e
allegati; rendiconto annuale; stato
finanziario
financial structure
struttura finanziaria
financial supermarket
supermercato finanziario
financing
finanziamento
finder's fee
oneri di intermediazione; compensi ai
mediatori e/o procacciatori
finished goods
prodotti finiti; manufatti
fire insurance
assicurazione contro gli incendi
firm
ditta; azienda; impresa; casa
commerciale
agg. fermo; stabile; solido
firm commitment
impegno di acquisto in blocco (di una
nuova emissione); impegno fermo
firm offer
offerta ferma
firm quote
quotazione ferma
first in, first out (FIFO)
FIFO (primo entrato, primo uscito)
first lien
privilegio principale
first mortgage
ipoteca di primo grado; ipoteca che
gode di priorità su tutte le altre
first-line management
direzione/gestione/amministrazione di
prima linea/primo livello
first-year depreciation
ammortamento del primo anno
fiscal
fiscale; tributario
fiscal agent
banca incaricata; agente fiscale
fiscal policy
politica fiscale

fiscalist
fiscalista
fixation
consolidamento; fissazione
fixed annuity
annualità fissa
fixed asset
immobilizzo; immobilizzazione;
attività fissa; capitale immobile;
cespite patrimoniale; immobili e
impianti
fixed benefits
benefici fissi
fixed charge
oneri fissi
fixed cost
costo fisso
fixed fee
onorario fisso o determinato
fixed income
reddito fisso
fixed income statement
dichiarazione di reddito fisso
fixed premium
premio fisso
fixed-charge coverage
copertura oneri fissi
fixed-point number
numero a virgola fissa
fixed-price contract
contratto a prezzo fisso
fixed-rate loan
prestito a tasso fisso
fixture
infisso
flanker brand
marchio affiancato
flash memory
memoria flash
flash memory *(computer)*
memoria flash *(informatica)*
flat
piatto; pianeggiante; uniforme; fisso;
invariabile; senza interesse
flat rate
importo fisso; prezzo a forfait; tariffa
uniforme
flat scale
tariffa fissa
flat tax
imposta fissa
flexible budget
budget flessibile; bilancio preventivo
variabile

flexible-payment mortgage (FPM)
ipoteca di pagamento flessibile
flextime
orario di lavoro flessibile
flight to quality
salto di qualità; fuga verso la qualità
float
"float": l'ammontare del valore degli
assegni in circolazione, cioè degli
assegni già emessi, ma non ancora
pagati
floater
indicizzato
floating currency exchange rate
tasso di cambio di moneta fluttuante
floating debt
debito corrente; debito fluttuante
floating exchange rate
tasso di cambio fluttuante
floating securities
titoli flottanti, in bilico
floating supply
valori fluttuanti
floating-point number
numero a virgola mobile
floating-rate note
note indicizzate
flood insurance
assicurazione contro le inondazioni
floor loan
prestito (di livello) minimo
floor plan
pianta della casa; planimetria
floor plan insurance
assicurazione di pianta della casa
flotation (floatation) cost
costo di emissione
flow of funds
flusso finanziario; movimento di fondi
flowchart
"flow chart"; diagramma delle
operazioni; diagramma del ciclo di
lavorazione
fluctuation
fluttuazione
fluctuation limit
limite di fluttuazione
flush (left/right) *(computer)*
allineamento, "giustificazione" a
sinistra/ a destra *(informatica)*
follow-up letter
lettera pubblicitaria
font *(computer)*
serie completa di caratteri*(informatica)*

footing
stabilità; equilibrio; rapporto;
relazione; base; appoggio; posizione
sociale; condizione; contributo di
ammissione; quota associativa
footnote
nota in calce
footnote *(computer)*
nota a pièe di pagina *(informatica)*
for your information (FYI)
per conoscenza
forced page break *(computer)*
cambio di pagina forzato *(informatica)*
forced sale
vendita coatta; asta giudiziaria
forced saving
risparmio forzato; risparmio forzoso
forecasting
previsione; attività previsionale
foreclosure
preclusione del diritto di riscatto di
un'ipoteca
foreign corporation
società straniera
foreign direct investment
investimento straniero diretto
foreign exchange
divisa; valuta estera; cambi esteri;
mercato dei cambi
foreign income
reddito dall'estero
foreign investment
investimento estero
foreign trade zone
zona franca; punto franco
forfeiture
perdita (di un diritto); confisca;
penalità; multa
forgery
contraffazione; falsificazione
format *(computer)*
configurazione; formato; scala
v. condizionare; mettere in codice;
mettere in scala *(informatica)*
formula investing
formula di investimento
fortuitous loss
perdita fortuita; perdita casuale/
accidentale
forward
avanzato; in avanti; futuro; a termine
v. promuovere; favorire; inviare;
inoltreare; trasmettere; spedire; far
pervenire

57

forward contract
contratto a termine
forward integration
integrazione a termine
forward pricing
calcolo dei prezzi a termine
forward stock
merce protetta
forwarding company
compagnia/ impresa di spedizioni
foul bill of landing
polizza di carico con riserve
401 (k) plan
piano 401 (k)
fourth market
quarto mercato
fractional share
azione frazionata
frame rate *(computer)*
tasso della pagina:
è il nome tecnico che indica il numero
di fotogrammi al secondo
(informatica)
franchise
concessione governativa; diritto;
privilegio; immunità; franchigia;
concessione esclusiva
franchise tax
imposta in franchigia; tassazione per
chi beneficia di concessione
governativa
frank
franchigia (postale)
v. spedire in franchigia (lettera, pacco,
etc.); affrancare; esentare da un
pagamento
fraud
frode; imbroglio; truffa
fraudulent misrepresentation
dichiarazione fraudolenta
free alongside ship (FAS)
franco lungo bordo; franco
banchina
free and clear
senza vincoli né ipoteche
free and open market
mercato libero e aperto; mercato
concorrenziale
free enterprise
libera impresa; liberismo economico;
libera iniziativa
free market
mercato aperto; mercato in libera
concorrenza

free on board (FOB)
fob franco a bordo
free port
porto franco
freehold (estate)
proprietà assoluta; pieno titolo di
proprietà; beni allodiali
freight insurance
assicurazione sul nolo
frequency
frequenza
frictional unemployment
disoccupazione frizionale;
disoccupazione settoriale
friendly suit
azione legale amichevole
front foot
piede misurato lungo il fronte di una
proprietà
front money
anticipo
front office
sede centrale; ufficio principale
frontage
lato di terreno prospiciente la strada;
facciata (di una casa)
front-end load
commissione di entrata
frozen account
conto congelato
fulfillment
adempimento; esecuzione;
conseguimento; realizzazione
full coverage
copertura completa
full disclosure
rilascio completo delle informazioni
full faith and credit
piena fiducia e credito totale
full screen display
presentazione in formato massimo
full screen display *(computer)*
presentazione in formato
massimo*(informatica)*
full-service broker
intermediario "full service":
è un intermediario in titoli capace di
offrire alla propria clientela l'intera
gamma di servizi che solitamente si
richiedono a un broker, dalla
effettuazione delle operazioni alla
custodia dei titoli, dalla gestione degli
investimenti allo studio delle singole
società

fully diluted earnings per (common) share
utili per azioni (ordinarie) diluiti:
sistema utilizzato per calcolare il
rapporto fra gli utili societari e il
numero di azioni che considera tutti i
titoli esistenti convertibili in azioni
societarie; questo rapporto è calcolato
dividendo l'ammontare degli utili per il
numero di titoli ordinari addizionato
del numero dei titoli ordinari che
potrebbe essere originato dai titoli
convertibili se nello stesso momento
tutti i possessori esercitassero il loro
diritto
fully paid policy
polizza totalmente
pagata
function key
tasto di funzione/ di comando
function key
(computer)
tasto di funzione/ di comando
(informatica)
functional authority
autorità funzionale
functional currency
moneta funzionale

functional obsolescence
obsolescenza per scarsa funzionalità
functional organization
organizzazione funzionale
fund accounting
contabilità basata sul flusso dei fondi
(tecnica contabile degli enti
pubblici)
fundamental analysis
analisi di fondo
funded debt
debito consolidato
funded pension plan
piano pensioni consolidato
funding
consolidamento; approvvigionamento
di fondi
fund-raising
raccolta di fondi
furlough
licenza; congedo; aspettativa
future interest
interesse futuro
futures contract
contratto per consegna a termine
(borsa)
futures market
mercato a termine (borsa)

G

gain
guadagno; utile; profitto; ricavo;
vantaggio; beneficio; miglioramento;
progresso

v. guadagnare; ottenere; aumentare;
crescere; salire
gain contingency
possibile guadagno
galloping inflation
inflazione galoppante
game card *(computer)*
scheda di gioco *(informatica)*
gaming
gioco d'azzardo
gap
intervallo; divario; scarto; squilibrio;
disavanzo; differenza
gap loan
prestito differenziale
garnish
precettare; citare; pignorare presso
terzi; diffidare (detentori di beni
sequestrati)
garnishee
precettato; chi riceve citazione; chi
detiene beni di terzi pignorati; terzo
pignorato; sequestratario
garnishment
citazione (come teste); pignoramento
di beni (presso terzi); rivalsa del
creditore sul debitore; sequestro presso
terzi
gender analysis
analisi di genere
general contractor
imprenditore/ appaltatore
generale
general equilibrium analysis
analisi di equilibrio generale
general expense
spesa generale
general fund
fondo generale
general journal
libro giornale generale
general ledger
libro mastro generale
general liability insurance
assicurazione di responsabilità civile

generale
general lien
privilegio generale
general obligation bond
obbligazione generica garantita
general partner
socio accomandatario
general revenue
reddito generale
general revenue sharing
partecipazione sul reddito generale
general scheme
schema/ piano/ progetto generale
general strike
sciopero generale
general warranty deed
atto di garanzia generale; impegno di
indennizzo generale
generalist
generalista
**generally accepted accounting
principles**
principi contabili universalmente
accettati/ di generale accettazione
generation-skipping transfer
trasferimento a salto generazionale
generic appeal
appello / ricorso generico
generic bond
obbligazione generica
generic market
mercato generico
gentrification
quartieri emergenti;
quartieri generalmente degradati, ma
con una certa storia e identità, che a
partire da un certo momento
improvvisamente decollano mostrando
chiari segni di rigenerazione,
sostituzione funzionale, spontaneo
recupero edilizio
geodemography
geodemografia
gift
dono; regalo; donazione
gift deed
atto di donazione; a titolo gratuito
gift tax
imposta sulle donazioni

girth
giro; circonferenza
glamour stock
titolo con grande richiesta in borsa;
azione di richiamo
glut
saturazione; sovrabbondanza; eccesso;
sazietà
goal
obiettivo; scopo; meta; fine
goal congruence
congruenza di obiettivi
goal programming
programmazione di obiettivi
goal setting
determinazione degli obiettivi
go-between
intermediario; mediatore
going long
andare lungo:
è l'acquisto di un titolo effettuato
nella previsione che lo stesso salga di
prezzo, ed è quindi una posizione
rialzista.
going private
privatizzazione
going public
offerta al pubblico; trasformarsi in
società di capitali a sottoscrizione
pubblica
going short
andare corto:
indica l'apertura di una posizione al
ribasso, dove l'operatore vende un
titolo allo scoperto, cioè senza esserne
in possesso, in previsione di
riacquistarlo in un altro momento a un
prezzo inferiore, guadagnando la
differenza
going-concern value
valore di un'impresa in funzionamento
gold fixing
fissazione del prezzo dell'oro; "fixing"
dell'oro:
nei mercati di londra, parigi e zurigo, è
la fissazione del prezzo dell'oro, che
avviene due volte al giorno, alle 10.30
e alle 15.30 ora di greenwich
gold mutual fund
fondo di investimento in oro
gold standard
base aurea; "gold standard":
regime monetario in cui ogni divisa si
può convertire in un predeterminato

ammontare d'oro dietro la
presentazione dei biglietti di banca
presso la banca centrale
goldbrick
lingotto in metallo dorato; privo di
valore; frode; patacca
goldbug
dedicato all'oro
golden handcuffs
premio di permanenza
golden handshake
liquidazione; buonuscita
golden parachute
indennità di buonuscita:
(clausola del) paracadute d'oro
good delivery
buona consegna
good faith
buona fede
good money
denaro buono
good title
diritto inoppugnabile
good-faith deposit
deposito di buona fede
goodness-of-fit test
prova di bontà di adattamento
goods
merce; merci; beni; prodotti; derrate
goods and services
beni e servizi
good-till-canceled order (GTC)
valido fino a revoca (per ordine di
borsa)
goodwill
avviamento commerciale; buonuscita
grace period
periodo di tolleranza
graduated lease
locazione progressiva
graduated payment mortgage
(GPM)
mutui a pagamento graduale
graduated wage
retribuzione graduale
graft
peculato; concussione
v. commettere peculato; commettere
concussione
grandfather clause
clausola del "nonno":
disposizione legale che protegge i
diritti acquisiti
c. che consente ad ogni parte

contraente di mantenere in vigore ed
applicare la propria legislazione
grant
concessione; assegnazione; rilascio;
emissione
v. concedere; accordare; assegnare
grantee
concessionario; assegnatario;
beneficiario; cessionario
grantor
concedente; cedente; donatore;
fiduciante
grantor trust
fiducia legale opponibile a terzi
graph *(computer)*
grafo; grafico *(informatica)*
graphics card *(computer)*
scheda grafica *(informatica)*
gratis
gratis; gratuito; senza spese
gratuitous
gratuito; non giustificato; infondato
gratuity
gratifica; regalia; liquidazione
graveyard market
lett. mercato da cimitero:
condizione che si determina nel
mercato dei titoli quando i prezzi
scendono precipitosamente,
provocando gravi perdite ai venditori e
allontanando i potenziali investitori
graveyard shift
turno di notte; operai del turno
notturno
gray scale *(computer)*
scala dei grigi *(informatica)*
Great Depression
la grande depressione (negli anni
trenta)
greenmail
"buonuscita" corrisposta da una società
a un finanziere d'assalto che ha
acquistato un'importante quota
azionaria
gross
complessivo; generale; globale; lordo
gross amount
ammontare complessivo; importo
lordo
gross billing
fatturato lordo
gross earnings
utile lordo; profitti lordi; guadagno

lordo
gross estate
patrimonio al lordo di imposte e
passività
gross income
reddito lordo; utile lordo
gross lease
noleggio/ affitto/ lordo; locazione
lorda
gross leaseable area
superficie complessiva lorda
gross national debt
debito nazionale lordo
gross national expenditure
spesa nazionale lorda
gross national product
(GNP)
prodotto interno lordo
gross profit
utile lordo
gross profit method
metodo dell'utile lordo
gross profit ratio
rapporto/ indice dell'utile lordo
gross rating point (GRP)
punto di quotazione lorda
gross rent multiplier (GRM)
moltiplicatore del reddito lordo
gross revenue
entrate lorde; reddito lordo
gross ton
tonnellata lorda
gross weight
peso lordo
ground lease
affitto di terreno
ground rent
affitto di terreno; canone fondiario;
rendita dominicale
group credit insurance
assicurazione collettiva sui crediti
group disability insurance
assicurazione collettiva per invalidità
group health insurance
assicurazione collettiva contro le
malattie
group life insurance
assicurazione collettiva sulla vita
growing-equity mortgage (GEM)
mutuo a pagamento rapido
growth fund
fondo di crescita
growth rate
tasso di incremento

growth stock
titolo di sviluppo; azione di sviluppo
guarantee
garanzia; avallo; malleveria;
fideiussione
v. garantire; avallare
guarantee of signature
autenticazione di firma
guaranteed annual wage (GAW)
retribuzione annua garantita
guaranteed bond
obbligazione garantita (dallo stato)
**guaranteed income contract
(GIC)**
contratto di reddito garantito
guaranteed insurability
assicurabilità garantita
guaranteed letter
lettera garantita

guaranteed mortgage
ipoteca garantita
guaranteed security
sicurezza garantita
guarantor
avallante; garante; fidejussore;
mallevadore
guaranty
garanzia; avallo; malleveria;
fidejussione
guardian
guardiano; custode
guardian deed
di guardiano
guideline lives
vita utile di riferimento
guild
gilda; corporazione; società;
associazione; confraternita

H

habendum
clausola di una scrittura che definisce i diritti trasferiti
hacker *(computer)*
intruso; pirata:
sinonimo di esaltato o pirata dell'informatica che cerca di penetrare nei sistemi informatici altrui *(informatica)*
half duplex
semiduplex
half-life
periodo di dimezzamento; vita media
halo effect
effetto alone
hammering the market
indica l'azione degli speculatori che vendono grandi quantità di un titolo nella convinzione che abbia raggiunto i massimi
handling allowance
sconto o prezzo speciale offerto dal produttore
hangout
saldo rimanente di un prestito quando la scadenza del prestito va oltre la scadenza dell'affitto
hard cash
denaro in contanti; in moneta
hard currency
moneta forte; valuta solida; valuta pregiata
hard disk *(computer)*
disco rigido; disco fisso supporto magnetico, per la registrazione / lettura dei dati *(informatica)*
hard dollars
dollaro forte/ stabile
hard drive *(computer)*
unità disco rigido *(informatica)*
hard goods
beni durevoli
hard money
valuta metallica; monete; moneta forte; moneta solida
hard return *(computer)*
ritorno manuale *(informatica)*

hardware *(computer)*
"hardware":apparecchiatura; macchina *(informatica)*
hardwired *(computer)*
cablato *(informatica)*
hash total
totale di quadratura
hatch *(computer)*
portello; tratteggiato *(informatica)*
hazard insurance
assicurazione contro rischi imprevisti (furto, incendio, ecc.)
head and shoulders
"testa e spalle": in un grafico dei prezzi di mercato, il disegno assomiglia alla sagoma della testa e delle spalle di una persona
head of household
capofamiglia
header *(computer)*
intestazione *(informatica)*
headhunter
scopritore di talenti; ricercatore di dirigenti
health maintenance organization (HMO)
organizzazione del mantenimento della salute
hearing
udito; udienza; ascolto
heavy industry
industria pesante
hectare
ettaro
hedge
operazione di copertura (contro rischi di analoga operazione in borsa); arbitraggio
heirs
eredi
heirs and assigns
eredi e aventi diritto
help index *(computer)*
indice di aiuto *(informatica)*
help screen *(computer)*
schermata d'aiuto *(informatica)*
help wizard *(computer)*
assistente *(informatica)*

heterogeneous
eterogeneo
heuristic
euristico
hidden agenda
agenda occulta
hidden asset
attività occulta
hidden inflation
inflazione occulta
hidden tax
imposta occulta; imposta diretta
hierarchy
gerarchia
high credit
credito alto
high flyer
titolo volante: azione con forte
aumento di prezzo e rapporto prezzo-
utile per lo più superiore alla media
high resolution (computer)
alta risoluzione (informatica)
high technology
alta tecnologia
highest and best use
uso più consono e dal più alto
rendimento
high-grade bond
obbligazione di alta qualità
high-involvement model
modello ad alto coinvolgimento
highlight (computer)
messa in evidenza; valorizzazione (di
una zona di schermo, ecc.)
(informatica)
highs
prezzo massimo; quotazione massima
high-speed (computer)
alta velocità (informatica)
high-tech stock
azione di azienda ad alta tecnologia:
titolo azionario di una società
impegnata in un settore ad alto
contenuto tecnologico
historical cost
costo effettivo; costo storico
historical structure
struttura storica
historical yield
rendimento storico
hit list
tabella di monitoraggio
hit the bricks
scioperare

hobby loss
perdita di un contribuente su
un'attività che non genera profitto
hold harmless clause
clausola di esonero; clausola di garanzia
da eventuali responsabilità
holdback
trattenuta (sulla paga)
holdback pay
trattenuta sullo stipendio
holder in due course
detentore in buona fede
holder of record
azionista avente diritto
hold-harmless agreements
clausole di esonero di responsabilità
accordi/contratti con esclusioni di
garanzia e limitazioni di responsabilità
holding
"holding": proprietà; patrimonio;
società finanziaria; capogruppo;
portafoglio titoli; partecipazioni;
azioni e titoli in portafoglio
holding company
"holding"; società controllante
holding fee
onorario di possesso
holding period
durata di possesso dell'opzione
holdover tenant
affittuario che continua a occupare la
proprietà dopo la scadenza del
contratto
home key (computer)
tasto di posizionamento iniziale; tasto
di inizio schermo (informatica)
home page (computer)
pagina principale (informatica)
homeowner warranty program
(HOW)
programma di garanzia dei proprietari
immobiliari
homeowner's association
associazione proprietari immobiliari
homeowner's equity account
conto patrimoniale dei proprietari
immobiliari
homeowner's policy
politica dei proprietari immobiliari
homestead
casa colonica; masseria; appezzamento
in assegnazione; complesso
unifamiliare di podere e casa; proprietà
unifamiliare

homestead tax exemption
esenzione/ esonero di imposta su
proprietà unifamiliare
homogeneous
omogeneo
homogeneous oligopoly
oligopolio omogeneo
honor
onore; onorabilità
v. onorare; fare onore
honorarium
onorario
horizontal analysis
analisi orizzontale
horizontal channel integration
integrazione orizzontale: strategia per
mezzo della quale una compagnia cerca
l'acquisto o di aumentare il controllo
su alcuni dei sui concorrenti
horizontal combination
monopolio orizzontale
horizontal expansion
espansione orizzontale
horizontal merger
fusione orizzontale
horizontal specialization
specializzazione orizzontale
horizontal union
unione orizzontale
host computer *(computer)*
calcolatore centrale; calcolatore
principale *(informatica)*
hot cargo
merce che scotta (rubata o ottenuta
illegalmente)
hot issue
nuova emissione
hot stock
azione di alta quotazione
house
casa; abitazione; dimora; fabbricato;
edificio; ditta; firma
v. alloggiare; dare alloggio; sistemare;
collocare; disporre
house account
conto commerciale
house to house
a domicilio
house-to-house sampling
porta a porta:
vendita di merci o distribuzione di
materiale promozionale mediante
visite al domicilio del potenziale

cliente;
distribuzione casa per casa di campioni
di prodotto e altro materiale
promozionale
house-to-house selling
vendita a domicilio
housing bond
titolo immobiliare
housing code
codice delle abitazioni/ case
(per case esistenti a differenze di quelle
in costruzione)
housing starts
nuove case; dall'inizio dei lavori di
costruzione;
indicano quante nuove costruzioni di
case sono iniziate nell'ultimo mese
huckster
venditore ambulante; agente
pubblicitario
human factors
fattori umani
human relations
relazioni umane
human resource accounting
contabilità di risorse umane
human resources
risorse umane
human resources management
(HRM)
gestione delle risorse umane
hurdle rate
tasso di attualizzazione
hush money
prezzo del silenzio; denaro versato per
mettere a tacere
hybrid annuity
annualità ibrida/combinata/mista
hyperinflation
iperinflazione; inflazione
inarrestabile
hyperlink *(computer)*
ipervincolo *(informatica)*
hypertext
ipertesto
hypothecate
ipotecare; dare in pegno; vincolare a
garanzia
hypothesis
ipotesi
hypothesis testing
controllo delle ipotesi; prova delle
ipotesi; testing delle ipotesi

I

icon
icona
ideal capacity
capacità ideale
idle capacity
potenziale non utilizzato; potenziale
produttivo inutilizzato
illegal dividend
dividendo illegale
illiquid
non liquido; non per cassa; non in
numerario
image *(computer)*
immagine *(informatica)*
image advertising
pubblicità d'immagine
image definition *(computer)*
definizione d'immagine *(informatica)*
image file *(computer)*
archivio video; archivio contenente le
immagini *(informatica)*
impacted area
area colpita
impaired capital
capitale svalutato/ deficitario/
intaccato/ compromesso
impasse
vicolo cieco; situazione senza uscita
imperfect market
mercato imperfetto
imperialism
imperialismo
implied
implicito; sottinteso;
tacito
implied contract
contratto implicito
implied easement
servitù implicita
implied in fact contract
contratto di fatto implicito
implied warranty
garanzia tacita/ implicita
import
importazione
v. importare
import quota
contingente di importazione

imposition
imposizione
impound
ritirare; sequestrare; confiscare
impound account
conto/ fondo di riserva
imprest fund
fondo cassa per piccole spese;
dotazione di cassa; fondo fisso di cassa
imprest system
sistema di contabilità anticipata;
contabilità previsionale
improved land
terreno migliorato/ bonificato
improvement
miglioramento; miglioria; aumento;
rialzo; valorizzazione (di immobili)
improvements and betterments
insurance
assicurazione sui miglioramenti e le
ristrutturazioni
imputed cost
costo figurativo
imputed income
reddito imputato; reddito figurativo
imputed interest
interessi fittizi
imputed value
valore marginale
imputed income
reddito imputato; reddito figurativo
in perpetuity
in perpetuo
in the money
"in the money":
quando il detentore avrebbe
convenienza ad esercitare l'opzione se
fosse alla scadenza
in the tank
mancanza di obiettività; tendenza ad
analizzare i fatti secondo la propria
esperienza
inactive stock or inactive
bond
titolo inattivo (poco trattato)
inadvertently
inavvertitamente; sbadatamente;
involontariamente

incapacity
incapacità; incompetenza; inabilità
incentive fee
tassa di incentivo /stimolo
incentive pay
paga a cottimo; cottimo; premio
d'operosità
incentive stock option
(ISO)
opzione di azioni d'incentivo
incentive wage plan
sistema retributivo a incentivi
inchoate
iniziale; incompleto
incidental damages
danni casuali
income
reddito; rendita; entrata; introito;
utile; guadagno; ricavi; proventi
income accounts
conto entrate; conto economico;
conto dei profitti e delle perdite
income approach
approssimazione del reddito
income averaging
determinazione del reddito medio
income bond
obbligazione di partecipazione
income effect
effetto reddito
income group
categoria dei redditi
income in respect of a
decedent
reddito di un deceduto
income property
proprietà da reddito
income redistribution
redistribuzione del reddito
income replacement
sostituzione di reddito
income splitting
divisione dei redditi
income statement
conto economico; conto dei profitti e
delle perdite
income stream
flusso di reddito
income tax
imposta sul reddito
income tax return
denuncia dei redditi
incompatible
incompatibile

incompatible *(computer)*
incompatibile *(informatica)*
incompetent
incompetente; incapace
incontestable clause
clausola di incontestabilità
inconvertible money
denaro a corso forzoso
incorporate
incorporato; costituito; registrato;
eretto (in ente giuridico, società, ecc.)
v. costituirsi (come ente giuridico);
incorporarsi; registrarsi (come società)
incorporation
costituzione; erezione (in ente
giuridico); registrazione (di società)
incorporeal property
proprietà incorporea
incremental analysis
analisi incrementale; analisi dei costi
marginali
incremental cash flow
flusso di cassa incrementale
incremental spending
spesa incrementale
incurable depreciation
ammortamento irreparabile
indemnify
risarcire; indennizzare; garantire;
assicurare
indemnity
garanzia; assicurazione; indennità;
indennizzo; risarcimento
indent
contratto; compromesso; ordinazione
di merci (provenienti dall'estero);
requisizione ufficiale; capoverso
v. accordarsi; eseguire requisizione;
ordinare; commissionare; far rientrare
(capoverso)
indent *(computer)*
capoverso; far rientrare; rientranza;
stacco *(informatica)*
indenture
contratto bilaterale; contratto
obbligazionario; documento;
atto
independence
indipendenza; autosufficienza
independent adjuster
liquidatore indipendente; perito
assicurativo indipendente
independent contractor
appaltatore libero

independent store
emporio/ negozio/ grande magazzino
indipendente
independent union
sindacato autonomo
independent variables
variabili indipendenti
indeterminate premium life
 insurance
premio assicurativo sulla vita
indeterminato
index
indice
index basis
base di indice
index fund
fondo indice
index lease
affitto indicizzato
index options
opzioni su indici
indexation
indicizzazione; collegamento a un
indice
indexed life insurance
assicurazione sulla vita indicizzata
indexed loan
prestito indicizzato
indexing
indirizzamento mediante indice;
registro
indirect cost
costo indiretto
indirect labor
manodopera indiretta
indirect overhead
spese generali indirette
indirect production
produzione indiretta
individual bargaining
negoziazione individuale
individual life insurance
assicurazione sulla vita individuale
individual retirement account
 (IRA)
rendita vitalizia individuale
inductive reasoning
ragionamento induttivo
industrial
industriale
industrial advertising
pubblicità industriale
industrial consumer
consumatore industriale

industrial engineer
ingegnere industriale
industrial fatigue
fatica industriale
industrial goods
beni strumentali; mezzi industriali
industrial park
parco industriale
industrial production
produzione industriale
industrial property
proprietà industriale
industrial psychology
psicologia industriale
industrial relations
relazioni industriali (fra datori di
lavoro e sindacati)
industrial revolution
rivoluzione industriale
industrial union
sindacato industriale
industrialist
industriale; imprenditore
industry
industria
industry standard
standard / norma / normativa
industriale
inefficiency in the market
inefficienza nel mercato
infant industry argument
industria nascente
inferential statistics
inferenza statistica
inferior good
merce scadente
inferred authority
autorità inferita
inflation
inflazione
inflation accounting
contabilizzazione degli effetti
inflazionistici
inflation endorsement
girata inflazionistica
inflation rate
ritmo d'inflazione; tasso
d'inflazione
inflationary gap
disavanzo inflazionistico
inflationary spiral
spirale inflazionistica
informal leader
capogruppo informale

information flow *(computer)*
flusso dell'informazione *(informatica)*
information page *(computer)*
pagina di informazione *(informatica)*
information return
ritorno di informazione
infrastructure
infrastruttura
infringement
infrazione; trasgressione; violazione
ingress and egress
ingressi ed uscite
inherent explosion clause
clausola di esplosione inerente
inherit
ereditare; ricevere in eredità
inheritance
eredità; patrimonio; successione
inheritance tax
imposta di successione
in-house
interno; all'interno dell'azienda; nel
proprio impianto
initial public offering (IPO)
offerta pubblica iniziale (di azioni)
initiative
iniziativa
injuction
ingiunzione; imposizione; ordinanza;
decreto d'ingiunzione
injuction bond
cauzione d'ingiunzione
injury independent of all other
means
lesioni o danni / infortuni indipendenti
di altri mezzi
inland carrier
corriere; mezzo di trasporto interno
inner city
centro città
innovation
innovazione
input *(computer)*
entrata; ingresso; introduzione (di dati)
(informatica)
input field *(computer)*
campo di entrata *(informatica)*
input mask *(computer)*
maschera d'entrata *(informatica)*
input-output device *(computer)*
unità periferica/ dispositivo di
ingresso/uscita *(informatica)*
inside information
informazione confidenziale/ riservata

inside lot
lotto interno
insider
persona che dispone di informazioni
riservate; "addetto ai lavori"
insolvency
insolvenza
insolvency clause
clausola di insolvenza
inspection
ispezione; verifica; controllo; esame;
revisione
installation *(computer)*
installazione; impianto; hardware;
sistema; configurazione *(informatica)*
installment
rata; quota d'acconto; anticipo
installment contract
contratto per l'acquisto rateale
installment sale
vendita a rate
institutional investor
investitore istituzionale
institutional lender
prestatore istituzionale
instrument
strumento; documento; atto
instrumentalities of
transportation
ente semi-pubblico di
trasporto
instrumentality
ente semi-pubblico (US)
insurability
assicurabilità
insurable interest
interesse assicurabile
insurable title
titolo assicurabile
insurance
assicurazione
insurance company
compagnia di assicurazione
insurer
assicuratore
insurance contract
contratto di assicurazione
insurance coverage
copertura assicurativa
insurance settlement
composizione assicurativa; accordo
assicurativo
insure
assicurare

insured
assicurato; coperto da assicurazione
insured account
conto assicurato
insurgent
insorgente
intangible asset
beni immateriali; attività invisibili;
attivo intangibile (avviamento,
brevetti, ecc.)
intangible reward
premio/ ricompensa/ compenso
intangibile
intangible value
valore intangibile
integrated circuit
circuito integrato
integration, backward
integrazione a inizio
integration, forward
integrazione a termine
integration, horizontal
integrazione orizzontale
integration, vertical
integrazione verticale
integrity
integrità
interactive *(computer)*
interattivo *(informatica)*
interactive system
sistema interattivo
interest
interesse; utile; provento;
remunerazione
partecipazione; cointeressenza; quota
investita
interest group
gruppo d'interesse
interest rate
tasso d'interesse; aliquota d'interesse
interest sensitive policies
polizze sensitive a interessi
interest-only loan
prestito con interessi
interface
interfaccia
v. fungere da interfaccia; interfacciare
interim audit
revisione interinale
interim financing
finanziamento provvisorio
interim statement
resoconto/ rendiconto
provvisorio

interindustry competition
concorso/gara delle interdipendenze
strutturali; gara fra industrie
interlocking directorate
amministrazione di società diverse da
parte delle stesse persone
interlocutory decree
sentenza interlocutoria
intermediary
intermediario; mediatore
intermediate goods
semilavorati
intermediate term
medio termine
intermediation
intermediazione
intermittent production
produzione intermittente/ saltuaria
internal audit
revisione interna; controllo contabile
interno
internal check
assegno interno
internal control
controllo interno
internal expansion
espansione interna
internal financing
finanziamento interno
internal memory *(computer)*
memoria interna *(informatica)*
internal modem *(computer)*
modem interno *(informatica)*
internal rate of return (IRR)
tasso interno di remunerazione
Internal Revenue Service (IRS)
ufficio del fisco americano
International Bank for
    Reconstruction and Development
Banca Internazionale per la
Ricostruzione e lo Sviluppo
international cartel
cartello internazionale
international law
diritto internazionale
international monetary fund
    (IMF)
Fondo Monetario Internazionale
(FMI)
International Monetary
    Market (IMM)
Mercato Monetario Internazionale
international union
sindacato internazionale

internet
internet
internet protocol (IP) address
indirizzo ip: protocollo di rete a pacchetto
internet service provider
fornitore di servizi internet
interperiod income tax allocation
ripartizione dell'imposta sul reddito tra periodi
interpleader
azione petitoria (intesa a determinare un diritto reclamato da più pretendenti)
interpolation
interpolazione; interposizione
interpreter
interprete; traduttore
interrogatories
interrogatori
interval scale
scala ad intervallo
interview
intervista; colloquio; abboccamento
structured interview
intervista strutturata
unstructured interview
intervista non strutturata
interviewer bias
pregiudizio dell'intervistatore/ intervistatrice
intestate
intestato (di persona che non ha fatto testamento, oppure di bene non menzionato nel testamento); ab intestato
intraperiod tax allocation
ripartizione dell'imposta sul reddito entro un periodo
intrinsic value
valore intrinseco; valore reale
inventory
assortimento; scorte; stock; merci in magazzino; giacenze di magazzino; inventario
inventory certificate
certificato d'inventario
inventory control
controllo di magazzino
inventory financing
finanziamento delle scorte di magazzino
inventory planning
pianificazione d'inventario

inventory shortage (shrinkage)
calo d'inventario (diminuzione); variazione delle scorte (nt dall'inglese: differenza non spiegabile fra il conteggio fisico e la quantità registrata)
inventory turnover
indicazione di rotazione di magazzino; ricambio di magazzino
inverse condemnation
esproprio inverso
inverted yield curve
curva dei rendimenti invertita
invest
investire
investment
investimento; impiego
investment advisory service
servizio di consulenza per gli investimenti
investment banker
banca per gli investimenti
investment club
club di investimenti
investment company
società di investimenti; società finanziaria
investment counsel
consulente/ esperto finanziario
investment grade
qualità di investimento
investment interest expense
spese di interessi per investimento
investment life cycle
ciclo di vita dell'investimento
investment strategy
strategia d'investimento
investment trust
fondo comune d'investimento mobiliare; trust di investimenti; società finanziaria d'investimento
investor relations department
dipartimento delle relazioni con gli investitori
invoice
fattura; bolla di accompagnamento; polizza di carico
involuntary conversion
conversione involontaria; confisca/ esproprio o distruzione subita da un bene (dovuta a incendio, temporale, peste, ecc.)
involuntary lien
privilegio / diritto di ritenzione

involontaria
involuntary trust
trust involontario
involuntary unemployment
disoccupazione forzata
Inwood annuity factor
fattore di annualità Inwood
iota
iota; minima quantità; cosa da nulla;
quantità insignificante
irregulars
irregolari
irreparable harm
torto; danno (morale e fisico)
irreparabile
irreparable damage
danno/ guasto irreparabile
irretrievable *(computer)*
inaccessibile; introvabile *(informatica)*
irrevocable
irrevocabile

irrevocable trust
fondo fiduciario irrevocabile (da parte
del donatore)
issue
rilascio; emissione; distribuzione
esito; risultato; conclusione
questione; controversia; argomento
discusso
v. rilasciare; emettere; pubblicare;
maturare; provenire (di rendita);
concludersi; terminare
issued and outstanding
emesse e in circolazione
issuer
emittente; chi emette
itemized deductions
deduzioni dettagliate
iteration
ripetizione; iterazione
itinerant worker
lavoratore itinerante

J

jawboning
controllo del mercato (con metodi
intimidatori)
j-curve
curva a j
job
lavoro; impiego; posto; occupazione;
compito; mansione
job bank
banca dati di impieghi
job classification
classificazione delle funzioni
job cost sheet
foglio del costo di commessa
job depth
profondità del lavoro; potere di un
impiegato di influenzare nell'ambiente
di lavoro
job description
descrizione dei compiti;
mansionario
job evaluation
valutazioni delle mansioni
job jumper
chi cambia frequentemente mestiere
job lot
partita di merci disparate (comperata
per speculazione)
job order
buono (commessa) di lavorazione
job placement
collocamento occupazionale/
lavorativo
job rotation
rotazioni degli incarichi
job satisfaction
soddisfazione sul lavoro
job security
sicurezza del posto di lavoro
job sharing
compartecipazione del lavoro
job shop
produzione su commessa
job specification
specificazioni delle mansioni; specifica
del lavoro
job ticket
cartellino di istruzioni

jobber
giocatore di borsa; aggiotatore;
operatore di borsa; speculatore
joint account
conto congiunto; conto collettivo;
conto in partecipazione
joint and several liability
responsabilità solidale
joint and survivor annuity
annualità per coniugi
joint fare, joint rate
tariffa comune
joint liability
responsabilità solidale
joint product cost
costo congiunto del prodotto
joint return
dichiarazione fiscale congiunta;
dichiarazione congiunta delle imposte
joint stock company
società di capitali (anonima, per
azioni, a responsabilità limitata)
joint tenancy
locazione indivisa; comproprietà;
possesso comune (con reversibilità ai
sopravvissuti)
joint venture
"joint venture"; impresa congiunta;
società a capitale misto; associazione
fra aziende per una sola operazione
jointly and severally
congiuntamente e separatamente; in
solido
journal
libro giornale; libro cassa; giornale di
cassa
journal entry
registrazione contabile; registrazione a
libro giornale; scrittura a giornale di
cassa
journal voucher
pezza giustificativa di cassa;
documento giustificativo di una
registrazione contabile
journalize
registrare a giornale
journeyman
operaio specializzato; lavoratore a

giornata
judgment
verdetto; decisione; giudizio; sentenza;
valutazione; stima
judgment creditor
creditore giudiziario
judgment debtor
debitore riconosciuto da tribunale;
debitore giudiziario
judgment lien
diritto ipotecario; diritto di ritenzione,
diritto di pegno
judgment proof
immune alle sentenze di riscossione
judgment sample
campione orientativo
judicial bond
cauzione giudiziaria
**judicial foreclosure or judicial
sale**
vendita giudiziaria
jumbo certificate of deposit
certificato di deposito jumbo:
è un certificato di deposito avente un
valore facciale molto alto, solitamente
oltre i centomila dollari, il quale può
essere emesso a sconto, cioè con un
prezzo inferiore al valore facciale e
senza pagamenti cedolari, oppure

offrire una remunerazione variabile
legata a tassi rilevati a scadenza
periodica sul mercato monetario
junior issue
emissione subordinata
junior lien
garanzie subordinate
junior mortgage
mutuo subordinato
junior partner
socio minoritario; rapporto
subordinato
junior security
titolo subordinato; valore subordinato
junk bond
titolo spazzatura; obbligazioni
"cartastraccia"; obbligazioni a rischio
jurisdiction
giurisdizione; competenza
jurisprudence
giurisprudenza
jury
giuria
just compensation
compensazione/ riparazione equa
justifiable
giustificabile; lecito; permesso
justified price
prezzo giustificato

K

keogh plan
piano keogh: piano di pensionamento
per i lavoratori autonomi
key *(computer)*
tasto *(informatica)*
**key person life and health
insurance**
assicurazione sulla vita e contro gli
infortuni di un impiegado chiave
key-area evaluation
valutazione della gestione in 8 aree
chiavi dell'impresa
keyboard *(computer)*
tastiera *(informatica)*
kickback
percentuale; tangente; bustarella
kicker
incentivo fiscale per stimolare
l'attività economica
caratteristica addizionale nei valori per
migliorare la loro commerciabilità
kiddie tax
imposta per bambini sotto i 14 anni sul
reddito netto da capitale (non
guadagnato)
killing
colpo di fortuna

kiting
frode a carattere continuativo, attuata
generalmente da un cassiere, mediante
l'emissione e riscossione indebita di un
assegno, immediatamente seguita da
copertura con un altro assegno di
uguale importo emesso su una banca
diversa e così via per un periodo
indeterminato
know-how
"know-how"; conoscenza tecnologica;
bagaglio conoscitivo; capacità tecniche
e metodologiche
knowledge intensive
alto livello di conoscenza
know-your-customer rule
regola "conosci il tuo cliente":
secondo la quale i servizi di
investimento debbono essere adeguati
al profilo patrimoniale del singolo
investitore e presuppongono perciò
che l'intermediario acquisisca una
preventiva conoscenza delle attitudini
speculative del proprio interlocutore
kudos
riconoscimento dato da un'impresa per
i risultati ottenuti

L

labeling laws
leggi sulle etichette
labor
lavoro; manodopera
labor agreement
contratto collettivo di lavoro
labor dispute
vertenza di lavoro
labor force
forze di lavoro; popolazione attiva
labor intensive
attività in cui i costi del lavoro sono
più importanti dei costi del capitale
labor mobility
mobilità delle forze di lavoro
labor piracy
sottrazione di manodopera (ad aziende
concorrenti, con paghe più alte)
labor pool
forza lavoro specializzata disponibile
labor union
sindacato dei lavoratori
laches
negligenza (nell'accampare diritti
legittimi)
lading
carico; caricamento; imbarco
lagging indicator
indicatore stabile di settore (in una
situazione economica mutevole)
LAN (local area network)
(computer)
rete locale (informatica)
land
terra; terreno; suolo; proprietà
fondiaria; fondo
land bank
banca di credito agricolo; cassa agricola
land contract
contratto agricolo
land development
processo di sviluppo di terreni;
miglioramento fondiario
land trust
associazione fiduciaria immobiliare
landlocked
riparato; circondato da terra; senza
sbocco sul mare

landlord
padrone di casa; locatore (d'immobili)
landmark
pietra confinaria
landscape (format) (computer)
formatto orizzontale (informatica)
land-use intensity
intensità di utilizzazione del suolo
land-use planning
pianificazione dell'utilizzazione del
suolo
land-use regulation
norme di utilizzazione del suolo
land-use succession
successione sull'utilizzazione del suolo
lapping
frode continuata; malversazione
continuativa
lapse
decadenza (di diritto); cessazione (di
copertura assicurativa); decadere (di
uso); periodo; lasso; errore;
imperfezione
v. cessare; decadere; cadere in
prescrizione; perdere validità; cadere in
disuso
lapsing schedule
programma scaduto; programma di
scadenze; analisi di scadenze
last in, last out (LIFO)
ultimo entrato, primo uscito (nella
valutazione contabile di magazzino)
last sale
ultimo prezzo
È l'ultimo prezzo al quale è stata
eseguita la transazione su un certo
titolo, in un qualsiasi momento della
giornata; viene chiamato, invece,
"closing sale" l'ultimo prezzo della
giornata
latent defect
vizio occulto (sfuggito al controllo di
qualità dei prodotti)
latitude
latitudine
law
legge; regola; norma; diritto;
giurisprudenza; legislazione; corpo di

leggi
law of diminishing returns
legge del rendimento decrescente
law of increasing costs
legge dei costi crescenti
law of large numbers
legge dei grandi numeri
law of supply and demand
legge della domanda e dell'offerta
lay off
sospensione dal lavoro; licenziamento
(per mancanza di attività dell'azienda)
lead time
intervallo (fra ordinazione e consegna)
leader
titolo-guida; titoli a vasto flottante
(borsa)
articolo-guida (a basso prezzo per
promuovere le vendite)
leader pricing
determinazione del prezzo;
valutazione; valorizzazione
leading indicators
indicatori di tendenza; indicatori
significativi
lease
noleggio; affitto; locazione; contratto
d'affitto; proprietà affittata
lease with option to purchase
locazione con opzione di acquisto
leasehold
locazione; affittanza; canone di
concessione (pagato dal proprietario di
un immobile per il terreno su cui
questo sorge); bene concesso o
ottenuto in affitto
leasehold improvement
migliorie su immobili in affitto
leasehold insurance
assicurazione su una proprietà affittata
leasehold mortgage
ipoteca su una proprietà affittata
leasehold value
valore di una proprietà affittata
least-effort principle
principio del minimo sforzo
leave of absence
congedo autorizzato
ledger
libro mastro; partitario
legal entity
ente legale; persona giuridica
legal investment
investimento ai sensi di legge (di

amministrazione fiduciaria)
legal list
elenco investimenti autorizzati (per
fondi fiduciari)
legal monopoly
monopolio legale
legal name
nome legale; nome civile
legal notice
notifica/notificazione/comunicazione
legale
legal opinion
opinione/parere legale
legal right
diritto stabilito dalla legge
legal tender
moneta a corso legale
legal wrong
violazione di un diritto
legatee
legatario
lender
prestatore; chi presta
less than carload (L/C)
meno di un vagone
lessee
affittuario; conduttore; locatario
lessor
locatore; concedente; chi dà in affitto
letter of intent
lettera di intenti
letter stock
azioni nominali
level debt service
servizio del prestito costante/fisso;
gestione del debito costante/fisso
level out
livellare; livellarsi
level premium
premio costante; premio fisso
level-payment income stream
annualità; rendita annua
level-payment mortgage
ipoteca a rate costanti
leverage
leva finanziaria;effetto
dell'indebitamento (sui titoli ordinari
di una società); rapporto di
indebitamento
leveraged buyout (LBO)
acquisizione con indebitamento;
finanziamento per l'acquisto del
pacchetto azionario contro garanzia
delle attività societarie

leveraged company
società a leva finanziaria
leveraged lease
locazione a leva
levy
imposta; tributo; contributo; prelievo;
esazione; riscossione; pignoramento
v. imporre; riscuotere; esigere;
pignorare; agire esecutivamente;
sequestrare
liability
passività; passivo; debiti;
responsabilità; obbligo; obbligazione;
impegno
liability, business exposures
responsabilità e rischi commerciali
liability, civil
responsabilità civile
liability, criminal
responsabilità penale
liability dividend
obbligo del dividendo
liability insurance
assicurazione di responsabilità civile
liability, legal
responsabilità legale; responsabilità
civile
liability, professional
responsabilità professionale
liable
passibile; perseguibile; responsabile;
soggetto; esposto
libel
libello; pubblicazione diffamatoria;
diffamazione (a mezzo stampa)
v. diffamare (a mezzo stampa);
pubblicare un libello
license
concessione; licenza; permesso;
patente; brevetto; autorizzazione
license bond
deposito cauzionale (per le licenze
commerciali)
license law
legge sulle attività che richiedono
licenze
licensee
concessionario; licenziatario; chi
possiede una licenzia
licensing examination
esame per ottenere la licenza
lien
diritto di terzi; pegno;
garanzia

life cycle
ciclo di vita
life estate
vitalizio; usufrutto vita natural durante
life expectancy
durata presunta della vita
life tenant
usufruttuario a vita (di beni immobili)
lighterage
zatteraggio; trasporto su chiatte
like-kind property
proprietà simile
limit order
ordine con indicazione del prezzo
minimo o massimo (borsa)
limit up
limite massimo
limit down
limite minimo
limited audit
revisione contabile sommaria
limited company
società anonima a responsabilità
limitata
limited distribution
distribuzione limitata
limited liability
responsabilità limitata
limited occupancy agreement
accordo di occupazione limitata
limited or special partner
socio accomandante
limited partnership
società in accomandita semplice
limited payment life insurance
vita intera a premi limitati (nelle
assicurazioni sulla vita)
line
linea; serie; gamma (di prodotti);
settore; campo (di attività); politica;
corso
line and staff organization
struttura aziendale direzione-
esecuzione; struttura gerarchico-
funzionale
line of authority
linea gerarchica
line control
controllo di linea
line extension
estensione/ampliamento della
linea
line function
funzione di linea

line management
gestione di linea
line of credit
linea di credito; castelletto (bancario);
fido; finanziamento (in conto
corrente); affidamento
line organization
organizzazione gerarchica
line pitch *(computer)*
separazione fra linee *(informatica)*
line printer
stampatrice lineare; stampante
parallela
link *(computer)*
"link": è un collegamento ipertestuale
all'interno dello stesso documento, ma
anche a dati completamente diversi
posti altrove nel web.
collegamento (telefonico, ecc.);
legame (fra zone di basi di dati, ecc.);
unità di 512 parole
v. legare; connettere; interconnettere;
attaccare; associare; assemblare;
concatenare *(informatica)*
linked object *(computer)*
oggetto collegato *(informatica)*
liquid asset
liquidità; cespiti disponibili;
disponibilità liquide; attività liquide
liquid crystal display (LCD)
(computer)
schermo a cristalli liquidi *(informatica)*
liquidate
liquidare; saldare
liquidated damages
danni liquidati
liquidated debt
debito liquidato
liquidated value
valore di liquidazione
liquidation
liquidazione
liquidation dividend
dividendo di liquidazione
liquidity
liquidità; disponibilità
liquidity preference
preferenza di liquidità
liquidity ratio
tasso di liquidità; rapporto di liquidità;
coefficiente di liquidità
list
lista; listino; elenco; bollettino
v. elencare; iscrivere; inserire (in

listino); catalogare; registrare; listare
list price
prezzo di listino
listed options
opzioni quotate
listed security
titolo quotato
listing
elencazione; registrazione; lista;
iscrizione; quotazione
listing agent, listing broker
intermediario autorizzato che ottiene
l'iscrizione/ la registrazione della
proprietà
listing requirements
requisiti per la quotazione
litigant
attore; parte in causa
litigation
controversia; lite; contenzioso; causa;
processo
living trust
fondo volontario (creato da persona
vivente)
load
commissione; peso; carico; onere;
maggiorazione di prezzo; sovrapprezzo
v. caricare; aggiungere l'addizionale (al
premio)
load fund
fondo con commissioni di entrata
loan
prestito; mutuo; anticipazione;
finanziamento; fido; linea di credito
loan application
richiesta di prestito; domanda di fido
loan committee
commissione di credito
loan value
valore di credito (dietro garanzia)
loan-to-value ratio (LTV)
percentuale di fido
lobbyist
faccendiere; intrigante (nel parlamento
degli usa); persona che fa manovre di
corridoio prima del passaggio di una
legge
lock box
dossier; punto di raccolta; casella
postale
locked in
termine fisso; fissazione del termine;
blocco (di un trasferimento)
nel caso di investimenti in titoli, ci si

riferisce a quegli investitori che non hanno intenzione di vendere i titoli in possesso perché non ancora scaduti i termini di legge minimi che permettono un trattamento fiscale più favorevole del capital gain; questo termine viene riferito anche al rendimento di un titolo (per esempio un certificato di deposito o un buono del Tesoro), che grazie alla sua struttura permette un risultato in termini d'interesse che non è influenzato dalla dinamica dei rendimenti di mercato

lockout
serrata; blocco

lock-up option
opzione immobilizzata

log in *(computer)*
termine inglese per *entrare, accedere*; inserire il proprio nome utente e password per autenticarsi in un servizio apertura del colloquio con il calcolatore; aprire una sessione di collegamento alla banca dati con il codice di riconoscimento *(informatica)*

log on *(computer)*
apertura del colloquio con il calcolatore; aprire una sessione di collegamento alla banca dati con il codice di riconoscimento *(informatica)*

log off *(computer)*
funzione di scollegamento alla banca dati, chiusura del colloquio con il calcolatore, terminare una sessione (di collegamento) *(informatica)*

logic diagram
schema logico

logic diagram *(computer)*
diagramma logico *(informatica)*

login identification (login ID) *(computer)*
identificazione/ riconoscimento per aprire una sessione di collegamento *(informatica)*

logo
logo:
In gergo grafico si definisce così il simbolo o l'immagine che contraddistingue un'azienda o una società.

long bond
obbligazione a lunga scadenza; obbligazione lunga

long coupon
cedola a lunga scadenza; cedola lunga

long position
posizione lunga (Borsa); coperto in conto

longevity pay
indennità di anzianità

long-range planning
programmazione a lungo termine

long-term debt
indebitamento a lungo termine

long-term liability
passività (debiti) a lungo termine

long-term gain (loss)
guadagno (perdita) a lungo termine

long-term trend
tendenza a lungo termine

long-wave cycle
ciclo dell'onda lunga di Kondratieff

loop
ciclo; ciclo iterativo; anello chiuso: serie di istruzioni eseguite ripetutamente fino al verificarsi di un determinato evento o condizione.

loophole
scappatoia; ripiego; via d'uscita

loose rein
poco controllo

loss
perdita; disavanzo; deficit; sbilancio; scostamento in meno (nei bilanci)

loss adjustment
liquidazione dei sinistri/danni

loss carryback
perdita di esercizi precedenti detraibile dalle imposte

loss carryforward
riporto delle perdite a esercizi successivi; riporto perdite

loss contingency
perdita da sopravvenienze

loss leader
articolo "civetta"; articolo di richiamo per la clientela

loss of income insurance
assicurazione su perdite di reddito

loss ratio
rapporto fra premi e sinistri

lot and block
lotto e isolato:
(metodo per identificare un lotto di terreno basato nel suo lotto e isolato)

lot line
confine di proprietà

lottery
lotteria; estrazione
low
modesto; economico; contenuto;
minimo (di prezzo, quotazione, ecc.)
low resolution
bassa risoluzione
low resolution *(computer)*
bassa risoluzione *(informatica)*
lower case character/letter
carattere tipografico minuscolo
lower case character/letter
(computer)
carattere tipografico minuscolo
(informatica)
lower of cost or market
il valore più basso tra il costo

d'acquisto e il valore di mercato
lower-involvement model
modello di minore
partecipazione
low-grade
qualità inferiore
low-tech
bassa tecnologia
lump sum
forfait; somma; prezzo globale;
importo forfetario
lumpsum distribution
distribuzione globale
lump-sum purchase
acquistare in blocco
luxury tax
tassa sugli articoli di lusso

M

macro *(computer)*
macro; microistruzione *(informatica)*
macroeconomics
macroeconomia
macroenvironment
macroambiente
magnetic card *(computer)*
scheda magnetica *(informatica)*
magnetic strip *(computer)*
striscia magnetica *(informatica)*
mail fraud
frode postale
mailbox *(computer)*
cassetta postale *(informatica)*
mailing list
lista di indirizzi
main menu *(computer)*
menù principale *(informatica)*
mainframe *(computer)*
unità centrale di elaborazione
(informatica)
maintenance
mantenimento; manutenzione
maintenance bond
garanzia di manutenzione/assistenza
maintenance fee
tassa di manutenzione
maintenance method
metodo di manutenzione
majority
maggioranza; parte maggiore;
maggiore età
majority shareholder
azionista di maggioranza
maker
emittente (di effetti); fabbricante;
produttore
make-work
fare mercato: utilizzazione
antieconomica della forza lavoro allo
scopo di creare impiego; lavoro che
non ha valore
malicious mischief
danneggiamento
malingerer
che simula una malattia; "lavativo"
malingering
simulazione di malattia

mall
centro commerciale
malpractice
scorrettezza; illecito; abuso di potere;
prevaricazione
manage
amministrare; governare; reggere;
gestire; dirigere
managed account
conto gestito:
e un conto in titoli detenuto presso un
intermediario, a cui sono state affidate
responsabilità di gestione con limiti
ben precisi da parte del titolare;
l'intermediario, per prestare questo
servizio, carica una commissione
periodica sul capitale gestito
managed currency
valuta controllata; valuta regolata
managed economy
economia controllata
management
direzione; gestione; amministrazione;
organizzazione aziendale
management agreement
contratto di gerenza
management audit
analisi valutativa della gestione
management by crisis
gestione della crisi
management by exception
direzione per eccezioni: sistema di
gestione in cui le deviazioni da un
programma vengono individuate e
corrette
management by objective (MBO)
gestione per obiettivi
**management by walking around
(MBWA)**
sistema di gestione che prevede la
disponibilità del capo ad uscire dal
proprio ufficio per trascorrere più
tempo possibile con i propri
collaboratori, senza aspettare che
siano questi a dover andare da lui;
gestione per contatto
management consultant
consulente in organizzazione;

consulente di direzione aziendale
management cycle
ciclo amministrativo
management fee
compenso per la gestione del
portafoglio (nelle società di
investimento); emolumento agli
amministratori
management game
gestione simulata
management guide
guida amministrativa
**management information system
(MIS)**
sistema di informazione per la
direzione; sistema di elaborazione dati
per la direzione; sistema di gestione
automatizzata
management prerogative
prerogativa manageriale
management ratio
indice amministrativo
management science
scienza dell'organizzazione
management style
stile amministrativo
management system
sistema gestionale
manager
direttore; amministratore; gerente;
dirigente; gestore
managerial accounting
contabilità direzionale
managerial grid
la griglia manageriale;
la griglia di blake e mouton: mette in
relazione due dimensioni dello stile di
leadership, l'orientamento al compito
e l'orientamento ai dipendenti
mandate
mandato; incarico;
controllo
mandatory copy
testo obbligatorio
man-hour
ora-uomo
manifest
manifesto; nota di carico; treno merci
a grande velocità
v. rivelare; manifestare; registrare sul
manifesto di carico
manipulation
manipolazione; manovra; raggiro;
intrigo

manual
manuale
manual skill
abilità manuale
manufacture
lavorazione; fabbricazione;
v. fabbricare; produrre; confezionare;
fare costruire
manufacturing cost
costo industriale, di produzione
manufacturing inventory
inventario di fabbricazione
manufacturing order
ordine di fabbricazione
map
carta geografica; carta topografica;
mappa
v. tracciare la mappa; rilevare
margin
margine; orlo; profitto; differenza;
scarto; copertura; margine di copertura
margin account
conto a margine
margin call
richiesta di copertura
margin of profit
margine di profitto; margine di utile
margin of safety
margine di sicurezza
marginal cost
costo marginale
marginal cost curve
curva del costo marginale
marginal efficiency of capital
efficienza marginale del capitale
marginal producer
produttore marginale
**marginal propensity to consume
(MPC)**
propensione marginale al consumo
marginal propensity to invest
propensione marginale
all'investimento
**marginal propensity to save
(MPS)**
propensione marginale al risparmio
marginal property
proprietà marginale
marginal revenue
ricavo marginale
marginal tax rate
aliquota d'imposta marginale
marginal utility
utilità marginale

margins
margini
marital deduction
deduzione impositiva matrimoniale
mark to the market
valutazione a mercato
markdown
diminuzione di prezzo; ribasso
market
mercato; borsa; operazioni di borsa;
piazza; luogo di contrattazione; sbocco
commerciale; quotazione; domanda;
richiesta; vendite; smercio
v. smerciare; commercializzare;
mettere in vendita; lanciare sul
mercato
market aggregation
aggregazione di mercato
market analysis
analisi del mercato
market area
area di mercato
market basket
canasta familiare
market comparison approach
metodo di comparazione di mercato
market demand
domanda di mercato
market development index
indice di aumento del mercato
market economy
economia di mercato
market equilibrium
equilíbrio di mercato
market index
indice di mercato
market letter
bollettino d'informazioni finanziarie
market order
ordine al meglio (borsa)
market penetration
penetrazione del mercato
market price
prezzo di mercato
market rent
rendita del mercato
market research
ricerca di mercato
market segmentation
segmentazione del mercato
market share
quota di mercato
market system
sistema di mercato

market test
test di mercato
market timing
determinazione/rilevazione dei tempi
di mercato
market value
valore di mercato
market value clause
clausola del valore di mercato
marketability
liquidabilità; negoziabilità;
commerciabilità
marketable securities
titoli negoziabili; titoli di
mercato
marketable title
diritto cedibile
marketing
"marketing"; smercio;
commercializzazione
marketing concept
concetto di marketing
marketing director
direttore di marketing
**marketing information
system**
sistema di informazione di marketing
marketing mix
mix del marketing; combinazione delle
variabili di marketing
marketing plan
piano di marketing
marketing research
ricerca di mercato; ricerche di
marketing
mark-up
margine; utile lordo; ricarico sul
prezzo; aumento; rincaro; rialzo
marriage penalty
penale/penalità impositiva
matrimoniale
Marxism
marxismo
mask *(computer)*
maschera *(informatica)*
mass appeal
richiamo di massa
mass communication
comunicazione di massa
mass media
"mass-media"; mezzi di comunicazione
di massa
mass production
produzione in serie

inizializzazione/ innesco
master boot record *(computer)*
registro principale di avvio/
inizializzazione/ innesco *(informatica)*
master lease
noleggio/ affitto/ locazione principale
master limited partnership
società in accomandita semplice
principale
master plan
piano generale; piano di massima
master policy
polizza principale
master-servant rule
norma per cui il datore di lavoro è
responsabile della condotta del
dipendente mentre è in essere un
rapporto di lavoro
masthead
testata di pubblicazione
matching principle
principio di competenza
material
materia; materiale; sostanza
material fact
fatto materiale
material man
responsabile dei materiali
materiality
significanza; rilevanza; importanza
materials handling
movimentazione dei materiali
materials management
amministrazione dei materiali
matrix
matrice
matrix organization
organizzazione a matrice
mature economy
economia matura
matured endowment
dotazione maturata/ scaduta
maturity
maturazione; maturità
maturity date
data di scadenza
maximize *(computer)*
massimizzare *(informatica)*
maximum capacity
capacità massima
M-CATS
titoli di stato ad accrual;
titoli di stato a reddito fisso che non
prevedono il pagamento di cedole

periodiche, detti anche Zero Coupon;
gli unici due flussi di denaro generati
dall'acquisto di tali titoli sono il
pagamento del prezzo e la riscossione
del valore nominale alla scadenza del
titolo
mean return
rendimento medio
mean, arithmetic
media aritmetica
mean, geometric
media geometrica
mechanic's lien
diritto di ritenzione; diritto
privilegiato dei fornitori e degli operai
su una proprietà da loro costruita
mechanization
meccanizzazione
media
"media"; mezzi pubblicitari; veicoli di
comunicazione
media buy
acquisto di spazi pubblicitari
media buyer
acquirente di spazi pubblicitari
media plan
piano mezzi
media planner
programmatore dei mezzi pubblicitari
media player *(computer)*
riproduttore di mezzi audiovisivi
(informatica)
media weight
influenza dei mezzi
mediation
mediazione; intervento
amichevole; accordo extragiudiziale
delle parti
medical examination
esame medico; analisi medica
medium
agg. medio; di mezzo; intermezzo;
mediano
n. mezzo; strumento; tramite
medium of exchange
mezzo di scambio
medium-term bond
titolo/buono a medio termine
meeting of the minds
incontro di pensieri/Menti che si
incontrano
megabucks
un sacco di soldi/megabigliettoni/
milioni di dollari

megabyte
megabyte/ un milione di byte
member bank
banca associata; banca aderente al
Federal Reserve System
member firm or member
corporation
società iscritta (Borsa di New York)
memorandum
memorandum; promemoria; nota;
appunto
memory *(computer)*
memoria *(informatica)*
menial
agg. servile (di lavoro); che fa lavori
servili
n. servo
menu bar *(computer)*
barra menù *(informatica)*
mercantile
mercantile; commerciale
mercantile agency
agenzia di informazioni commerciali
mercantile law
diritto commerciale
mercantilism
mercantilismo
merchandise
merce; mercanzia; derrata; prodotto
merchandise allowance
abbuono su merci/accantonamento/
indennità su merci
merchandise broker
intermediario commerciale
merchandise control
controllo merce
merchandising
"merchandising":attività
promozionale; commercializzazione;
smercio
merchandising director
direttore del servizio merchandising
merchandising service
servizio di merchandising
merchant bank
"merchant bank"; banca d'affari;
banca mercantile
merchantable
commerciabile; vendibile
merge
incorporare; assorbire; fondere; riunire,
tramite, fusione
merger
fusione; assorbimento; incorporazione;

consolidamento
merit increase
aumento salariale per merito
merit rating
valutazione del merito
metes and bounds
confini e limiti (di proprietà)
methods-time measurement
(MTM)
metodo dei tempi e dei movimenti
collegati; micromovimenti
metric system
sistema metrico
metrication
conversione al sistema metrico
metropolitan area
conurbazione; agglomerato urbano
microeconomics
microeconomia
micromotion study
studio dei micromovimenti
midcareer plateau
punto verso la metà della carriera di un
professionale dove le opportunità di
avanzamento/progresso sembrano
bloccarsi per severi ostacoli
middle management
quadri intermedi; dirigenza di medio
livello
midnight deadline
termine ultimo a mezzanotte/ scadenza
a mezzanotte
migrate *(computer)*
migrare; passare *(informatica)*
migratory worker
lavoratore immigrante
military-industrial complex
complesso industriale militare
milking
sfruttamento
milking strategy
strategia di marketing:
strategia di marketing mirata alla
vendita di un prodotto con il massimo
profitto possibile
mileage rate
tariffa per miglio
millionaire
milionario; riccone; magnate
millionaire on paper
milionario in titoli
mineral rights
diritto allo sfruttamento
minerario

minimax principle
minimax (il minimo fra i valori
massimi) (di scelta decisionale)
minimize
minimizzare
minimize *(computer)*
minimizzare *(informatica)*
minimum lease payments
pagamento di affitto minimo
minimum lot area
area minima di lotto
minimum pension liability
responsabilità di pensione minima
minimum premium deposit plan
piano di deposito di premio minimo
minimum wage
paga minima; salario minimo
minor
minore; minorenne; minore d'età
**minority interest or minority
investment**
partecipazione di minoranza
mintage
coniatura; conio
minutes
verbale (di assemblea)
misdemeanor
illecito; reato minore; infrazione;
trasgressione
mismanagement
cattiva amministrazione;
amministrazione disonesta; gestione
errata
misrepresentation
dichiarazione erronea; dichiarazione
falsa; travisamento
misstatement of age
dichiarazione di età errata;
dichiarazione di età inesatta
mistake
errore; sbaglio; svista
mistake of law
errore di diritto
mitigation of damages
riduzione del risarcimento
mix
mistura; mescolanza; miscuglio;
miscela; mix; combinazione (di
variabili)
mixed economy
economia mista
mixed perils
pericoli/ rischi misti
mixed signals

segnali misti
mode
modo; valore modale
model unit
unità modello
modeling
creazione di modelli a
rappresentazione matematica che
simulano un sistema economico
modeling language
linguaggio modello di programmazione
modern portfolio theory (MPT)
teoria moderna di gestione del
portafoglio
modified accrual
metodo di contabilità governativo
modified life insurance
assicurazione sulla vita modificata
modified union shop
legge federale che prevede che i
dipendenti, dopo essere stati assunti,
sono obbligati ad iscriversi ad un
sindacato, come condizione per il
mantenimento del posto di lavoro;
clausola contrattuale per cui i nuovi
lavoratori devono aderire al sindacato
module
modulo (unità standard di
apparecchiatura), blocco
module *(computer)*
modulo (unità standard di
apparecchiatura), blocco *(informatica)*
mom and pop store
piccolo negozio (a gestione familiare)
momentum
momento:
indicatore che in analisi tecnica
rappresenta l'accelerazione del prezzo
di un titolo. un'azione con momentum
elevato significa che ha prodotto
grandi variazioni di prezzo in brevi
periodi di tempo
monetarist
monetarista
monetary
monetario; valutario
monetary item
partite monetarie/articoli monetari/
voci monetarie
monetary reserve
riserve monetarie
monetary standard
sistema monetario (percentuale di
metallo prezioso nelle monete)

money
denaro; moneta; valuta; soldi; fondi
money illusion
illusione monetaria
money income
reddito nominale; reddito in denaro
money market
mercato monetario; mercato del denaro
money market fund
fondo monetario
money supply
disponibilità di capitale; massa monetaria; offerta di moneta
monopolist
monopolista; accaparratore
monopoly
monopolio
monopoly price
prezzo monopolistico
monopsony
monopsonio
monthly compounding of interest
incremento mensile dell'interesse
monthly investment plan
piano di investimento mensile
month-to-month tenancy
affitto mese per mese
monument
monumento
moonlighting
svolgere un secondo lavoro
moral hazard
rischio soggettivo
moral law
legge morale
moral obligation bond
obbligazione a garanzia morale
moral persuasion
persuasione morale
morale
morale; principio morale; moralità
moratorium
moratoria; dilazione; proroga
mortality table
tabella di mortalità
mortgage
ipoteca; mutuo ipotecario
mortgage assumption
assunzione di ipoteca
mortgage banker
istituto (società) di credito ipotecario; banca operante nei mutui

mortgage bond
obbligazione ipotecaria; obbligazione fondiaria
mortgage broker
mediatore creditizio
mortgage commitment
impegno ipotecario
mortgage constant
costante ipotecaria
mortgage correspondent
corrispondente ipotecario
mortgage debt
debito ipotecario
mortgage discount
sconto ipotecario
mortgage insurance
assicurazione sui mutui ipotecari
mortgage insurance policy
polizza di assicurazione sui mutui ipotecari
mortgage lien
gravame/carico ipotecario
mortgage out
ottenere un finanziamento in eccesso sul costo di costruzione
mortgage relief
detrazione ipotecaria/ sgravio ipotecario
mortgage servicing
assistenza ipotecaria; servizio ipotecario
mortgage-backed certificate
certificato/credito garantito da ipoteca
mortgage-backed security
titolo garantito da ipoteca
mortgagee
creditore ipotecario
mortgagor
debitore ipotecario
motion study
studio dei movimenti
motivation
motivazione; causa
motor freight
autotrasporti
mouse *(computer)*
"mouse"; topo *(informatica)*
mouse pad *(computer)*
"mouse pad"; cuscinetto per mouse *(informatica)*
movement
movimento; moto; spostamento; mossa; azione strategica; manovra; oscillazione; fluttuazione; variazione

mover and shaker
persona che ha un drammatico
impatto in un'organizzazione o in una
serie di eventi
moving average
media mobile
muckraker
giornalisti che si occupano di scandali
multibuyer
persona che appare in due o più registri
di acquisto; che fa acquisti multipli
multiacquirente
multicasting *(computer)*
multidiffusione *(informatica)*
multicollinearity
multicollinearità
multiemployer
gruppo di imprenditori della stessa
industria;
associazione imprenditoriale
multiemployer bargaining
associazione imprenditoriale che
negozia il lavoro in modo collettivo
multifunction
multifunzione
multifunction *(computer)*
multifunzione *(informatica)*
multimedia
multimedia
multinational corporation (MNC)
società multinazionale
multiple
multiplo; molteplice
multiple listing
accordo fra mediatori immobiliari per
condividere informazioni e
commissioni sulle proprietà nei loro

elenchi
multiple locations forms
moduli ad ubicazione multipla
multiple regression
regressione multipla
multiple retirement ages
accordo pensionistico a diverse età
multiple shop
negozio appartenente a una catena
multiple-management plan
piano a gestione multiplo
multiple-peril insurance
assicurazione multi-rischio; copertura
assicurativa a rischio plurimo;
copertura pluri-rischio
multiplier
moltiplicatore
multiuser *(computer)*
multiutente *(informatica)*
municipal bond
obbligazione municipale; obbligazione
di enti locali
municipal revenue bond
titolo municipale garantito da reddito
muniments of title
atto comprovante la proprietà
mutual association
società di mutuo soccorso
mutual company
società mutua
mutual fund
fondo di investimento; fondo comune
(di tipo aperto, US)
mutual insurance company
società di mutua assicurazione
mutuality of contract
reciprocità di contratto

N

naked option
opzione scoperta
naked position
posizione scoperta (borsa)
name position bond
assicurazione sulla fedeltà dei
dipendenti; polizza cauzionale
polizza-cauzione sui dipendenti in base
alle loro funzioni
name schedule bond
polizza per cauzione nominativa;
polizza di assicurazione specifica sulla
fedeltà dei dipendenti
named peril policy
polizza regolare su rischi elencati
national wealth
ricchezza nazionale; patrimonio della
nazione
nationalization
nazionalizzazione
natural business year
esercizio sociale; anno d'esercizio
natural monopoly
monopolio naturale
natural resources
risorse naturali
navigation *(computer)*
navigazione *(informatica)*
near money
quasi-moneta; attività a breve
need satisfaction
soddisfacimento delle esigenze
negative amortization
ammortamento negativo
negative carry
costo di mantenimento negativo
negative cash flow
flusso di cassa negativo
negative correlation
correlazione negativa
negative income tax
imposta sul reddito negativa
negative working capital
capitale circolante negativo
negligence
negligenza; incuria; colpa
negotiated price
prezzo concordato/negoziato

negotiable
negoziabile; trasferibile; commerciabile
negotiable certificate of deposit
certificato negoziabile di deposito
negotiable instrument
strumento negoziabile
negotiable order of withdrawal
(NOW)
ordine negoziabile di prelievo
negotiated market price
prezzo di mercato concordato/
negoziato
negotiation
negoziazione; negoziato; trattativa
neighborhood store
negozio del quartiere
neoclassical economics
economia neoclassica
nepotism
nepotismo
nest egg
gruzzolo; risparmi; attivi riservati per
un acquisto importante o per la
pensione
net
netto; rete; reticolo; rete di
comunicazioni
net asset value (NAV)
valore netto delle attività
net assets
valore patrimoniale netto
net book value
valore contabile netto; valore delle
immobilizzazioni al netto degli
ammortamenti
net contribution
contribuzione netta; contributo netto
net cost
costo netto
net current assets
attivo circolante; capitale di esercizio
net income
reddito netto
**net income per share of common
stock**
utile netto per azione ordinaria
net leasable area
area netta affittabile

net lease
affitto netto; locazione netta
net listing
quotazione in cui la commissione
dell'intermediario è in eccesso sul
prezzo di vendita al di sopra di un
prezzo (netto) concordato con il
venditore
net loss
perdita netta
net national product
prodotto nazionale netto
net operating income (NOI)
reddito operativo netto; reddito netto
d'esercizio; utile netto di gestione
net operating loss (NOL)
perdita operativa netta; perdita netta
di gestione
net present value (NPV)
valore attuale netto
net proceeds
ricavi netti
net profit
utile netto
net profit margin
margine di utile netto
net purchases
acquisti netti
net quick assets
attività correnti nette
net rate
prezzo netto
net realizable value
valore netto realizzabile
net sales
ricavi netti; fatturato netto; vendite
nette
net surfing (computer)
"surfing": al pari dell'espressione
"navigare", è una metafora
sull'utilizzo di internet, e in
particolare del world wide web
(informatica)
net transaction
transazione netta
net yield
rendimento netto
network (computer)
rete (informatica)
network administrator
amministratore di rete
network administrator
(computer)
amministratore di rete (informatica)

networking
interconnessione alla rete
new issue
nuova emissione (di titoli)
new money
fondi aggiunti
sono fondi originati dalla differenza tra
l'ammontare nominale di un prestito
obbligazionario in estinzione e quello
del prestito che viene emesso in
occasione del rimborso del primo;
questo termine si riferisce sia alle
emissioni di privati che a quelle di
autorità pubbliche e in questo caso si
ha creazione e distruzione di base
monetaria
new town
città satellite
newspaper syndicate
sindacato dei giornalisti
niche
nicchia
night letter
telegramma notturno (a tariffa ridotta)
node (computer)
nodo (informatica)
no-growth
senza crescita
no-load fund
fondo senza commissioni
nominal account
conto nominale; conto chiuso
definitivamente a fine
esercizio
nominal damages
danni simbolici
nominal interest rate
tasso d'interesse nominale
nominal scale
scala nominale
nominal wage
paga nominale
nominal yield
rendimento nominale
nominee
candidato; delegato; persona designata;
agente nella compravendita di titoli;
procuratore
noncallable
non redimibile (di azioni privilegiate
che non possono essere riacquistate
dalla società)
noncompetitive bid
asta non competitiva

nonconforming use
uso non conforme
noncontestability clause
clausola di incontestabilità
noncumulative preferred stock
azione privilegiata senza diritto al
cumulo dei dividendi non pagati
noncurrent asset
attività a lungo termine;
immobilizzazioni; cespiti non
realizzabili
**nondeductibility of employer
contributions**
non deducibile dai contributi dei datori
di lavoro
nondiscretionary trust
fondo fiduciario con poteri non
discrezionali dell'amministratore
nondisturbance clause
clausola di inalterabilità/ non
interferenza
nondurable goods
beni non durevoli
nonformatted *(computer)*
non formattati *(informatica)*
nonglare *(computer)*
antiriflettente; non abbagliante
(informatica)
nonmember bank
banca non aderente al Federal Reserve
System
nonmember firm
impresa non associata
nonmonetary item
articolo non monetario
nonnegotiable instrument
strumento non negoziabile
nonoperating expense (revenue)
spese non operative
nonparametric statistics
statistica non parametrica
nonperformance
inadempimento; inadempienza;
mancata osservanza
nonproductive
improduttivo; non legato direttamente
alla produzione
nonproductive loan
prestito non produttivo
nonprofit accounting
contabilità di ente senza scopo di
lucro
nonprofit corporation
società senza scopo di lucro

nonpublic information
informazione riservata
nonrecourse
mancanza di regresso (su cambiali);
senza rivalsa
nonrecurring charge
spesa straordinaria; onere non
ricorrente
nonrefundable
non rimborsabile; non rinnovabile
**nonrefundable fee or
nonrefundable deposit**
spesa o deposito non rimborsabile
nonrenewable natural resources
risorse naturali non rinnovabili
nonstock corporation
società senza capitale azionario;
società di persone; società non di
capitali; ente senza scopo di lucro
nonstore retailing
vendita diretta; vendita su catalogo e
per corrispondenza
nonvoting stock
azione senza diritto di voto
no-par stock
azione senza valore nominale
norm
norma; regola; modello; tipo
normal price
prezzo d'equilibrio; prezzo normale
normal profit
profitto normale
normal retirement age
età normale della pensione
normal wear and tear
deterioramento normale
normative economics
economia normativa
no-strike clause
accordo sindacale di non
scioperare
not for profit
senza scopo di lucro
not rated (NR)
non quotato
notarize
autenticare; legalizzare
note
nota; annotazione; promemoria;
pagherò; lettera di cambio
note payable
effetto passivo
note receivable
effetto attivo

notebook computer *(computer)*
computer portabile *(informatica)*
notice
notifica; notificazione; annuncio;
comunicazione; preavviso
notice of cancellation clause
clausola di avviso di cancellazione
notice of default
avviso di mancato adempimento
notice to quit
disdetta di locazione; sfratto
novation
novazione; sostituzione di
un'obbligazione precedente con una

nuova
NSF
fondi insufficienti; senza copertura
(assegni bancari)
nuisance
turbativa; infrazione (di norma di
legge); fastidio; molestia;
seccatura
null and void
privo di valore legale; senza alcun
effetto o conseguenza legale
num lock key *(computer)*
tasto num lock; se premuto attiva il
tastierino numerico *(informatica)*

O

objective
obiettivo; oggettivo
objective value
valore oggettivo
obligation bond
obbligazione a sconto
obligee
obbligatario; creditore
obligor
obbligato; debitore
observation test
test di verifica e qualifica mediante
osservazione
obsolescence
invecchiamento; obsolescenza;
logorio; consumo (di macchinario)
occupancy level
livello d'occupazione
occupancy
occupazione; presa di possesso (di un
bene non appartenente ad alcuno)
occupant
occupante; chi occupa
occupation
professione; impiego; lavoro;
occupazione; presa di
possesso
occupational analysis
analisi occupazionale/professionale
occupational disease
malattia professionale
occupational group
gruppo professionale
occupational hazard
rischio professionale
odd lot
spezzatura (di titoli azionari); quantità
di titoli inferiore a 100
odd page (computer)
pagina dispari (informatica)
odd-value pricing
strategia nella determinazione dei
prezzi con valori appena al di sotto
dell'unità, come $5,99, $0,30 e
$98,99
off peak
periodo di uso minimo
off the balance sheet
fuori bilancio

off the books
non contabilizzato
off time
tempo di pausa; tempo di inattività
offer
offerta; proposta; quotazione
v. offrire; proporre; quotare
offer and acceptance
offerta e accettazione
offeree
chi riceve una proposta/ offerta
offerer
offerente
offering date
data di offerta
offering price
prezzo di offerta
office management
amministratore dell'ufficio
official exchange rate
tasso ufficiale di cambio
off-line (computer)
"off-line"; fuori linea (di operazioni o
strumenti fuori dal controllo dell'unità
centrale), non connesso; autonomo;
indipendente, non collegato
(informatica)
off-price
prezzo scontato
off-sale date
data in cui l'edicola restituisce al
grossista o distributore gli articoli
invenduti
offset
fotolitografia; "offset";
compensazione
v. stampare (con processo offset);
compensare; controbilanciare
offshore
al largo; in mare aperto; all'estero;
paradiso fiscale
off-site cost
costo fuori sede
oil and gas lease
contratto di petrolio e gas
oligopoly
oligopolio
ombudsman
"difensore civico" (magistrato che

indaga sull'operato della pubblica amministrazione); funzionario governativo incaricato di sorvegliare la correttezza procedurale (Svezia e UK)
omitted dividend
dividendo omesso
on account
pagamento parziale; in conto corrente; acconto
on demand
su richiesta; a vista
on order
commissionato; su ordinazione
on speculation (on spec)
a scopo speculativo
onboard computer *(computer)*
calcolatore di bordo *(informatica)*
one-cent sale
vendita del centesimo; prezzi stracciati
one-hundred-percent location
ubicazione di massima vendita
one-minute manager
manager efficiente
one-time buyer
compratore/cliente di una sola volta
one-time rate
tariffa di una sola volta
on-line *(computer)*
in linea; linea diretta; collegato al calcolatore e per estensione interattivo; in modo interattivo *(informatica)*
on-line data base
base dati in linea
on-sale date
data di vendita
on-the-job training (OJT)
formazione pratica sul lavoro
open account
conto aperto; pagamento dilazionato
open bid
offerta aperta
open dating
data di scadenza visibile
open distribution
distribuzione aperta
open economy
economia aperta
open house
casa aperta
open housing
acquisto o alloggio senza discriminazione

open interest
opzioni aperte; partecipazione aperta
open listing
contratto non esclusivo di vendita immobiliaria
open mortgage
ipoteca aperta
open order
ordine aperto; ordine di compravendita titoli valido fino a revoca (borsa)
open outcry
contrattazione alle grida
open shop
azienda che assume dipendenti anche se non iscritti a sindacati; centro aperto
open space
spazio aperto
open stock
inventario aperto
open union
sindacato aperto
open-door policy
politica delle porte aperte
open-end
aperto; indefinito; variabile; senza limite; non predeterminato; espandibile
open-end lease
locazione aperta
open-end management company
società di investimenti che vende fondi mutui al pubblico
open-end mortgage
mutuo ipotecario aperto
opening
agg. iniziale; d'apertura; n. sbocco; apertura; inizio; inaugurazione; possibilità; prospettiva; impostazione (di conto, ecc.); posto vacante
open-market rates
corso sul mercato libero
open-to-buy
"libero per comprare":
sistema di pianificazione e reintegrazione delle scorte ad alta scalabilità; metodo di gestione multi-scaglione dell'inventario
operand
operando
operating cycle
ciclo operativo

operating expense
spese d'esercizio; spese di gestione
operation mode *(computer)*
modo operativo *(informatica)*
operational audit
revisione operativa
operational control
controllo operativo
operations research (OR)
ricerca operativa
operator *(computer)*
operatore *(informatica)*
opinion
opinione; parere; convinzione
opinion leader
leader d'opinione
opinion of title
opinione di titolo
opportunity cost
costo dell'opportunità (definito in
termine di valore delle alternative)
optical character recognition
(OCR) *(computer)*
lettura ottica dei caratteri
(informatica)
optical fiber *(computer)*
fibra ottica *(informatica)*
optimum capacity
capacità ottimale
option
opzione; facoltà di scelta
option holder
acquirente di opzioni; titolare di
contratto a premio
optional modes of settlement
modi opzionali di pagamento/
liquidazione
or better
o miglior prezzo
oral contract
contratto verbale
orange goods
beni arancioni:
gli orange goods sono quei beni per cui
il tasso di sostituzione mostra un
valore medio e medi sono anche il
margine lordo, l'adattamento, il
periodo di consumo ed il tempo di
ricerca; fra questi alcuni prodotti di
abbigliamento, cosmetici, tessili per la
casa, ecc.
order
ordine; comando; ordinanza; decreto;
ingiunzione; istruzione; ordine;

ordinativo; ordinazione; sistemazione;
disposizione
order bill of lading
polizza di carico all'ordine
order card
scheda d'ordine
order entry
inserzione/conferma dell'ordine
entrata/ingresso dell'ordine
order flow pattern
schema di flusso degli ordini
order form
modulo d'ordine
order number
numero d'ordine
order paper
buono d'ordine
order regulation
regolamentazione degli ordini
order-point system
sistema a punto di riordino (nel quale
occorre fare ordinazioni per
ricostituire l'inventario)
ordinal scale
scala ordinale
ordinance
ordinanza
ordinary and necessary business
expense
spese di esercizio ordinarie e necessarie
ordinary annuity
annualità ordinaria
ordinary course of business
ordinario corso degli affari; ordinaria
attività commerciale
ordinary gain or ordinary income
guadagno o reddito ordinario
ordinary interest
interesse ordinario
ordinary loss
perdita ordinaria
ordinary payroll exclusion
endorsement
girata d'esclusione da foglio paga
ordinario
organization
organizzazione; ente; organismo;
autorità; impresa; azienda
organization cost
costo di origine
organization development
sviluppo dell'organizzazione
organization planning
pianificazione organizzativa

organization structure
struttura organizzativa
organizational behaviour
comportamento organizzativo
organizational chart
organigramma
organized labor
lavoratori organizzati in associazioni
sindacali
orientation
orientamento; orientazione
original cost
costo di origine; costo originario
original entry
scritturazione originaria; primo
articolo contabile
original issue discount (OID)
sconto sulle azioni di nuova emissione
original maturity
maturità all'emissione
original order
ordinazione originale
origination fee
spese di gestione; spese d'origine
originator
iniziatore
other income
entrate diverse; redditi vari
other insurance clause
clausola di assicurazione
other people's money
denaro altrui
out of the money
"out of the money":
viene così definita una option, quando
al prezzo di mercato si registra una
perdita;
a valore intrinseco negativo (borsa,
US)
outbid
rilanciare; offrire un prezzo superiore
(borsa, asta, gara, ecc.)
outcry market
mercato alle grida
outlet store
punto vendita
outline view *(computer)*
vista di contorno *(informatica)*
outside director
direttore esterno
outsourcing
affidamento ad un fornitore esterno di
un'attività aziendale; decentramento;
esternalizzazione

outstanding
in sospeso; non pagato; insoluto; in
pendenza; in essere
outstanding balance
saldo scoperto
outstanding capital stock
capitale azionario in circolazione
over (short)
in eccesso (insufficiente)
over the counter (OTC)
fuori borsa
medicine vendute sottobanco
overage
fornitura eccessiva di merce; carico
eccedente rispetto al quantitativo
indicato nella polizza di carico
overall expenses method
metodo della spesa globale
overall rate of return
tasso globale di ritorno
over-and-short
abbuoni e sconti passivi
overbooked
totale di passeggeri prenotati superiore
ai posti disponibili
overbought
supercomperato; "gonfiato" (di titolo
salito per eccesso di domanda)
overcharge
prezzo eccessivo; richiesta che supera
il giusto prezzo; addebito eccessivo;
sovrapprezzo; sovraccarico
v. far pagare troppo; imporre un
prezzo troppo alto
overflow
straripamento; inondazione; supero di
capacità
overhang
eccesso di carta sul mercato
overhead
spese generali; spese fisse d'esercizio;
costi di gestione; spese comuni
overheating
surriscaldamento
overimprovement
miglioramento eccessivo (di terreno)
overissue
eccessiva emissione di titoli (di
obbligazioni o di azioni)
overkill
eccessivo (potenziale distruttivo)
overpayment
pagamento in più; eccedenza di
pagamento

overproduction
eccesso di produzione;
sovrapproduzione; produzione
eccedentaria
override
premio di produzione (a responsabile
delle vendite); percentuale extra
v. non tenere in considerazione;
annullare; calpestare; pagare un premio
di produzione a (responsabile delle
vendite)
overrun
produzione oltre i limiti
aumento percentuale (in volume)
over-the-counter retailing
vendita nel mercato parallelo

overtime
lavoro straordinario; indennità per
lavoro straordinario
overtrading
eccesso di operatività
overvalued
sopravvalutato
overwrite *(computer)*
riscrivere *(informatica)*
owner-operator
proprietario-esercente; proprietario-
operatore
ownership
proprietà; possesso; dominio
ownership form
forma di proprietà

P

p value
valore di *p* (probabilità)
pacesetter
battistrada (operaio abile la cui
produzione serve da base per le paghe a
cottimo)
package
pacco; imballaggio
package band
striscia nell'imballaggio (avvisi,
pubblicità)
package code
codice del pacco/d'imballaggio
package design
disegno del pacco
package mortgage
ipoteca che include beni mobili
packaged goods
merce imballati
packing list
distinta di imballaggio; distinta delle
merci; distinta dei colli
padding
imbottitura
page break *(computer)*
cambio di pagina *(informatica)*
page down *(computer)*
pagina successive *(informatica)*
page format *(computer)*
formato pagina *(informatica)*
page up *(computer)*
pagina precedente *(informatica)*
pagination *(computer)*
paginazione *(informatica)*
paid in advance
pagato in anticipo
paid status
stato del pagamento
paid-in capital
capitale versato
paid-in surplus
eccedenza attiva non derivante da utili
dell'esercizio
paintbrush *(computer)*
pennello *(informatica)*
painting the tape
artefare il quadro delle operazioni:
compiere una serie di operazioni

riportate pubblicamente su dispositivi
di visualizzazione al fine di creare, su
un determinato strumento finanziario,
l'apparenza di attività o di
movimento del relativo prezzo
palmtop *(computer)*
calcolatore palmare *(informatica)*
paper
titolo di credito; valore
paper gold
oro carta
paper jam *(computer)*
inceppamento carta *(informatica)*
paper money
carta moneta; biglietti di banca;
moneta cartacea
paper profit (loss)
utili ipotetici; utili figurativi su carta
(perdita sulla carta; perdita fittizia)
par
pari; parità; valore nominale di titoli
azionari
par bond
obbligazione alla pari
par value
valore nominale; valore alla pari
paralegal
paralegale; assistente legale
parallel connection *(computer)*
collegamento in parallelo; connessione
in derivazione *(informatica)*
parallel processing
elaborazione eseguita in parallelo
parameter
parametro
parcel
pacco; involto; collo; partita di merci
in vendita;
lotto di terreno; appezzamento
parent company
casa madre; società controllante;
capogruppo
parity
parità; uguaglianza
parity check
controllo di parità
parity price
prezzo alla pari

parking
parcheggio
parliament procedure
procedura del parlamento
partial delivery
consegna parziale
partial release
rilascio parziale
partial taking
espropriazione parziale
partial-equilibrium analysis
analisi di equilibrio parziale
participating insurance
assicurazione partecipante
participating policy
polizza con partecipazione
participating preferred stock
azioni privilegiate nella partecipazione
participation certificate
attestato di partecipazione
participation loan
prestito diviso fra più banche
participative budgeting
sistema che include la partecipazione
del personale-chiave nel processo di
preparazione del budget
participative leadership
partecipazione alle decisioni; comando
e controllo partecipativo
partition
divisione; separazione; ripartizione;
sezione; scomparto
partner
socio; consocio (in società di persone);
associato
partnership
società (di persone); associazione
part-time
orario ridotto; tempo parziale
passed dividend
dividendo non dichiarato
passenger mile
passeggero per miglio
passive activities
attività passive
passive income (loss)
reddito (perdita) da investimento
passive investor
investitore passivo
passport
passaporto; lasciapassare
pass-through security
titolo sottoposto a trasferimento
il reddito passa, attraverso un

intermediario, dal debitore
all'investitore
password *(computer)*
parola d'ordine *(informatica)*
past service benefit
cassa integrazione per lavoro
precedente
paste *(computer)*
inserire *(informatica)*
patent
brevetto
patent infringement
violazione di brevetto
patent monopoly
monopolio legale;
il brevetto come diritto di monopolio
patent of invention
brevetto per invenzione
patent pending
brevetto in corso di registrazione
patent warfare
guerra dei brevetti
paternalism
paternalismo
path *(computer)*
percorso, circuito *(informatica)*
patronage dividend and rebate
dividendo e rimborso su apporto
commerciale
pauper
indigente; povero; mendicante
pay
paga; retribuzione; compenso
v. pagare; saldare; liquidare
pay as you go
pagamento alla scadenza; tassazione
diretta; limitazione delle spese in base
alle entrate
pay period
periodo di pagamento
payables
debiti da pagare; ratei passivi
payback period
periodo di recupero; periodo di rientro
paycheck
assegno paga; paga; salario; stipendio
payday
giorno di paga
payee
beneficiario; portatore (di assegni e
simili); creditore; prenditore
payer
pagatore; chi paga; chi è tenuto a
pagare; trassato

paying agent
banca agente; addetto ai pagamenti;
liquidatore
payload
carico utile; carico pagante
payment bond
garanzia di pagamento
payment date
data di pagamento
payment in due course
pagamento alla scadenza; pagamento a
tempo debito
payment method
metodo di pagamento
payola
bustarella
payout
versamento; pagamento
payout ratio
rapporto fra utile e dividendo
payroll
foglio paga; cedolino stipendio;
retribuzione di lavoro subordinato
payroll deduction
ritenute sugli stipendi
payroll savings plan
piano di risparmio sugli stipendi
payroll tax
imposta sul monte salari
peak
cima; vetta; valore massimo; massimo
di punta
peak period
periodo di massima attività; di
massima produzione
peculation
peculato; appropriazione indebita;
malversazione
pecuniary
pecuniario; finanziario; monetario
peg
punto di intervento; tasso di
intervento; parità
penalty
penale; penalità; ammenda; sanzione
penale; pena; multa per trasgressione
penny stock
azioni quotate in centesimi
pension fund
fondo pensioni
peon
peone; operario
people intensive
uso intensivo di manodopera

per capita
per persona; pro-capite
per diem
al giorno
per-capita debt
debito pro-capite
percent, percentage
per cento; percentuale; aliquota;
proporzione
percentage lease
affitto che varia in funzione della
percentuale sulle venditee del negozio
percentage-of-completion method
metodo della percentuale di
completamento
percentage-of-sales method
metodo della percentuale sulle vendite
percolation test
prova di percolazione
perfect (pure) monopoly
monopolio perfetto
perfect competition
concorrenza perfetta
perfected
perfezionato; migliorato
performance
esecuzione; adempimento; prestazione;
rappresentazione; spettacolo
performance bond
garanzia di esecuzione di contratto
performance fund
fondo di crescita
performance stock
titolo di crescita
period
periodo; tempo; fine; intervallo di
tempo; lasso di tempo; esercizio
sociale; anno finanziario
period expense
spese dell'esercizio
period cost
costo del periodo
periodic inventory method
metodo di inventario periodico
peripheral device
(computer)
unità periferica (informatica)
perishable
deperibile
perjury
spergiuro; falsa testimonianza; falsa
dichiarazione
permanent difference
differenza permanente

permanent financing
finanziamento permanente
permit
permesso, licenza; autorizzazione;
lasciapassare; nulla osta
v. concedere; autorizzare; permettere
permit bond
garanzia/ cauzione di licenza
permutations
permute; permutazioni
perpetual inventory
inventario permanente
perpetuity
perpetuità; vitalizio; rendita vitalizia
perquisite (perk)
competenza accessoria; paga extra;
gratifica una tantum; privilegio;
prerogativa
(pl perquisites): compensi extra;
benefici addizionali
person
persona; individuo
personal data sheet
scheda dati personale
personal digital assistant (PDA)
(computer)
assistente digitale personale
(informatica)
personal financial statement
stato patrimoniale individuale
personal holding company
(PHC)
società finanziaria a carattere
personale
personal income
reddito personale; reddito individuale
personal influence
influenza personale
personal injury
lesione personale
personal liability
responsabilità personale; obbligo/
obbligazione/ impegno personale
personal property
patrimonio mobiliare; ricchezza
mobile
personal property floater
copertura assicurativa dei beni mobili
senza tener conto della loro
ubicazione
personal selling
discorso di vendita fatto a uno o più
acquirenti potenziali; vendita
personalizzata

personnel
personale; dipendenti; organico
personnel department
ufficio del personale
petition
istanza; petizione; ricorso; domanda
petty cash fund
fondo di piccola cassa
Phillips' curve
curva di Phillips
physical commodity
materia prima fisica:
nel caso di esecuzione di contratti
future, la materia prima
effettivamente consegnata
physical depreciation
logorio fisico
physical examination
esame fisico; visita medica
physical inventory
inventario fisico
picketing
picchettaggio
picture format *(computer)*
formato di immagine *(informatica)*
pie chart/graph *(computer)*
grafico a settori; grafico circolare;
(gergo) torta *(informatica)*
piece rate
retribuzione a cottimo; cottimo
piece work
lavoro a cottimo
pier to house
"banchina a casa": servizio trasporto
container
piggyback loan
prestito a catena/ combinato/ misto
pilot plan
piano pilota
pin money
spillatico; denaro per piccole spese
pipeline
lett. condotto: si riferisce, in gergo, al
processo di emissione, sottoscrizione e
collocamento di nuovi titoli,
specificatamente al periodo di tempo
concesso agli investitori pubblici per
decidere se partecipare alla
sottoscrizione
pitch *(computer)*
passo; distanza *(informatica)*
pixel/picture element *(computer)*
elemento pixel/ d'immagine
(informatica)

place utility
utilità di luogo
placement test
test di piazzamento/ collocamento
plain text *(computer)*
puro testo; solo testo *(informatica)*
plaintiff
querelante; ricorrente; attore; parte
civile; parte lesa
plan
piano; programma; intenzione; scopo
plan B
piano B
planned economy
economia pianificata
plant
impianto; macchinario; attrezzature
plat
pezzo di terra; aiuola; pianta; mappa;
cartina
v. intrecciare; tracciare
plat book
libro delle mappe
pleading
difesa; perorazione
pledge
pegno; garanzia; prova testimoniale;
accordo; promessa; impegno
plot
lotto di terreno; appezzamento;
grafico
v. lottizzare; dividere in
appezzamenti; fare la pianta;
progettare; pianificare
plot plan
piano di appezzamento di terreno
plottage value
incremento nel valore di una proprietà
risultante dell'aggruppazione di piccoli
appezzamenti di terreno
plotter
tracciatore; registratore grafico
plow back
reinvestimento:
procedimento attraverso il quale
un'azienda trattiene gli utili conseguiti
nel patrimonio, invece di distribuirli ai
soci, ottenendo in questo modo un
elevato autofinanziamento
plus tick
punto in più:
indica che il prezzo di un titolo
quotato correntemente è superiore a
quello dell'ultima transazione

pocket computer
(computer)
computer tascabile *(informatica)*
point
punto; fine; scopo; elemento
principale; punto della questione;
percentuale del valore attuale di un
mutuo
v. indicare; segnare; richiamare
l'attenzione; enfatizzare; dare
rilievo
point chart *(computer)*
grafico di punto *(informatica)*
poison pill
"pillola avvelenata" (tattica difensiva
attuata da società minacciate di
incorporazione)
Poisson distribution
distribuzione di Poisson
police power
potere di polizia
policy holder
assicurato
policy loan
prestito su polizza; prestito
assicurativo
pollution
inquinamento; contaminazione
pool
consorzio; consorziamento; unione
economica; cartello; associazione
economica; centralizzazione
funzionale; organizzazione contro la
concorrenza; fondo comune;
gruppo
pooling of interests
cointeressenza consorziata;
partecipazione incrociata;
consolidamento di bilancio
portal-to-portal pay
retribuzione comprensiva degli
spostamenti da casa al posto di lavoro
portfolio
portafoglio; titoli posseduti;
portafoglio titoli; titoli in portafoglio;
dicastero
portfolio beta score
beta di portafoglio;
è il coefficiente beta attribuibile a un
portafoglio, che indica il rendimento
che ci si può attendere dal portafoglio
dato un certo rendimento del mercato;
i portafogli aventi coefficiente beta
superiore a uno sono considerati di

tipo aggressivo, quelli inferiori a uno di tipo difensivo
portfolio history
storia del portafoglio
portfolio income
reddito da portafoglio
portfolio insurance
assicurazione di portafoglio
portfolio manager
gestore di portafoglio
portrait (format) *(computer)*
formato verticale *(informatica)*
position
posizione; situazione; condizione; impiego; lavoro; posto di lavoro; ubicazione; collocazione; stato; condizione socio-economica; punto di vista; modo di vedere
positioning
posizionamento
positive confirmation
benestare positivo
positive leverage
leva finanziaria positiva; rapporto di indebitamento positivo
positive yield curve
curva dei rendimenti positiva
possession
possedimento; possesso; beneficio; proprietà
post closing trial balance
bilancio di verifica dopo la chiusura
posting *(computer)*
registrazione; scrittura; annuncio *(informatica)*
poverty
povertà; indigenza; bisogno; disagio
power connection *(compter)*
connessione di alimentazione *(informatica)*
power connection
connessione di alimentazione
power down *(computer)*
togliere l'alimentazione *(informatica)*
power of attorney
procura; mandato; rappresentanza legale
power of sale
facoltà di vendita (fiduciaria)
power surge
sovratensione
power up *(computer)*
mettere sotto tensione *(informatica)*

practical capacity
capacità pratica
pre-bill
prefattura
v. prefatturare
precautionary motive
motivo precauzionale
preclosing
prechiusura
precompute
precalcolare
prediction
predizione; pronostico; previsione
preemptive rights
diritti di opzione
preexisting use
uso preesistente
prefabricated
prefabbricato
preferential rehiring
ricollocamento preferenziale
preferred dividend
dividendo privilegiato
preferred dividend coverage
copertura dei dividendi privilegiati
preferred stock
azione privilegiata
preliminary prospectus
prospetto preliminare
premises
premessa; presupposto; presupposizione; edifici; terreni; sede; luogo di attività; locali
premium
premio; ricompensa; somma addizionale; importo aggiuntivo; gratifica; indennità extra; premio assicurativo
premium bond
obbligazione a premi
premium income
premi incassati; reddito da premi
premium pay
retribuzione a premio; cottimo
premium rate
aliquota del premio; tasso di premio
prenuptial agreement
patto prematrimoniale
prepaid
pagato in anticipo; anticipato; prepagato; franco di porto
prepaid expense
risconto attivo; risconto del passivo

prepaid interest
interessi pagati anticipatamente; ratei
di interessi passivi
prepayment
rimborso anticipato; pagamento
anticipato; risconto attivo
prepayment clause
clausola per il rimborso del debito
prima della scadenza
prepayment penalty
penale per rimborso anticipato
prepayment privilege
privilegio di rimborso
prerelease
rilascio preventivo
prerogative
prerogativa; privilegio; diritto di voto
presale
prevendita
prescription
prescrizione; disposizione; norma;
ricetta medica; usucapione
present fairly
presentare in osservanza/ equamente
present value
valore attuale
present value of 1
valore attuale di 1
present value of annuity
valore attuale di annualità
presentation
presentazione
president
presidente; direttore generale
presold issue
emissione prevenduta
emissione di obbligazioni di ente locale
o di titoli di stato che sono venduti
completamente prima di annunciare
pubblicamente il prezzo o rendimento
press kit
"press kit":
i press-kit sono materiali (immagini ad
alta risoluzione e testi in formato
word/pdf) che vengono caricati online
e messi a disposizione dei media
all'interno delle sezioni "sala stampa"
prestige advertising
pubblicità istituzionale; pubblicità per
il rafforzamento dell'immagine
aziendale
prestige pricing
determinazione dei prezzi di
prestigio

pretax earnings
utili ante imposte
pretax rate of return
rendimento ante imposte
preventive maintenance
manutenzione preventiva
price elasticity
elasticità di prezzo
price index
indice dei prezzi
price lining
allineamento dei prezzi
price stabilization
stabilizzazione dei prezzi
price support
sostegno dei prezzi
price system
sistema dei prezzi; regime dei prezzi
price war
guerra dei prezzi: concorrenza nei
prezzi
price-fixing
fissazione dei prezzi
pricey
costoso; caro; dispendioso
pricing below market
determinazione dei prezzi al di sotto
del prezzo del mercato
primary boycott
boicottaggio primario
primary demand
domanda primaria
primary distribution
distribuzione primaria
primary earnings per (common) share
utili primari per azioni
ordinarie
primary lease
contratto di locazione primario
primary market
mercato primario; mercato dei titoli di
nuova emissione
primary market area
area mercato primario
primary package
imballaggio primario
prime paper
carta primaria:
è una carta commerciale di qualità tale
da poter essere compresa nei
portafogli di investimento fiduciari, e
che viene quindi detta investment
grade

prime rate
tasso di base; tasso riservato dalle
banche ai clienti di prim'ordine; tasso
primario
prime tenant
inquilino primario; locatario primario
principal
principale; capo; direttore; datore di
lavoro; committente; capitale
principal amount
nominale di rimborso
**principal and interest payment
(P&I)**
pagamento del capitale e degli interessi
principal residence
domicilio principale
principal stock holder
azionista di riferimento
principal sum
importo principale
**principal, interest, taxes and
insurance payment (PITI)**
pagamento del capitale, degli interessi,
delle tasse e assicurazione
(normalmente mensile, richiesto per
l'ammortamento di un debito, che
comprende un deposito a garanzia)
printer *(computer)*
stampante *(informatica)*
printout *(computer)*
uscita su stampante; uscita stampata
(informatica)
prior period adjustment
periodo di assestamento
precedente
prior service cost
costo per servizio precedente
prior-preferred stock
azione privilegiata prioritaria
privacy laws
diritto alla riservatezza delle
informazioni personali e della propria
vita privata
private cost
costo privato
private limited ownership
società privata in accomandita
private mortgage insurance
assicurazione privata sui mutui
ipotecari
private offering
offerta di un certo ammontare di
titoli (azioni o obbligazioni) a un
piccolo gruppo di investitori

private placement
collocamento di un certo ammontare
di titoli (azioni o obbligazioni) a un
piccolo gruppo di investitori
privatization
privatizzazione
privity
conoscenza di fatti segreti;
partecipazione ad atti non palesi
prize broker
mediatore di premi
probate
copia; omologazione; autenticazione;
verifica
probationary employee
impiegato in prova
proceeds
ricavo; ricavato; profitto; utile;
incasso; introito; provento
proceeds from resale
fatturato/ ricavo dalle rivendite
processor upgrade *(computer)*
aggiornamento processore
(informatica)
procurement
procacciamento; ottenimento;
acquisizione; acquisto;
approvvigionamento
procuring cause
causa prossima
produce
prodotto agricolo o minerario
v. produrre; fabbricare
producer cooperative
società cooperativa di produzione
producer goods
beni strumentali; beni destinati alla
produzione
product
prodotto; risultato
product liability
responsabilità che viene attribuita
direttamente ed esclusivamente alla
società fabbricante del prodotto
product liability insurance
assicurazione della responsabilità civile
per danni a terzi da prodotti
product life cycle
ciclo di vita del prodotto
product line
linea di prodotti; assortimento di
produzione
product mix
gamma di prodotti; mix di prodotti

production
produzione; fabbricazione
production control
controllo della produzione
production rate
quantità prodotta; ritmo di produzione
production worker
lavoratore di produzione
production-oriented organization
azienda orientata alla produzione
production-possibility curve
curva delle possibilità produttive
productivity
produttività
profession
professione
profit
profitto; utile; beneficio; guadagno;
reddito
v. trarre profitto; guadagnare;
beneficiare; avvantaggiarsi
profit and commissions form
modulo di profitti/ utili e commissioni
profit and loss statement (P&L)
conto economico; conto dei profitti e
delle perdite
profit center
centro di profitto
profit margin
margine di utile
profit motive
motivo del profitto
profit squeeze
compressione degli utili; riduzione dei
profitti
profit system
sistema basato sul profitto
profit taking
realizzazione di utili
profitability
profitto; redditività
profiteer
profittatore; affarista; speculatore
profit-sharing plan
piano di compartecipazione; piano di
divisione dei profitti
program budgeting
programma preparazione del budget
program trade
contrattazione automatica:
sistema di tipo elettronico che lascia
all'elaboratore elettronico la decisione
di quali operazioni effettuare sul
mercato, allo scopo di massimizzare i

risultati
programmer
programmatore
programming language (computer)
linguaggi di programmazione
(informatica)
progress payments
pagamenti progressivi
progressive tax
imposta progressiva; imposizione
progressiva
projected (pro forma) financial
statement
stato patrimoniale pro-forma
projected benefit obligation
obblighi previdenziali presunti
projection
proiezione; progettazione
promissory note
pagherò
promotion mix
mix di attività promozionali
promotional allowance
sconto promozionale
proof of loss
prova della perdita; documentazione
attestante le perdite
property
proprietà; possedimento; patrimonio;
beni
property line
limite di proprietà
property management
amministrazione della proprietà
property report
relazione della proprietà
property rights
diritto di proprietà; diritto di
godimento reale
property tax
imposta patrimoniale; imposta sul
patrimonio; imposta fondiaria
proprietary interest
diritto reale
proprietary lease
locazione con possibilità di riscatto
proprietorship
proprietà; diritto di proprietà; azienda
familiare; ditta individuale; capitale
proprio; capitale netto; patrimonio;
consistenze patrimoniali
prorate
distribuire equamente; ripartire in
quote; dividere proporzionalmente

prospect
prospettiva; previsione; possibilità;
eventualità; cliente potenziale;
candidato potenziale
v. promettere di dare; prevedere di
ottenere
prospective rating
valutazione/classificazione prospettiva
prospectus
prospetto; programma; presentazione;
manifesto esplicativo
protected file *(computer)*
archivio protetto *(informatica)*
protectionism
protezionismo
protocol
protocollo
proviso
clausola condizionale; condizione
limitativa
proxy
procura; delega; mandato; delega di
poteri; mandato di rappresentanza
procuratore; mandatario; delegato
proxy fight
battaglia delle deleghe:
è la prassi attraverso la quale una
società tenta di acquisire il controllo di
un'altra raccogliendo dagli azionisti
esistenti il numero di deleghe
necessario per avere in assemblea la
maggioranza dei diritti di voto
proxy statement
relazione allegata alla delega per
votazione assembleare
prudence
prudenza; accortezza
psychic income
valore psichico/ intangibile
public accounting
professione contabile; attività di
ragioniere professionista
public domain
demanio; proprietà demaniale
public employee
impiegato pubblico
public file *(computer)*
archivio pubblico *(informatica)*
public record
archivio di stato;
public relations (PR)
relazioni pubbliche
public sale
vendita pubblica

public use
uso pubblico
public works
opere pubbliche; lavori pubblici
publicly held
largo flottante:
è una società il cui azionariato è così
frazionato da non permettere a nessun
soggetto di avere un controllo
dominante sulla gestione della società
puffing
aumento nei prezzi d'asta; gonfiare i
prezzi d'asta
pull-down menu *(computer)*
menù a discesa o a tendina
(informatica)
pump priming
investimenti (statali) per la ripresa
economica
punch list
elenco di controllo (per la correzione
di errori)
punitive damages
danni punitivi
purchase
acquisto; compera;
approvvigionamento
v. acquistare; comperare; acquisire;
approvvigionare; rilevare
purchase journal
libro-giornali degli acquisti
purchase money mortgage
ipoteca immobiliare sul saldo residuo
purchase order
ordine d'acquisto
purchasing power
potere d'acquisto; potere dispesa
pure capitalism
capitalismo assoluto/puro
pure competition
concorrenza pura
pure-market economy
economia di mercato pura; economia
di libero mercato
purge *(computer)*
svuotare *(informatica)*
push incentives
incentivi sulla forza vendita;
compenso economico sulla vendita di
un determinato prodotto
push money (PM)
incentivo di denaro;
percentuale sull'incremento delle
vendite

put option
opzione di vendita; vendita a premio

put to seller
esercizio in vendita

pyramiding
reinvestimento delle plusvalenze in nuovi titoli; speculazione tramite reinvestimento

moltiplicazione: metodologia d'incremento della posizione di un soggetto, in titoli, ecc. tramite l'uso di finanziamenti a circolo chiuso, come l'ottenimento di finanziamenti presentando in garanzia crediti ottenuti presso altre istituzioni

Q

qualified endorsement
girata condizionata; girata qualificata
qualified opinion
parere con riserva (del revisore dei
conti)
**qualified plan or qualified
trust**
piano (fondo) per i dipendenti
**qualified terminable interest
property (Q-TIP) trust**
fedecommesso di deduzione
matrimoniale;
strategia che permette alla moglie
superstite di ricevere un reddito dal
fondo d'investimento almeno una
volta l'anno
qualitative analysis
analisi qualitativa
qualitative research
ricerca qualitativa
quality
qualità
quality control
controllo di qualità
quality engineering
ingegneria qualità
quantitative analysis
analisi quantitativa
quantitative research
ricerca quantitativa
quantity discount
sconto sul quantitativo
quarterly
trimestrale
quasi contract
quasi contratto
query *(computer)*
interrogazione, quesito, criterio in base
al quale si deve richiamare un

particolare record o informazione
(informatica)
queue *(computer)*
coda d'attesa *(informatica)*
quick asset
liquidità disponibile; cespiti
immediatamente realizzabili (denaro
contante, titoli trasferibili, complesso
dei crediti); attività a breve
quick ratio
indice di liquidità immediata (di
impresa)
quiet enjoyment
godimento pacifico; diritto di godere
indisturbato del bene
quiet title suit
azione legale per dirimere una
controversia su immobili
quitclaim deed
atto di rinuncia
quo warranto
antico mandato di diritto comune, per
effettuare un'indagine sul titolo di chi
esercita funzioni pubbliche con
implicazioni giudiziarie
quorum
quorum
quota
quota; aliquota; porzione; parte
quota sample
campione stratificato; campione
proporzionale
quotation
quotazione; prezzo corrente; corso;
preventivo; offerta
qwerty keyboard *(computer)*
tastiera qwerty *(informatica)*
qwertz keyboard *(computer)*
tastiera qwertz *(informatica)*

R

racket
"racket"; attività illegale; commercio clandestino
rag content
contenuto di fibra di cotone:
per descrivere i prodotti non di legno impiegati nella manifattura della carta; possono consistere in stracci veri e propri, cotone, canapa o lino
raider
speculatore; finanziere d'assalto
rain insurance
assicurazione contro il rischio pioggia
raised check
assegno stampato a rilievo per prevenire alterazioni
rally
ripresa; recupero; rafforzamento (di quotazioni dopo un ribasso)
random access memory (RAM) *(computer)*
memoria ad accesso casuale *(informatica)*
random sample
campione (campionamento) casuale/ aleatorio
random walk
andamento aleatorio
random-digit dialing
metodo per comporre a caso numeri di telefono
random-number generator
generatore di numeri casuali
range *(computer)*
gamma; portata; raggio d'azione *(informatica)*
rank and file
gli operai; la "base"
ratable
proporzionale; imponibile; tassabile
rate
quota; aliquota; percentuale; indice; prezzo; tariffa; tasso
v. valutare; stimare; quotare
rate base
tasso base
rate card
tariffa a listino

rate setting
determinazione dei valori tariffari
rated policy
polizza quotata
rates and classifications
tassi/ tariffe e classificazioni
ratification
ratifica; conferma
rating
quotazione; valutazione; stima; accertamento; determinazione di una tassa; solidità creditizia; affidabilità creditizia; credito di un'azienda
ratio analysis
analisi dei rapporti
ratio scale
scala di rapporti
rationing
razionamento
raw data
dati non elaborati; dati grezzi
raw land
terreno allo stato naturale; terreno grezzo
raw material
materia prima
reading the tape
seguire i prezzi:
l'operazione di valutazione dell'andamento del prezzo di un titolo effettuata esaminando la successione temporale dei prezzi dello stesso
readjustment
riassestamento; riaggiustamento; riordinamento; conguaglio; ritocco
read-only *(computer)*
solo lettura *(informatica)*
real
reale; effettivo; vero; genuino; autentico; puro; naturale
real account
conto numerario; valore reale
real earnings
guadagni reali
real estate
beni immobili; proprietà immobiliari
real estate investment trust (REIT)
fondo di investimento immobiliare

real estate market
mercato immobiliare
real estate owned (REO)
immobili acquisiti
real income
reddito reale; reddito effettivo; reddito
in termini reali
real interest rate
tasso di interesse reale
real property
beni immobili
real rate of return
(indice di) rendimento reale; tasso di
remunerazione reale
real value of money
valore reale del denaro
real wages
paga reale (riferita al potere
d'acquisto)
realized gain
utili/redditi realizzati (ma non
necessariamente tassati)
realtor
agente immobiliare
reappraisal lease
affitto rivalutato
reasonable person
persona ragionevole
reassessment
nuovo accertamento; nuova
valutazione
rebate
ribasso; riduzione; abbuono; sconto;
retrocessione; restituzione; rimborso
v. ribassare; ridurre; diminuire;
rimborsare; restituire; risarcire
reboot *(computer)*
"reboot" riavviare il computer
(informatica)
recall *(computer)*
richiamare *(informatica)*
recall campaign
azione di ritiro (coatto) del prodotto
dal mercato
recall study
studi prima di procedere a ritirare
prodotti dal mercato
recapitalization
ricapitalizzazione
recapture
riprendere; riconquistare; recuperare
utili
recapture rate
tasso/ indice di recupero

recasting a debt
rifondere un debito
receipt
ricevimento; ricezione; avviso di
ricevimento; ricevuta; quietanza
receipt book
registro delle ricevute; libretto delle
ricevute
receivables turnover
periodo medio di riscossione
receiver
ricevitore; consegnatario; destinatario
receiver's certificate
certificato dell'amministratore
giudiziario
receivership
amministrazione controllata
receiving clerk
addetto al controllo del ricevimento
delle merci
receiving record
bolla di entrata merci
recession
recesso; recessione; congiuntura
sfavorevole; peggioramento
dell'economia
reciprocal buying
reciprocità commerciale; acquisti
reciproci
reciprocity
reciprocità
reckoning
calcolo; computo; conto; fattura
recognition
riconoscimento; identificazione;
accettazione; ammissione
recognized gain
guadagno riconosciuto
recompense
compenso; ricompensa; indennizzo;
risarcimento
reconciliation
riconciliazione; conciliazione
reconditioning property
rinnovamento/ rinnovo/ ripristino
della proprietà
reconsign
riconsegnare
reconveyance
restituzione di proprietà al precedente
possessore
record
nota; annotazione; registrazione;
documentazione; record; archivio;

unità di trattamento; articolo; scrittura
contabile; voce; verbale;
verbalizzazione
v. prendere nota; annotare; registrare;
documentare; mettere a verbale;
archiviare; registrare contabilità;
incidere (su nastro o disco)
recorder point
punto di emissione di nuove
ordinazioni
recording
registrazione; rilevazione;
verbalizzazione; trascrizione
records management
amministrazione archivistica
recoup
risarcire; indennizzare; rimborsare;
dedurre; detrarre; defalcare; rifarsi;
ovviare
recoupment
rimborso; risarcimento; deduzione;
defalco; trattenuta
recourse
ricorso; rivalsa; azione di regresso
recourse loan
prestito esigibile
recover *(computer)*
recuperare; ritrovare; riprendere
(informatica)
recovery
riacquisto; recupero; ritrovamento;
ripresa; miglioramento
recovery fund
fondo di ripresa/ recupero/ ripristino
recovery of basis
recupero della base
recruitment
arruolamento; reclutamento;
assunzione
recruitment bonus
incentivo per reclutamento
recycle bin *(computer)*
cestino *(informatica)*
recycling
riciclaggio
red tape
lungaggine burocratica; burocrazia
redeem
estinguere; redimere; ammortare;
riscattare; affrancare; recuperare;
convertire in contanti; rimborsare
redemption
rimborso (di obbligazioni); estinzione;
ammortamento; svincolo; riscatto;

recupero; conversione
redemption period
periodo di rimborso; periodo di
ripensamento; periodo di riscatto
redevelop
risviluppare
rediscount
risconto; titoli riscontabili; effetti per
il risconto
rediscount rate
tasso di risconto
redlining
pratica illegale delle aziende che
forniscono lo stesso servizio, a prezzi
diversi, per quartieri diversi, per
evitare ad alcune persone di accedervi
reduced rate
prezzo ridotto; tariffa ridotta
reduction certificate
certificato di riduzione
referee
arbitro; giudice; garante; avallante;
destinatario (di richiesta di referenze)
referral
deferimento; rinvio; rimando
refinance
rifinanziare
reformation
riforma; risanamento; emendamento;
ricostituzione; riformazione
refresh *(computer)*
rigenerare *(informatica)*
refund
indennizzo; restituzione; rifusione;
rimborso
v. indennizzare; risarcire; rimborsare;
restituire; rifondere
refunding
rinnovo del debito; rimborso;
conversione (di debito pubblico);
reimpiego di titolo scaduto in altro di
nuova emissione; rifinanziamento
registered bond
obbligazione nominativa
registered check
assegno bancario certificato
registered company
società legalmente costituita/ registrata
registered investment company
società di investimento registrata
registered representative
rappresentante registrato
registered security
titoli nominativi

registrar
ufficiale di stato civile; cancelliere;
archivista; conservatore delle
ipoteche; fiduciario; agente fiduciario
registration
registrazione; iscrizione;
immatricolazione
registration statement
progetto per l'emissione di titoli
registry of deeds
ufficio del registro
regression analysis
analisi di regressione
regression line
linea di regressione
regressive tax
imposta decrescente; tassa regressiva
**regular-way delivery (and
settlement)**
consegna regolare (borsa)
è la conclusione di un'operazione di
compravendita di titoli, con la
consegna effettiva dei titoli nel
termine stabilito dalle consuetudini di
borsa, oppure da come pattuito durante
la negoziazione del contratto
regulated commodities
merci regolate
regulated industry
industria controllata/regolata/
regolamentata
regulated investment company
società per investimenti
regolamentati
regulation
regola; regolamento; norma;
disposizione; normativa
regulatory agency
ente normativo/ ente regolatore/ di
controllo
rehabilitation
riabilitazione; recupero; ripristino;
ricostruzione
reindustrialization
reindustrializzazione
reinstatement
ristabilimento; reintegrazione;
ripristino; ricostruzione
reinsurance
riassicurazione
reinvestment privilege
diritto di reinvestimento
reinvestment rate
tasso di reinvestimento

related party transaction
transazione con parte correlata
release
rilascio; liberazione; scarico; svincolo;
rinuncia; abbandono (di un diritto);
remissione (di debiti, tasse, ecc.)
v. liberare; rilasciare; cedere; alienare;
rinunciare (a diritti); permettere;
consentire; rimettere; condonare
(debiti, imposte, ecc.); sbloccare;
sganciare
release clause
clausola di cancellazione
relevance
pertinenza; attinenza; rilevanza;
importanza
reliability
attendibilità; credibilità; affidabilità;
sicurezza
relocate
trasferire; spostare
remainder
saldo; giacenza; rimanenza; residuo;
diritto di nuda proprietà
remainderman
erede per devoluzione (reversione);
nudo proprietario
remedy
rimedio; provvedimento; riparo;
misura correttiva; ricorso legale
remit
rinvio; trasferimento (di procedimento
legale)
v. rimettere; mandare; inviare
remit rate
tasso di rinvio
remonetization
ripristino del valore monetario;
ritorno al corso legale
remote access (computer)
accesso a distanza/remoto
(informatica)
remuneration
remunerazione; retribuzione;
compenso; ricompensa; pagamento
renegotiate
rinegoziare
**renegotiated rate mortgage
(RRM)**
ipoteca a tasso rinegoziato
renewable natural resource
risorse naturali rinnovabili
renewal option
opzione di rinnovo

rent
affitto; locazione; pigione; nolo;
noleggio (di macchine); rendita
fondiaria; utile; profitto
rent control
blocco dei fitti; controllo degli affitti
rentable area
area affittabile
rental rate
canone di affitto; canone di locazione;
canone abbonamento
rent-free period
periodo esentato dal pagamento della
pigione; affitto grazioso
reopener clause
clausola di riapertura
reorganization
riorganizzazione
repairs
spese per la manutenzione ordinaria;
riparazioni
repatriation
rimpatrio; rimpatrio di capitali
dall'estero
replace *(computer)*
sostituire; rimpiazzare; restituire
(informatica)
replacement cost
costo di rimpiazzo; costo per la
sostituzione
replacement cost accounting
contabilità dei costi di sostituzione
replacement reserve
fondo per l'ammodernamento
replevin
dissequestro di beni mobili;
reintegrazione (sotto cauzione) di beni
mobili
reporting currency
valuta preferenziale; valuta contabile
(è la valuta utilizzata nella relazione
finanziaria)
repressive tax
imposta repressiva
reproduction cost
costo di riproduzione
repudiation
ripudio; rifiuto; disconoscimento;
ricusa
repurchase agreement (REPO; RP)
accordo di riacquisto; operazione a
pronti contro termine (borsa)
reputation
reputazione; stima; rispettabilità;

fama; onore
request for proposal (RFP)
richiesta di proposta; richiesta di
offerta
required rate of return
tasso di remunerazione richiesto;
indice di rendimento richiesto
requisition
domanda; richiesta; istanza
resale proceeds
ricavi della rivendita
rescission
abrogazione; rescissione; soppressione;
annullamento
research
ricerca; studio; indagine
v. fare ricerche; ricercare; studiare;
investigare; effettuare studi
research and development (R&D)
ricerca e sviluppo (RS); servizi studi e
ricerche
research department
ufficio studi
research intensive
basato sulla ricerca; a ricerca intensiva
reserve
riserva; scorta; fondo;
accantonamento; rateo passivo;
limitazione; restrizione; fondi di
riserva
v. riservare; serbare; riservarsi;
conservare
reserve fund
fondo di riserva; riserva
reserve requirement
requisiti di riserva; riserva
obbligatoria
reserve-stock control
controllo delle scorte tramite riserve
reset *(computer)*
rimessa allo stato iniziale; ripristino
v. ripristinare; riposizionare; azzerare;
rimettere a zero; resettare
(informatica)
resident buyer
acquirente locale (per dettaglianti
consorziati)
resident buying office
ufficio preposto agli acquisti in un
importante centro ,commerciale
residential
residenziale
residential broker
mediatore immobiliare

residential district
zona residenziale
residential energy credit
credito per l'energia residenziale
residential service contract
contratto per i servizi residenziali
residual value
valore residuo
resolution
risoluzione; determinazione;
scioglimento; risoluzione; soluzione;
risultato
resource
risorsa; risorse; espediente; mezzo;
iniziativa; intraprendenza; mezzi
finanziari; disponibilità; patrimonio
respondent
convenuto; persona chiamata con
citazione a comparire in tribunale per
controversia civile; rispondente;
intervistato (nelle ricerche di mercato)
response
reazione; replica; risposta
response projection
proiezione di risposta
restart *(computer)*
ripresa; rilancio; ripristino
v. rilanciare; far riprendere
(informatica)
restitution
restituzione; resa; riconsegna;
riparazione; indennizzo; risarcimento
restraint of trade
limitazione agli scambi commerciali;
limitazione della concorrenza
restraint on alienation
limitazione al diritto di alienazione
restricted surplus
utili non distribuibili; eccedenze già
assegnate
restriction
restrizione; limitazione; vincolo
restrictive covenant
patto restrittivo
retail
vendita al dettaglio; vendita al minuto
retail credit
credito al consumatore
retail display allowance
diminuzione nel prezzo di un prodotto
se esposto nel punto vendita
retail inventory method
metodo delle giacenze in magazzino
nella vendita al dettaglio

retail outlet
punto di vendita al dettaglio
retail rate
tasso/indice di pubblicità tramite
"media" effettuata dal dettagliante
retailer's service program
programma di servizi ai dettaglianti
retained earnings
utili non ripartiti; utili attribuiti a
riserve; utili non distribuiti
retained earnings statement
dichiarazione degli utili non distribuiti
appropriated retained earnings
utili non distribuiti appropriati
retaining
mantenimento; conservazione
retaliatory eviction
sfratto/evizione di rappresaglia
retire
ritirarsi; dimettersi; ritirare; togliere
della circolazione
retirement
ritiro; congedo; pensionamento;
collocamento a riposo
retirement age
età della pensione
retirement fund
fondo pensioni
retirement income
reddito pensionistico
retirement plan
piano di pensionamento
retroactive
retroattivo
retroactive adjustment
correzione/rettifica retroattiva
return
ritorno; remunerazione; profitto;
ricavo; guadagno; rendimento;
redditività; ricorrenza; restituzione;
resa; riconsegna
return of capital
rimborso di capitale
return on equity
reddito di capitale netto; reddito delle
azioni ordinarie
return on invested capital
reddito sugli investimenti;
remunerazione del capitale investito
return on pension plan assets
rendimento degli investimenti del
fondo pensione
return on sales
rendimento sul fatturato; reddito dalle

vendite
returns
incassi; proventi; risultati; dati
statistici; resa di articoli invenduti;
restituzioni; risposte
revaluation
rivalutazione
revenue
reddito; introito; entrata
revenue anticipation note (RAN)
nota anticipatoria sui redditi
revenue bond
obbligazione a redditività
revenue ruling
decreto sui redditi
reversal
capovolgimento; inversione;
rovesciamento; revoca; annullamento;
riforma (di sentenza)
reverse annuity mortgage (RAM)
ipoteca ad annualità inversa
reverse leverage
leva finanziaria inversa
reverse split
parziale annullamento delle azioni
emesse
reversing entry
scrittura di storno; registrazione
inversa
reversion
reversione
reversionary factor
fattore reversibile; fattore
reversibile
reversionary interest
interesse reversibile
reversionary value
valore reversibile
review
riesame; revisione; rassegna;
resoconto; recensione; critica; studio
critico
v. riesaminare; rivedere; sottoporre a
revisione
revocable trust
fondo fiduciario revocabile
revocation
revoca; ritiro
revolving charge account
conto aperto presso un negozio
revolving credit
prestito rinnovabile
revolving fund
fondo rotativo

rezoning
rizonizzazione
rich
ricco; abbondante; fruttifero; fertile
rich text format (RTF) (computer)
rich text format (spesso abbreviato
rtf) è un formato per documenti
multipiattaforma, sviluppato da
microsoft sin dal 1987 *(informatica)*
rider
clausola addizionale; codicillo;
aggiunta; postilla
right of first refusal
diritto di prelazione
right of redemption
diritto di riscatto
right of rescission
diritto di rescissione
right of return
diritto di restituzione
right of survivorship
diritto di reversibilità (pensione,
rendite, ecc.)
right-of-way
diritto di precedenza; diritto di
pedaggio; diritto di passaggio; servitù
di passaggio
risk
rischio; pericolo; azzardo; alea
v. rischiare; arrischiare; azzardare;
porre a repentaglio
risk arbitrage
arbitraggio di rischi; arbitraggio sui
rischi; arbitraggio su fusione
risk aversion
avversione al rischio
risk management
gestione del rischio
risk-adjusted discount rate
tasso di sconto aggiustato
rolling stock
materiale rotabile
rollover
rotazione; avvicendamento; giro;
circolazione (di denaro)
rollover loan
prestito "rollover"; prestito
rinnovabile alla scadenza
ROM (read-only memory)
(computer)
memoria a sola lettura; memoria non
distruttiva *(informatica)*
rotating shift
turno rotatorio

round lot
lotto rotondo: pacchetto di titoli
corrispondenti all'unità di
negoziazione di 100 unità
roundhouse
area di parcheggio; deposito delle
locomotive
royalty
sovranità; regalità
pl. diritti di concessione; diritti
d'autore, di licenza, di brevetto;
royalties; redevences; compensi pagati
per l'uso di un diritto altrui
royalty trust
percentuale pagata da una compagnia,
in genere petrolifera o mineraria, al
proprietario di un terreno in cambio
del suo sfruttamento
run
corsa; pressante richiesta (a una banca

da parte dei clienti)
v. dirigere; condurre;
guidare
run of paper (ROP)
inserto pubblicitario: stampa a
colori che può essere posizionata
su qualsiasi pagina di un giornale o
rivista
run with the land
diritto o restrizione che riguarda i
proprietari attuali o futuri di un
terreno; servitù fondiaria
rundown
rassegna; resoconto;
sintesi
rural
rurale; campagnolo
rurban
rurale e urbano: zone rurali sotto
pressione dello sviluppo urbano

S

sabotage
sabotaggio
safe harbor rule
regola del porto sicuro:
ogni espediente legale per evitare di
incorrere in sanzioni civili o penali a
fronte di atti compiuti nell'esercizio
dell'impresa, viene generalmente
definito safe harbor; è un termine che
fa riferimento alla regola 10b-18 della
"security and exchange comission",
che permette alle società di acquistare i
propri titoli azionari sul mercato
evitando di incorrere in atti illeciti
safekeeping
custodia; deposito in cassette di
sicurezza
safety commission
commissione di sicurezza
safety margin
margine di sicurezza; scarto di garanzia
(borsa)
salariat
salariati; classe di lavoratori stipendiati
salary
stipendio; paga; salario; retribuzione
salary reduction plan
piano di riduzione salariale
sale
vendita; smercio
sale and lease back
vendita e rilocazione
sale or exchange
vendita o scambio
sales analyst
analista delle vendite
sales budget
previsione di vendita
sales charge
onere di acquisto
sales contract
contratto di vendita
sales effectiveness test
prova di efficacia delle vendite
sales incentive
incentivo di vendita
sales journal
giornale (registro) delle vendite

sales letter
lettera di vendita
sales portfolio
portafoglio di vendite
sales promotion
promozione delle vendite
sales returns and allowances
resi e abbuoni sulle vendite
sales revenue
fatturato; ricavo dalle vendite
sales tax
imposta sulle entrate; imposta sul
volume d'affari
sales type lease
contratto di locazione con
caratteristiche di vendita
salesperson
addetto alle vendite; venditore
salvage value
valore di realizzo (di investimento
fisso); valore di recupero
sample buyer
persona che ordina un campione di
prodotto, di solito a un prezzo speciale
o con un piccolo contributo alle spese
di recapito ma talvolta gratis
sampling
campionamento; campionatura;
prelievo di campioni
sandwich lease
contratto di locazione nel quale un
soggetto prende in locazione una
proprietà da un altro soggetto allo
scopo di concederla a sua volta ad un
terzo
satellite communication
comunicazione satellitare
satisfaction of a debt
pagamento di un debito
satisfaction piece
documento comprovante la
cancellazione dell'ipoteca
savings bond
buono del tesoro; titolo a risparmio
savings element
elemento di risparmio
savings rate
tasso di risparmio; tasso sui depositi a

risparmio
scab
crumiro; chi rifiuta di partecipare a
uno sciopero continuando il lavoro, o
che si presta a sostituire chi sciopera;
lavoratore che accetta paga inferiore
al minimo sindacale
scalage
abbuono consentito; tolleranza (per
merci soggette a perdita di peso)
scale *(computer)*
scala
v. cambiare di scala *(informatica)*
scale order
ordine scalare; ordine per la
compravendita di titoli entro un
importo da raggiungere scalarmene
scale relationship
rapporto a scala
scalper
bagarino; chi profitta di rapide
operazioni di borsa
scanner *(computer)*
analizzatore; scanditore; esploratore
(informatica)
scarcity
scarsità; rarità; carenza; penuria;
scarsezza
scarcity value
valore determinato dalla scarsezza
scatter diagram
diagramma di dispersione
scatter plan
piano di dispersione
scenic easement
vincolo paesaggistico
schedule
scheda; prospetto; elenco; tabella;
distinta; lista; orario; tempo stabilito;
programma; pianificazione
v. catalogare; elencare; preparare una
lista; stabilire; fissare
scheduled production
produzione programmata
scheduling
elencazione; catalogazione;
determinazione; prospetto;
programmazione; pianificazione;
piano dettagliato; determinazione dei
tempi; orario
scienter
intenzionalità
scope of employment
ambito lavorativo; mansioni

(atti svolti durante le attività
lavorative e che fanno parte delle
mansioni; questa frase è stata adottata
per determinare la responsabilità del
datore di lavoro per gli atti commessi
dai suoi impiegati; il datore di lavoro
sarà responsabile solo per gli atti
commessi nell'ambito delle attività
lavorative)
scorched-earth defense
forma di strategia arbitraggio di rischi
e anti scalata per ostacolare
l'acquisizione del controllo di una
compagnia facendo sforzi per farla
apparire poco attraente per
l'acquirente ostile
screen filter *(computer)*
salvaschermo; filtro (per la
protezione) dello schermo
(informatica)
screen saver *(computer)*
circuito economizzatore (dello
schermo) *(informatica)*
scrip
documento provvisorio; certificato
provvisorio (di azioni, titoli,
obbligazioni, ecc.)
scroll down *(computer)*
scorrere in basso; far discendere
(l'immagine sullo schermo)
(informatica)
scroll up *(computer)*
scorrere in alto; far risalire
(l'immagine sullo schermo)
(informatica)
seal
sigillo; timbro
v. sigillare; chiudere ermeticamente
seal of approval
marchio di garanzia; sigillo;
contrassegno
sealed bid
offerta in busta chiusa; preventivo
sigillato
search engine *(computer)*
motore di ricerca
(informatica)
seasonal adjustment
adattamento stagionale;
destagionalizzazione
seasonality
stagionalità
seasoned issue
titoli stagionati

(che godono di buona reputazione e
liquidità nel mercato secondario)
seasoned loan
prestito stagionato
seat
seggio
(definisce la postazione operativa che
permette di operare direttamente nel
mercato borsistico, negli ambienti
destinati alla contrattazione)
second lien or second mortgage
ipoteca di secondo grado
second mortgage lending
prestito di secondo grado
secondary boycott
boicottaggio per solidarietà (contro
aziende diverse da quella in conflitto)
secondary distribution
distribuzione secondaria
secondary market
mercato secondario
secondary mortgage market
mercato di ipoteche di secondo grado
second-preferred stock
azioni privilegiate di secondo grado
sector
settore; comparto; campo; ambito;
sfera
secured bond
obbligazioni garantite; titoli in
garanzia
secured debt
debito privilegiato
secured transaction
transazione garantita
securities
titoli; valori mobiliari
securities analyst
analista finanziario
securities and commodities
exchanges
mercato delle merci e dei valori
Securities and Exchange
Commission (SEC)
commissione di vigilanza sulla borsa
securities loan
prestito su titoli
security
garanzia; pegno; cauzione; certezza;
sicurezza; titolo
security deposit
deposito cauzionale
security interest
garanzia passiva; cointeressenza data a

garanzia
security rating
valutazione di titoli
seed money
denaro seminato; sovvenzione per
l'avviamento
segment margin
margine di segmento
segment reporting
informazioni contabili per settore
segmentation strategy
strategia di segmentazione
segregation of duties
separazione delle funzioni; divisione
dei compiti e delle mansioni
seisin
proprietà assoluta; possesso senza
condizioni
select *(computer)*
selezionare; scegliere *(informatica)*
selective credit control
controllo selettivo di credito
selective distribution
distribuzione selettiva
self employed
indipendente; autonomo
self insurance
autoassicurazione
self-amortizing mortgage
mutuo ipotecario con
autoammortamento
self-directed IRA
conto pensione individuale
autoamministrato
self-help
mutuo soccorso
self-tender offer
offerta fatta da una compagnia per
riacquisire parte delle proprie
azioni
seller's market
mercato di venditori; mercato
favorevole ai venditori
sell-in
vendita ai rivenditori; vendita del
produttore al dettagliante; vendita
fatta dall'azienda agli intermediari
commerciali; indica la merce che entra
nei punti vendita
selling agent
agente di vendita;
commissionario
selling broker
mediatore di vendita

selling climax
punto culminante delle vendite
selling short
vendita allo scoperto (borsa)
sell-off
crollo dei prezzi dei titoli (borsa);
svendita; liquidazione
v. svendere; liquidare
semiannual
semestrale
semiconductor
semiconduttore
semimonthly
quindicinale; bimensile
semivariable costs
costi semivariabili
senior debt
credito privilegiato
senior refunding
rinnovo a lungo
senior security
titolo privilegiato
sensitive market
mercato oscillante
sensitivity training
addestramento della sensibilità
sentiment indicators
indicatori delle aspettative degli
investitori
separate property
separazione dei beni; patrimonio
riservato della moglie; beni parafernali
(dir.)
serial bond
obbligazione seriale; obbligazione a
scadenza periodica
serial port *(computer)*
porta seriale *(informatica)*
series bond
obbligazioni seriali; obbligazioni a
scadenza periodica
server *(computer)*
servo; sistema di servizio; computer sul
quale risiedono fisicamente i
documenti internet e a cui ci si collega
ogni volta che si digita l'indirizzo della
pagina web che si desidera visitare
(informatica)
service
servizio; impiego; ufficio;
prestazione;
attività lavorativa
service bureau
agenzia di servizi

service club
associazione/circolo di servizi (per gli
associati o per la comunità)
service department
ufficio assistenza
service economy
economia basata sul settore dei servizi
service fee
parcella/spese per la prestazione di
servizi
service worker
impiegato nel settore servizi
servicing
assistenza; manutenzione; servizi
finanziari
setback
battuta d'arresto; regresso; contrarietà;
inconveniente; ribasso
setoff
compenso; contropartita;
compensazione di debito
settle
sistemare; mettere; posare; fissare;
stabilire; determinare; pagare; saldare;
liquidare; comporre; definire;
concludere; accordarsi; accordare
settlement
regolamento; sistemazione;
liquidazione; pagamento; saldo;
composizione; accordo;
accomodamento; transazione;
conciliazione
settlement date
data di regolamento; data di
pagamento; data di liquidazione
settlor
donatore di fondo; disponente
severalty
separazione; distinzione; proprietà
individuale
severance damages
danni per separazione
severance pay
indennità di licenziamento; indennità di
liquidazione
sexual harassment
molestie sessuali
shakedown
adattamento
shakeout
eliminare dal mercato i piccoli
concorrenti (borsa)
shakeup
riorganizzare (un'azienda)

share
quota azionaria; azione; titolo
azionario; cointeressenza azionaria;
partecipazione azionaria
v. spartire; ripartire; dividere;
distribuire
sharecropper
mezzadro
shared drive
unità condivisa
shared drive *(computer)*
unità condivisa *(informatica)*
shared-appreciation mortgage
(SAM)
ipoteca di apprezzamento condiviso
(prestito a tasso fisso sotto il tasso di
mercato)
shared-equity mortgage
ipoteca sul valore effettivo di
un'azione; ipoteca con capitale
condiviso
shareholder
azionista; intestatario di azioni;
possessore di titoli azionari
shareholder's equity
consistenze patrimoniali; capitale
sociale netto
shares authorized
azioni autorizzate
shareware *(computer)*
shareware: software messo a
disposizione in rete per essere provato
(informatica)
shark repellent
lett. repellente di squali: piano
strategico attuato da un'azienda per
evitare di essere acquisita da un'altra
shark watcher
(lett.) individuatore di squali: regola
che cerca di impedire avvitamenti al
ribasso nelle quotazioni causati
dall'intervento della speculazione
sheet feeder *(computer)*
dispositivo di alimentazione;
alimentatore foglio a foglio
(informatica)
shell corporation
società ombra
shift
turno (di lavoro); squadra; rotazione;
avvicendamento; cambiamento;
variazione; spostamento
shift differential
premio di turno; differenza retributiva

per turno di lavoro
shift key *(computer)*
tasto di posizionamento della tastiera;
tasto delle maiuscole; tasto shift
(informatica)
shift lock *(computer)*
chiusura della tastiera; tasto caps lock
(informatica)
shop
negozio; bottega; officina;
stabilimento
shopper
acquirente; compratore; cliente
pl. sacchetti di plastica o di carta col
nome del negozio e/o la pubblicità di
un prodotto
shopping service
servizio acquisti
short bond
obbligazione corta:
titolo obbligazionario di durata residua
molto breve, generalmente non oltre i
12 o 24 mesi
short covering
acquisto di titoli a ricopertura; acquisto
di azioni da rendere al prestatore
short form
forma breve
short interest
posizioni scoperte
short position
posizione allo scoperto (borsa);
posizione corta; titoli non disponibili
alla scadenza
short squeeze
ricoperture di scoperto:
inatteso rialzo delle quotazioni di un
titolo che causa una repentina chiusura
delle posizioni scoperte, dando origine
a ulteriori incrementi di prezzo
short term
a breve; a breve termine
shortfall
ammanco; saldo passivo; deficit
short-sale rule
regola dello scoperto (borsa)
short-term capital gain (loss)
guadagno (perdita) di capitale a breve
termine
short-term debt
debito a breve termine; indebitamento
a breve
short-term liability
debito a breve termine

shrinkage
restringimento; diminuzione;
abbassamento; contrazione; calo;
deprezzamento
shut down *(computer)*
arresto *(informatica)*
shutdown
chiusura temporanea; sospensione
dell'attività
sight draft
tratta a vista
sign off *(computer)*
uscire dal sistema (utilizzatore);
eseguire la procedura di fine
dell'elaborazione; chiudere (una
sessione); termine di conversazione
(informatica)
sign on *(computer)*
entrare nel sistema (utilizzatore);
eseguire la procedura di entrata in
comunicazione; presentarsi; aprire
(una sessione); dichiarare la propria
identità; farsi prendere in carico dal
sistema *(informatica)*
silent partner
socio occulto; socio inattivo;
accomandante
silver standard
circolazione argentea (monetaria)
**SIMM (single in-line memory
module)** *(computer)*
modulo SIMM: modulo di memoria a
singola linea di contatto *(informatica)*
simple interest
interesse semplice
simple trust
fondo fiduciario semplice
simple yield
rendimento semplice
simulation
simulazione; finzione; finta;
imitazione
single premium life insurance
assicurazione sulla vita a premio
unico
single-entry bookkeeping
contabilità a partita semplice
sinking fund
fondo d'ammortamento
sit-down strike
sciopero con occupazione; sciopero
"bianco"
site
luogo; posto; sito

site audit
revisione/verifica contabile sul sito/
posto; controllo amministrativo sul
sito/ posto
skill intensive
alto livello di abilità
skill obsolescence
obsolescenza dell'abilità
(occupazione o abilità che è stata
sostituita dalla tecnologia)
slack
periodo fiacco
slander
diffamazione (orale); calunnia;
maldicenza
sleeper
addormentato; titolo sotto-quotato
(ma con molte possibilità di aumentare
di prezzo repentinamente quando i suoi
pregi siano riconosciuti)
sleeping beauty
"bella addormentata": termine di gergo
borsistico che indica una società dalle
caratteristiche particolarmente
interessanti per un'acquisizione, ma
che non è stata ancora avvicinata da
nessun acquirente potenziale
slowdown
sciopero bianco; mancata
collaborazione del personale;
rallentamento; ritardo
slump
brusca caduta; crollo; recessione;
depressione; crisi economica
congiuntura negativa
small business
piccola impresa; azienda
minore
small investor
piccolo investitore
smoke clause
clausola di copertura di danni derivanti
da fumo
smokestack industry
industria pesante (acciaio, automobili);
industria inquinante
snowballing
pallate di neve: termine di gergo che
indica il movimento di
autoamplificazione delle oscillazioni
di prezzo causato dall'intervento di
ordini di acquisto o vendita automatici
in corrispondenza di soglie di prezzo
ben precise

social insurance
previdenza sociale
social responsibility
responsabilità sociale
socialism
socialismo
socially conscious investor
investitore con coscienza sociale
soft currency
valuta debole; moneta non facilmente
convertibile
soft goods
tessili; tessuti
soft market
mercato debole
soft money
banconote; assegni; carta-moneta;
valuta a cambio sfavorevole (uk);
denaro a buon mercato; denaro leggero
soft spot
punto debole
soil bank
banca rurale
sole proprietorship
impresa individuale
solvency
solvibilità; solvenza; affidabilità;
capacità di pagare e/o rimborsare
source
fonte; sorgente; origine; causa;
principio
source evaluation
valutazione delle fonti
source worksheet *(computer)*
foglio di programmazione alla sorgente
(informatica)
sources of funds
risorse dei fondi
sovereign risk
rischio "sovrano"; rischio paese
space bar *(computer)*
tasto di spaziatura; barra spaziatrice
(informatica)
spamming *(computer)*
invio di messaggi non desiderati in una
casella di posta elettronica con
l'intenzione di disturbare il
destinatario. posta "spazzatura"; il
termine "spam" si riferisce anche
all'invio multiplo della stessa pagina
web all'indice dei vari motori di ricerca
(informatica)
span of control
ambito del controllo; ampiezza delle

responsabilità
special agent
agente speciale; agente di zona
special assignment
designazione speciale; lavori
speciali
special delivery
consegna espressa; spedizione per
espresso
special drawing rights (SDR)
diritti speciali di prelievo
special handling
spedizione di pacchi a tariffa
maggiorata
special purchase
acquisto speciale
special situation
situazione speciale
special warranty deed
atto di garanzia speciale; impegno di
indennizzo speciale
specialist
specialista
specialty advertising
pubblicità specializzata
specialty goods
beni di lusso; beni durevoli
specialty retailer
rivenditore/ commerciante
specializzato
specialty selling
vendita specializzata
specialty shop
negozio/ bottega specializzata
special-use permit
permesso/licenza/autorizzazione di uso
speciale
specie
moneta metallica; valuta monetaria;
denaro contante; numerario
specific identification
identificazione specifica
specific performance
esecuzione integrale (di contratto,
senza soluzioni alternative)
specific subsidy
sussidio speciale
specification
specifica; specificazione; descrizione
analitica; indicazione
speculative risk
rischio speculativo
speech recognition
riconoscimento del parlato

speech recognition *(computer)*
riconoscimento del parlato
(informatica)
speedup
incremento della produzione;
accelerazione produttiva
spell checker *(computer)*
controllo/verificatore ortografico
(informatica)
spending money
denaro per le piccole spese; argent-de-
poche
spendthrift trust
fondo fiduciario non trasferibile da
parte del beneficiario
spider chart *(computer)*
diagramma a ragnatela/tela di ragno
(informatica)
spillover
eccesso
spin-off
sottoprodotto; derivato; succedaneo;
trasferimento parziale di attività fra
due società dietro pagamento in azioni
splintered authority
autorità frammentata/ frazionata
split
frazionamento azionario
v. dividere; separare; frazionare
split commission
commissione divisa
split shift
turno diviso
spokesperson
rappresentante; portavoce
sponsor
fidejussore; avallante; garante;
mallevadore; sponsor; patrocinatore;
finanziatore; società specializzata nel
collocamento di un fondo comune di
investimento immobiliare
v. avallare; garantire; assicurare; fare
da mallevadore; finanziare;
patrocinare; sponsorizzare; sostenere;
appoggiare
spot check
controllo saltuario; verifica casuale
spot commodity
materia prima spot/ pronta consegna:
materia prima che viene trattata con
l'intenzione di eseguire materialmente
la consegna al momento
dell'esecuzione del contratto di
compravendita

spot delivery month
consegna immediata; spedizione
immediata
spot market
mercato locale; mercato del
disponibile; mercato a pronti (borsa);
mercato contante
spot price
prezzo per merce pronta; prezzo del
disponibile; prezzo sul posto; prezzo
del pronto; cambio a pronti (banca,
borsa)
spot zoning
rizonizzazione di terreno
(per avere una zonizzazione diversa dai
terreni adiacenti)
spread
differenziale; differenza fra costo e
prezzo di vendita; differenza fra il
prezzo minimo e massimo di un
prodotto
spread sheet
foglio di calcolo elettronico
spreading agreement
accordo "spreading"
(accordo che estende la garanzia
collaterale di un prestito per includere
più proprietà)
squatter's rights
diritto al possesso di un terreno
pubblico da parte dell'occupante
squeeze
restringimento
stabilization
stabilizzazione; equilibrio
stacked column chart *(computer)*
diagramma a colonne sovrapposte
(informatica)
staggered election
elezioni a scaglione
staggering maturities
scadenze scaglionate
stagnation
stagnazione
stake
interesse; cointeressenza; quota;
partecipazione
stand-alone system
sistema autonomo
standard
standard; prototipo; campione;
norma
standard cost
costo standard

standard deduction
deduzione standard
standard deviation
scarto quadratico medio
standard industrial classification
(SIC) system
sistema standard di classificazione
industriale
standard of living
tenore di vita
standard time
ora ufficiale; ora legale
standard wage rate
paga base standard
standby (computer)
riserva; scorta; stato d'attesa
intermedia; in attesa; di soccorso;
doppio (di apparecchiatura)
(informatica)
standby fee
spese di riserva
standby loan
prestito stand-by; prestito di appoggio
standing order
ordine che si rinnova tacitamente;
ordine permanente (a banche per
pagamento di utenze, bollette, ecc.)
staple stock
prodotti a domanda costante (per cui
formano sempre parte delle scorte)
start-up
avviamento; messa in moto;
accensione; partenza
start-up screen (computer)
schermata di avvio (informatica)
stated value
valore stabilito
statement
dichiarazione; prospetto; resoconto;
rendiconto; relazione; situazione;
esposto; deposizione; testimonianza
statement of affairs
situazione finanziaria; stato
economico; rendiconto in caso di
fallimento o concordato preventivo
statement of condition
rendiconto della situazione; consuntivo
statement of partners' capital
prospetto del capitale dei soci;
prospetto del capitale netto;
rendiconto delle consistenze
patrimoniali
static analysis
analisi statica

static budget
budget statico
static risk
rischio statico
statistic
dato statistico
statistical inference
inferenza statistica
statistical sampling
campionamento statistico
statistically significant
statisticamente significativo
statistics
statistica
status
stato; condizione sociale; posizione;
condizione; reputazione
status bar (computer)
barra di stato (informatica)
status symbol
simbolo di successo (socio-economico)
statute
statuto; legge (scritta)
statute of frauds
legge per la prevenzione delle frodi
statute of limitations
legge sulle prescrizioni; prescrizione
statutory audit
revisione legale dei conti
statutory merger
fusione/assorbimento/incorporazione/
consolidamento statutario
statutory notice
avviso statutario
statutory voting
votazione statutaria
staying power
potere temporale
steady-growth method
metodo crescita costante/
sostenuta
steering
pratica illegale, consistente in offrire
proprietà solo a certi gruppi etnici
stepped-up basis
base aumentata; base ascendente/
crescente
stipend, stipendiary
stipendio; stipendiato
stipulation
stipula; stipulazione; patto; accordo;
convenzione; contratto
stochastic
stocastico; probabilistico

stock
azione; stock; scorte; riserve; giacenze; merci in stock; materiali in magazzino
v. approvvigionare; rifornire; fornire; stoccare; fare scorte; tenere a magazzino; disporre di giacenze
stock certificate
certificato azionario
stock dividend
dividendo in azioni; azioni di godimento; distribuzione gratuita di azioni
stock exchange
borsa; borsa valori
stock index future
prezzo future su indice azionario
stock insurance company
compagnia di assicurazione di valori
stock jobbing
intermediazione; aggiotaggio; speculazione di borsa
stock ledger
registro delle azioni; libro soci
stock market
mercato azionario; borsa valori
stock option
opzione su azioni; transazione a premio (borsa)
stock record
libro soci; elenco degli azionisti; registro dei titoli; registro di magazzino
stock symbol
simbolo azionario/ simbolo dei titoli
stock turnover
rotazione delle scorte
stockbroker
agente di cambio; agente di borsa
stockholder
azionista; possessore di titoli azionari; socio (di società di capitali)
stockholder of record
azionista registrato
stockholder's derivative action
azione legale derivativa degli azionisti
stockholder's equity
consistenze patrimoniali; capitale netto; totale del capitale e delle riserve
stockout cost
costo per mancante in magazzino
stockpile
riserva (di materie prime); scorta; accumulo; stoccaggio

stockpower
procura per passaggio di azioni
stockroom
magazzino
stonewalling
impedire; ostacolare
stool pigeon
spia; informatore
stop clause
clausola limitativa delle spese dell'inquilino
stop order
ordine fisso; ordine per la compravendita di titoli a prezzi prefissati
stop payment
ordine di fermo nel pagamento; sospensione dei pagamenti
stop-loss reinsurance
riassicurazione per eccesso di perdita globale
store
provvista; riserva; scorta
v. fare provviste; rifornirsi; mettere in serbo; approvvigionare; immagazzinare; depositare; tenere in magazzino
store brand
prodotti a marchio privato (prodotto che porta il nome del negozio e non quello del fabbricante)
straddle
opzione doppia; doppio privilegio; stellage; transazione a doppio premio (borsa)
straight bill of lading
polizza di carico diretta
straight time
orario normale
straight-line method of depreciation
metodo di ammortamento a quote costanti
straight-line production
produzione in linea retta
straphanger
passeggero in piedi
strategic planning
pianificazione strategica
strategy
strategia
stratified random sampling
campione aleatorio stratificato

straw boss
aiuto caposquadra
straw man
uomo di paglia;
prestanome
street name
intestazione fiduciaria
stretchout
accelerazione del lavoro senza
compenso addizionale per i lavoratori;
allungare il tempo necessario per
pagare un acquisto
strike
sciopero; astensione dal lavoro
v. scioperare; scendere in sciopero;
astenersi dal lavoro
strike benefits
sussidi in caso di sciopero; indennità di
sciopero pagata dai sindacati ai propri
iscritti
strike notice
avviso di sciopero
strike pay
sussidio in caso di sciopero; indennità
di sciopero pagata dai sindacati ai
propri iscritti
strike price
prezzo di esercizio; prezzo di battuta;
prezzo di vendita e/o acquisto (borsa)
strike vote
voto sindacale (a favore dello
sciopero)
strikebreaker
(lett.) spacca-sciopero; crumiro
strip
separazione
procedura di separazione della parte
cedolare di un titolo obbligazionario da
quella del capitale che origina un titolo
sintetico zero coupon, e a titoli che
danno diritto fino alla scadenza a
pagamenti periodici prefissati delle
cedole
structural employment
impiego strutturale
structural inflation
inflazione strutturale
structure
struttura; conformazione;
composizione
subcontractor
subappaltatore; subfornitore
subdirectory *(computer)*
sottoindice *(informatica)*

subdivider
chi suddivide un terreno per poi
venderlo in lotti individuali
subdividing
suddividere
subdivision
suddivisione
subject to mortgage
soggetto a ipoteca
sublease
subaffitto; sublocazione
v. subaffittare; sublocare
sublet
subaffittare; subappaltare; concedere in
subappalto
subliminal advertising
pubblicità invisibile; pubblicità
subliminale; persuasione occulta
submarginal
submarginale (al di sotto dell'utilità
marginale)
suboptimize
subottimizzare
subordinate debt
debito subordinato
subordinated
subordinato; subalterno
subordination
subordinazione; dipendenza;
sottomissione
subpoena
mandato di comparizione; citazione;
ordine di comparizione in giudizio
subrogation
surrogazione; surroga; azione
surrogatoria
subroutine
sottoprogramma
subscript *(computer)*
indice inferiore (posto in basso)
(informatica)
subscripted variable
variabile con indice
subscription
sottoscrizione; abbonamento;
accettazione; quota sottoscritta;
contributo versato; adesione
subscription price
prezzo di sottoscrizione
subscription privilege
diritto di opzione
subscription right
diritto di sottoscrizione; diritto di
opzione (azioni, titoli)

subsequent event
evento successivo
subsidiary
sussidiario; ausiliario; accessorio;
supplementare
subsidiary company
società collegata; consociata; affiliata;
controllata
subsidiary ledger
mastro ausiliario; registro ausiliario
subsidy
sussidio; sovvenzione; agevolazione;
contributo; aiuto finanziario
subsistence
sussistenza; vita; sostentamento; mezzi
di sostentamento
substitution
sostituzione; rimpiazzo
substitution effect
effetto di sostituzione
substitution law
legge della sostituzione: proposizione
economica per cui nessun bene è
assolutamente insostituibile
substitution slope
inclinazione alla sostituzione
subtenant
subaffittuario; sublocatario
subtotal
totale parziale; importo parziale
suggested retail price
prezzo al dettaglio suggerito
suggestion system
sistema dei suggerimenti
suicide clause
clausola del suicidio
suite
suite; seguito; corteo
suite *(computer)*
insieme (di programmi, ecc.);
pacchetto software *(informatica)*
summons
citazione in giudizio; mandato di
comparizione; ingiunzione;
notificazione; convocazione
sunset industry
industria in declino, alla fine del
proprio ciclo di vita produttivo
sunset provision
clausola di caducità
super now account
conto ad alto interesse
super sinker bond
obbligazione sinker la porzione di titoli

obbligazionari emessi a fronte di mutui
ipotecari che presenta la durata più
breve fra i titoli appartenenti alla
stessa emissione
superintendent
responsabile; sovrintendente;
sorvegliante; caporeparto
supermarket
supermercato
supersaver fare
tariffa molto ribassata; tariffa
stracciata
superscript *(computer)*
indice superiore; esponente
(informatica)
superstore
ipermercato
supplemental agreement
accordo integrativo
supplier
fornitore
supply
fornitura; rifornimento;
approvvigionamento
supply price
prezzo d'offerta
supply-side economics
economia dell'offerta
support level
livello di supporto
surcharge
sovrapprezzo; supplemento;
maggiorazione; costo addizionale
surety bond
cauzione; garanzia scritta; cauzione sui
dipendenti
surge protector *(computer)*
protettore di sopratensione
(informatica)
surplus
surplus; sovrappiù; eccedenza; eccesso;
quantitativo in eccedenza
surrender
rinuncia; abbandono; cessione
v. consegnarsi; arrendersi; cedere
life insurance surrender
riscatto su polizza vita
surtax
sovrimposta; soprattassa; imposta
complementare; tassa addizionale
survey
indagine; rassegna; esame; studio;
ispezione; verifica; vigilanza; rilievo;
rilevazione; rilevamento

v. indagare; esaminare; studiare;
rilevare; fare rilevamenti
survey area
zona di rilevamento
surveyor
perito; esperto; controllore;
verificatore; ispettore
survivorship
incarico di perito; ispettorato
suspended trading
sospensione (temporanea) di
transazione/negoziazione
suspense account
conto provvisorio; conto transitorio;
conto d'ordine; conto in sospeso
suspension
sospensione; interruzione; cessazione
swap
"swap": scambio; riporto in cambi;
riporto in divise; operazione a termine
con contropartita (borsa)
sweat equity
capitale di lavoro
sweatshop
sfruttamento della manodopera; posto/
negozio dove si sfrutta la manodopera
sweepstakes
tecnica di promozione vendite
(concorsi, lotterie)
sweetener
addolcimento; l'aggiunta a un titolo
obbligazionario di una caratteristica
che lo rende più attraente per gli

investitori
swing shift
secondo turno di lavoro (dalle 16,00
alle 24,00)
switching
smistamento; commutazione
symbol bar
barra dei simboli
symbol bar *(computer)*
barra dei simboli *(informatica)*
sympathetic strike
sciopero di solidarietà
syndicate
consorzio; associazione; sindacato
economico; cartello; gruppo
monopolistico
syndication
costituzione di sindacato economico;
formazione di un "pool"
syndicator
chi vende un investimento in azioni o
unità
synergy
sinergia
system *(computer)*
sistema *(informatica)*
system administrator *(computer)*
amministratore dei sistemi
(informatica)
systematic risk
rischio sistematico
systematic sampling
campionamento sistematico

T

T statistic
statistica *T* (di studenti per l'ipotesi di
nullità dei singoli parametri)
tab key *(computer)*
tasto tab *(informatica)*
table column *(computer)*
colonna da tabella *(informatica)*
table field *(computer)*
campo di tabella *(informatica)*
T-account
mastrino; conto a T; rappresentazione
grafica del dare e avere
tactic
tattica
tag sale
vendita di cianfrusaglie
(tradizione americana di vendita di
articoli domestici usati col prezzo
indicato in un cartellino e che si
realizza nel garage della casa del
venditore)
take
incasso; introito; entrata; profitto;
utile; guadagno; affitto di terreno
v. prendere; cogliere; accettare;
guadagnare; prendere di paga
take a bath, take a beating
subire una perdita considerevole/ una
forte perdita
take a flier
fare una speculazione (borsa)
take a position
prendere una posizione
take-home pay
stipendio netto; paga netta
takeoff
decollo
v. decollare; dedurre; fare sconti
**take-out loan, take-out
  financing**
fare mutui; contrarre prestiti
takeover
rilevamento; subentro; successione;
acquisizione di controllo
v. rilevare; subentrare; accollarsi;
assumere il controllo
taking
presa; cattura; confisca; requisizione

taking delivery
consegna della merce
taking inventory
fare l'inventario; inventariare
tally
computo; conteggio
v. computare; calcolare
tangible asset
bene reale; bene materiale; patrimonio
tangibile; immobilizzazione materiale
tangible personal property
patrimonio mobiliare tangibile;
proprietà personale tangibile
tank car
carro cisterna
tape
nastro
v. registrare su nastro
target audience
pubblico-obiettivo
target file *(computer)*
archivio di destinazione *(informatica)*
target group index (TGI)
indice del gruppo prescelto
target market
mercato obiettivo
target price
prezzo indicativo; prezzo obiettivo
tariff
tariffa doganale; tassa sulle
importazioni; prezzo; tariffa
tariff war
guerra tariffaria
task bar
barra dei compiti
task bar *(computer)*
barra dei compiti *(informatica)*
task force
gruppo d'intervento
task group
unità operativa
task list
elenco di compiti
task list *(computer)*
elenco di compiti *(informatica)*
task management
organizzazione funzionale;
fissazione di mansioni ben definite

task manager *(computer)*
gestore di compiti *(informatica)*
tax
imposta; tassa; diritto fiscale;
tassazione
tax abatement
riduzione d'imposta; sgravio fiscale
tax and loan account
conto di imposte e prestiti
tax anticipation bill (TAB)
obbligazione statale usa a breve
termine in anticipo di tassazione
tax anticipation note (TAN)
titolo a breve termine in anticipo di
tassazione
tax base
base d'imposta; presupposto fiscale;
oggetto d'imposta
tax bracket
scaglione d'imposta; categoria di
imposizione fiscale
tax credit
credito d'imposta; attivo fiscale
tax deductible
imposta detraibile
tax deduction
detrazione d'imposta
tax deed
scrittura del governo per mancato
pagamento delle tasse
tax deferred
imposizione posticipata
tax evasion
evasione fiscale
tax foreclosure
esecuzione fiscale
tax impact
impatto fiscale
tax incentive
incentivo fiscale
tax incidence
incidenza fiscale
tax lien
credito fiscale; privilegio fiscale
tax loss carryback (carryforward)
posticipazione o anticipo fiscale;
imputazione delle perdite a imposte di
esercizi precedenti (successivi)
tax map
mappa fiscale
tax planning
pianificazione fiscale
tax preference item
articolo/ voce di preferenza fiscale

tax rate
aliquota d'imposta
tax return
denuncia dei redditi; dichiarazione delle
imposte
tax roll
imposta a ruolo; ruolo di imposte
tax sale
vendita giudiziaria per il recupero di
imposte
tax selling
vendite elusive
tax shelter
scappatoia fiscale
tax stop
clausola di sospensione delle tasse;
impostazioni di protezione:
clausola di contratto di affitto per cui
il locatore sospende il pagamento delle
tasse sulla proprietà al di sopra di una
certa cifra
tax straddle
arbitraggio fiscale:
tecnica utilizzata in passato per
rimandare/ posporre la responsabilità/
le obbligazioni per un anno
tax wedge
cuneo fiscale
taxable income
reddito imponibile
taxable year
anno fiscale; anno di imposizione
taxation, interest on dividends
tassazione; imposizione; interessi sui
dividendi
tax-exempt property
proprietà esente da imposte/non
tassabile/esentasse
tax-exempt security
titolo esente da imposte/non tassabile/
esentasse
tax-free exchange
scambio senza imposta/ esente da
imposte/tasse
taxpayer
contribuente
team building
sviluppo del lavoro di squadra
team management
amministrazione del lavoro a
squadre
teaser ad
annuncio pubblicitario "civetta";
inserzione pubblicitaria a suspense

teaser rate
tassa di interesse "civetta":
tecnica di marketing: tasso iniziale di
interesse molto basso, ma per poco
tempo, in un'ipoteca a tasso regolabile
o in una carta di credito
technical analysis
analisi tecnica
technical rally
rialzo tecnico
technological obsolescence
obsolescenza tecnologica
technological unemployment
disoccupazione tecnologica
technology
tecnologia
telecommunications
telecomunicazioni
telemarketing
marketing telefonico
telephone switching
commutazione telefonica:
cambiamento negli investimenti di un
fondo ad un altro via telefono
template
maschera; modello; sagoma;
disposizione della tastiera
tenancy
affitto; locazione; affittanza; proprietà
affittata
tenancy at sufferance
locazione tacitamente rinnovata
tenancy at will
locazione a discrezione del
proprietario (con diritto di disdetta in
qualsiasi momento)
tenancy by the entirety
possesso comune di coniugi (con
reversibilità al sopravvissuto)
tenancy for years
locazione a termine
tenancy in common
possesso comune fra due o più persone
(senza diritto di reversibilità)
tenancy in severalty
proprietà affittata in esclusiva
tenant
inquilino; affittuario; locatario
tenant finish-out allowance
concessione monetaria che da il
proprietario ad un potenziale inquilino
per lavori di finitura del locale
tender
licitazione; offerta d'appalto;

partecipazione a gara
v. offrire; sottoporre offerta
tender of delivery
offerta/ presentazione della consegna
(offrire/presentare i prodotti acquisiti
nel locale del compratore)
tender offer
offerta d'acquisto; offerta in una gara
d'appalto
tenure
possesso; occupazione; diritto di
proprietà; proprietà; possedimento
tenure in land
possesso della terra
term
termine; fine; patto; accordo;
condizione
term certificate
certificato di deposito a lungo termine
term life insurance
copertura assicurativa sulla vita a
tempo limitato/ a termine/ a scadenza
fissa
term loan
prestito a termine; prestito a scadenza
fissa
finanziamento a medio/lungo periodo
term, amortization
mutuo a termine
termination benefits
trattamento di fine rapporto
terms
clausole; condizioni; termini
test
prova; esame; test; esperimento;
analisi; ispezione; collaudo
esaminare; collaudare; saggiare;
provare; verificare
test market
mercato di prova
test statistic
statistica di prova
testament
testamento
testamentary trust
fondo d'investimento testamentario
testate
testatore; testante; che ha fatto
testamento
testator
testatore; colui che ha fatto
testamento
testcheck
controllo particolare

testimonial
testimoniale
testimonium
testimonianza
text editing *(computer)*
redazione di testo *(informatica)*
text processing *(computer)*
elaborazione di testi *(informatica)*
text wrap *(computer)*
termine usato nella formattazione di
testi: la capacità di avvolgere il testo
intorno alle immagini sul layout di una
pagina *(informatica)*
thin market
mercato scarso; mercato con scarsità
di offerta
third market
mercato non ufficiale; mercato dei
titoli non quotati
third party
terza persona; terzi; terza parte
third-party check
assegno a terzi
third-party sale
vendita a terzi
threshold-point ordering
quantità ordinata minima
indispensabi*le*
(tecnica di gestione delle scorte di
magazzino)
thrift institution
associazione di risparmiatori
thrifty
economo; risparmiatore
through rate
tariffa per trasporti cumulativi
tick
punto; unità minima di variazione
(borsa)
ticker
lista dei prezzi; simbolo (borsa)
sistema elettronico che permette di
rilevare e divulgare le oscillazioni di
prezzo fatte registrare dai titoli presso
le borse valori degli stati uniti; il
termine definisce anche la sigla
attribuita a un titolo per renderlo
riconoscibile
tie-in promotion
promozione abbinata
tight market
mercato rigido; mercato
scarsamente movimentato; mercato
stretto

tight money
denaro scarso; denaro caro; stretta
monetaria
tight ship
gestione organizzativa ben controllata
till
cassa; denaro contante
time card
cartellino di presenza; cartellino
marcatempo
time deposit
deposito a termine; deposito
vincolato
time draft
tratta a termine
time is the essence
il tempo è essenziale
time management
gestione del tempo lavorativo
time series analysis
analisi delle serie temporali
time series data
dati di serie temporali
time value
valore rapportato al tempo
time-and-a-half
tempo e un mezzo
(paga del salario una volta e mezzo il
numero di ore dopo le 40 ore
settimanali per una certa categoria di
lavoratori)
time-sharing
divisione del tempo; partizione dei
tempi; tempi ripartiti
timetable
orario
tip
mancia; informazione riservata;
soffiata; spifferata; dritta (borsa)
title
titolo; diritto; rivendicazione
title bar *(computer)*
barra dei titoli *(informatica)*
title company
società per il riconoscimento dei diritti
di proprietà
title defect
difetto nel titolo di proprietà
title insurance
assicurazione contro danni per difetti
nei diritti di proprietà
title report
relazione del titolo di
proprietà

title screen *(computer)*
schermo dei titoli *(informatica)*
title search
ricerca del titolo di proprietà
title theory
teoria dei titoli di proprietà
toggle key *(computer)*
tasto di commutazione *(informatica)*
tokenism
simbolismo
toll
pedaggio; diritti di pedaggio; dazio;
tributo; imposta
pagare un pedaggio; far pagare un
pedaggio; esigere un tributo
tombstone ad
annuncio pubblicitario a pagamento
(simile a necrologio); pubblicità
contenuta in cubi di plastica
trasparente
toner cartridge *(computer)*
cartuccia di toner (per stampante)
(informatica)
tool bar *(computer)*
barra strumenti *(informatica)*
tool box *(computer)*
casella degli strumenti *(informatica)*
topping out
titolo ai massimi
tort
atto illecito; reato
total capitalization
capitalizzazione complessiva
total loss
perdita totale
total paid
pagamento totale
total volume
volume totale
touch screen
schermo a contatto
touch screen *(computer)*
schermo a contatto *(informatica)*
trace
traccia
tracer
identificatore
trackage
spese per l'uso di una rete
ferroviaria
trackball *(computer)*
"trackball": tipo di mouse usato
soprattutto sui computer portatili
(informatica)

tract
tratto; spazio; distesa; estensione
trade
commercio; scambio; traffico;
movimento di affari; attività
commerciale; settore industriale;
industria; clientela; clienti;
occupazione; mestiere; mercato;
piazza
v. commerciare; trafficare; svolgere
attività di commercio
trade acceptance
accettazione commerciale;
accettazione di un prodotto da parte
dei consumatori
trade advertising
pubblicità commerciale (diretta ai
rivenditori)
trade agreement
trattato commerciale
trade barrier
barriera commerciale; barriera al libero
scambio
trade credit
credito commerciale
trade date
data della transazione
trade deficit
deficit della bilancia commerciale
trade surplus
eccedenza della bilancia
commerciale
trade fixture
mobili, impianti, attrezzature
trade magazine
rivista di categoria
trade rate
prezzo speciale
trade secret
segreto di fabbricazione; segreto
industriale
trade show
fiera campionaria
trade union
sindacato; associazione operaia
trademark
marchio; marchio di fabbrica; marchio
registrato
trade-off
sostituibilità; valutazione fra scelte
alternative
trader
operatore; commerciante; mercante;
negoziante; investitore

trading authorization
autorizzazione a operare
trading post
stazione commerciale
trading range
intervallo di contrattazione/
fluttuazione
trading stamp
bollino premio; sconto su prodotti;
bollino omaggio
trading unit
unità di contrattazione
traditional economy
economia tradizionale
tramp
nave da carico
transaction
transazione; operazione; affare;
contrattazione; negoziato;
negoziazione
transaction cost
costo della transazione
transfer agent
agente incaricato del trasferimento di
titoli; banca agente depositaria
transfer development rights
diritti di trasferimento
transfer payment
trasferimento; rimessa; bonifico
transfer price
costo trasferito dalle filiali alla società
capogruppo
transfer tax
tassa di successione; imposta sui
trasferimenti
translate
tradurre
transmit a virus *(computer)*
trasmettere virus *(informatica)*
transmittal letter
lettera di accompagnamento
transnational
supernazionale
transportation
trasporto
treason
tradimento
treasurer
tesoriere
tree diagram
diagramma ad albero
trend
andamento; tendenza; corso;
orientamento; congiuntura

trend chart *(computer)*
diagramma di tendenza *(informatica)*
trend line
linea di tendenza
trespass
sconfinamento; ingresso abusivo;
violazione di proprietà; infrazione;
trasgressione; abuso
trial and error
metodo per tentativi
trial balance
bilancio di verifica
trial offer
offerta di prova
trial subscriber
chi sottoscrive un abbonamento in
prova;
abbonato in prova
trigger point
punto limite/ di scatto/ intervento;
prezzo (basso) limite
trigger price
prezzo (basso) limite
triple-net lease
contratto di locazione nel quale il
conduttore - in aggiunta al pagamento
del canone al locatore - si accolla i
costi connessi all'operatività della
proprietà; il proprietario riceve il
reddito netto
Trojan horse *(computer)*
cavallo di Troia: è un programma
pericoloso (virus informatico)
utilizzato dagli hacker, che si
"traveste" in modo da sembrare un
innocuo file, solitamente allegato ai
messaggi di posta elettronica
troubled debt restructuring
ristrutturazione di debito in caso di
difficoltà finanziarie
troubleshooter
addetto alla locazione dei guasti;
apparecchio per scoprire guasti
(oscilloscopio, ecc.)
troubleshooting *(computer)*
localizzazione di errori e/o guasti;
diagnostica *(informatica)*
trough
fondo; depressione; punto
inferiore
true lease
locazione reale
true to scale *(computer)*
secondo scala *(informatica)*

truncation
troncamento
trust
fiducia; fede; fiduciaria; accordo
trust account
conto fiduciario; conto in
amministrazione fiduciaria
trust certificate
certificato di partecipazione a un
conto fiduciario
trust company
società fiduciaria
trust deed
atto fiduciario; atto di fedecommesso;
scrittura fiduciaria
trust fund
fondo fiduciario; fondo in
amministrazione fiduciaria; fondo
consorziale
discretionary trust
fondo fiduciario basato sui poteri
discrezionali dell'amministratore
general management trust
fondo fiduciario basato sui poteri
discrezionali dell'amministratore
(uguale al precedente)
amministrazione generale fiduciaria
trustee
amministratore; fiduciario;
amministratore fiduciario; depositario;
curatore
trustee in bankruptcy
curatore fallimentare
trustor
chi fa credito; fiduciante; bonificante;
accreditante
truth in lending act
legge federale di trasparenza nei
finanziamenti

turkey
fiasco; insuccesso
turn off *(computer)*
togliere la tensione; spegnere (tasto
luminoso); mettere fuori servizio
(informatica)
turn on *(computer)*
mettere sotto tensione; accendere
(tasto luminoso); mettere in servizio
(informatica)
turnaround
inversione di tendenza; mutamento;
variazione; aggiustamento
turnaround time
tempo di risposta
turnkey
chiavi in mano; tutto compreso;
pronto per l'uso
turnover
volume d'affari; giro d'affari;
fatturato; entrate complessive;
avvicendamento; rotazione; ricambio
(del personale)
twisting
variazione nel tasso di interesse
two percent rule
regola del due per cento
two-tailed test
test di ipotesi a due code; test
bilaterale
tycoon
magnate; capitano d'industria
typeface *(computer)*
carattere tipografico
(informatica)
type-over mode *(computer)*
tipo di introduzione in cui il nuovo
testo battuto si sostituisce al vecchio
(informatica)

139

U

umbrella liability insurance
polizza assicurativa ad ombrello
unappropriated retained
earnings
utili non ripartiti; utili attribuiti a
riserve
unbalanced growth
crescita squilibrata
unbiased estimator
stimatore imparziale
uncollected funds
fondi non riscossi
uncollectible
credito inesigibile
unconsolidated subsidiary
filiale/ affiliata non consolidata
under the counter
sotto banco; clandestinamente
underapplied overhead
spese generali non imputate/non
applicate
undercapitalization
sottocapitalizzazione
underclass
ceto basso
underemployed
sottoccupato
underground economy
economia sommersa
underinsured
sottoassicurato
underline *(computer)*
sottolineare *(informatica)*
underlying debt
debito sottostante
underlying mortgage
ipoteca prioritaria
underlying security
titolo sottostante
underpay
pagare male; pagare poco; retribuire in
maniera insufficiente
undervalued
sottovalutato
underwriter
sottoscrittore; firmatario;
sottoscrittore di titoli; socio di società
finanziaria

underwriting spread
differenziale di emissione
undiscounted
non scontato
undivided interest
interesse indiviso
undivided profit
utile non ripartito
undue influence
ingerenza indebita; captazione
unearned discount
sconto non guadagnato
unearned income
(revenue)
reddito da capitale; rendita; reddito
indiretto; reddito non lavorativo
unearned increment
plusvalore; plusvalenza; maggior
valore
unearned interest
risconto di interesse
unearned premium
rimborso premi su polizze disdette
unemployable
inutilizzabile; inservibile; non
impiegabile
unemployed labor force
forza lavoro disoccupata/ non
impiegata
unemployment
disoccupazione
unencumbered property
proprietà non gravata da ipoteca/
senza gravami
unexpired cost
costo a utilizzazione pluriennale
unfair competition
concorrenza sleale
unfavorable balance of trade
bilancia commerciale sfavorevole
unfreeze
scongelare; sbloccare (prezzi, valori,
ecc.)
unified estate and gift tax
imposta generale di successione e
donazione
unilateral contract
contratto unilaterale

unimproved property
proprietà non migliorata
unincorporated association
associazione non riconosciuta
unique impairment
disabilità/ minorazione unica
unissued stock
azioni non emesse
unit
unità; stabilimento; fabbrica; azienda;
unità produttiva; gruppo; complesso;
unità di misura
unit of trading
unità di contrattazione; quantità
minima negoziabile (borsa)
unitary elasticity
elasticità unitaria
unit-labor cost
costo della manodopera per unità
prodotta
units-of-production method
metodo in base alle unità prodotte
unity of command
unità di commando
universal life insurance
assicurazione sulla vita universale
universal product code   (UPC)
codice universale di prodotto
unlisted security
titolo non quotato
unloading
scarico; scaricamento
unoccupancy
non abitato; assenza di persone in una
proprietà per almeno 60 giorni
consecutivi
unpaid dividend
dividendo non corrisposto
unrealized profit (loss)
profitto (perdita) non realizzato
unrecorded deed
scrittura non registrata
unrecoverable *(computer)*
irrecuperabile *(informatica)*
unrecovered cost
costo non ammortizzato
unsecured debt
debito allo scoperto; debito
chirografario
unwind a trade
annullare/cancellare: (operazione
finanziaria che annulla un'altra
operazione preesistente)
up front
in anticipo

up tick
scambio avvenuto ad un prezzo
superiore al precedente
update *(computer)*
aggiornamento; attualizzare
v. aggiornare *(informatica)*
upgrade *(computer)*
miglioramento
v. migliorare *(informatica)*
upgrade software *(computer)*
software migliorato *(informatica)*
upgrading
miglioramento
upkeep
mantenimento; sostentamento;
manutenzione
upload *(computer)*
caricare
upper case letter *(computer)*
lettere maiuscole *(informatica)*
upright format *(computer)*
formato verticale *(informatica)*
upside potential
potenziale al rialzo
upswing
incremento; ripresa; sbalzo; rialzo;
espansione
uptrend
fase di rialzo; tendenza al rialzo
upwardly mobile
che tende alla promozione sociale
urban
urbano; cittadino
urban renewal
risanamento edilizio
useful life
vita utile; durata (di macchinari)
user *(computer)*
utente; utilizzatore *(informatica)*
user authorization *(computer)*
autorizzazione utente *(informatica)*
user manual *(computer)*
manuale utente *(informatica)*
usufructuary right
diritto di usufrutto
usury
usura; strozzinaggio
utility
servizio pubblico; impresa pubblica
utility easement
diritto di uso per un servizio
pubblico
utility program *(computer)*
programma di utilità
(informatica)

V

vacancy rate
tasso/indice di disoccupazione
tasso di posti vacanti/ disponibili (si
riferisce a immobili liberi)
vacant
vacante; libero; disponibile; non
occupato; vuoto
vacant land
terreno non utilizzato
vacate
lasciare vuoto; lasciare libero; liberare;
sgombrare
valid
valido; valevole; fondato
valuable consideration
a titolo oneroso; dietro corrispettivo
valuable papers (records)
insurance
assicurazione su carte valori (registri)
valuation
valutazione; perizia; stima
value date
data della valuta; giorno di valuta
value in exchange
valore di scambio; controvalore
value line investment survey
pubblicazione che offre
periodicamente una classifica dei
migliori investimenti
value-added tax
imposta sul valore aggiunto (IVA)
variable
variabile
variable annuity
rendita variabile
variable cost
costo variabile
variable interest rate
tasso di interesse variabile
variable life insurance
assicuracurazione sulla vita il cui
rendimento è collegato ad una gestione
separata/variabile
variable pricing
determinazione del prezzo variabile
variable-rate mortgage
(VRM)
ipoteca a tasso variabile

variables sampling
campionamento per variabili
variance
variazione; diversità; differenza;
varianza (quadrato dello scarto
quadratico medio)
variety store
negozio di generi vari
velocity
velocità; rapidità
vendee
compratore; acquirente
vendor
venditore; fornitore
vendor's lien
privilegio del venditore; vendita con
garanzia
venture
affare rischioso; impresa rischiosa;
rischio; azzardo
v. azzardare; rischiare; mettere in
pericolo
venture capital
capitale di rischio; capitale che
finanzia nuove iniziative
venture team
gruppo aziendale che elabora i piani di
sviluppo
testuale
vertical analysis
analisi verticale
vertical discount
sconto verticale
vertical management structure
struttura organizzativa verticale
vertical promotion
promozione verticale
vertical specialization
specializzazione verticale
vertical union
sindacato verticale
vested interest
interesse costituito; interesse
derivante da situazioni di
privilegio
vesting
acquisizione di diritto al
pensionamento/alla pensione

vicarious liability
responsabilità vicaria
vice-president
vicepresidente
video conference *(computer)*
videoconferenza *(informatica)*
video graphics board *(computer)*
scheda videografica *(informatica)*
violation
violazione; infrazione; trasgressione
virtual memory *(computer)*
memoria virtuale *(informatica)*
visual interface *(computer)*
interfaccia visuale *(informatica)*
vocational guidance
orientamento professionale
voice mail *(computer)*
audiomessaggeria *(informatica)*
voice recognition *(computer)*
riconoscimento della voce
(informatica)
voidable
annullabile; invalidabile risolubile
volatile
volatile; volubile; incostante; mutevole
volume
volume; quantità; massa; capacità;

libro; volume
volume discount
sconto sul quantitativo
volume merchandise
  allowance
sconto sul quantitativo del fabbricante
a rivenditori e grossisti
voluntary accumulation plan
piano volontario di capitalizzazione
voluntary bankruptcy
fallimento su istanza del fallito;
fallimento volontario
voluntary conveyance
cessione a titolo gratuito
voluntary lien
pegno volontario
voting right
diritto di voto
voting stock
azioni con diritto di voto
voting trust certificate
fiduciario di voto
voucher
garante; mallevadore; avallante
ricevuta; quietanza; scontrino
voucher register
registro delle ricevute

W

wage
salario; paga; retribuzione;
remunerazione; stipendio
wage assignment
privilegio sul reddito
wage bracket
scala salariale; scaglione salariale
wage ceiling
tetto salariale
wage control
controllo dei salari
wage floor
retribuzione minima garantita; paga
base
wage freeze
congelamento salariale; blocco dei
salari
wage incentive
incentivo sul salario; cottimo
wage rate
paga base; retribuzione tabellare
wage scale
scala retributiva; tabella base salariale
wage stabilization
stabilizzazione salariale; equilibrio
salariale
wage-push inflation
inflazione causata da aumenti
salariali
waiver
rinuncia; abbandono; recessione
walkout
sciopero spontaneo; abbandono del
posto di lavoro
wallflower
azione di cattiva qualità
wallpaper *(computer)*
carta da parati *(informatica)*
ware
merce; mercanzia; manufatti
warehouse
emporio; negozio all'ingrosso;
deposito; magazzino
warm boot *(computer)*
avvio a caldo *(informatica)*
warm start
ripresa automatica del funzionamento;
avviamento a caldo

warranty
garanzia; attestato
warranty deed
atto di garanzia; impegno di
indennizzo
warranty of habitability
garanzia di abitabilità
warranty of merchantability
garanzia di commerciabilità
wash sale
vendita fittizia di titoli (tendente a
provocare variazioni nei corsi di borsa)
waste
spreco; consumo; sciupio; sperpero;
rifiuti; scarti; landa; terra incolta;
distesa desolata; danni; danneggiamenti
(in locazioni)
wasting asset
cespite ammortizzabile
watch list
lista di controllo; elenco di banche,
società finanziarie o titoli posti sotto
osservazione da operatori o istituzioni
finanziarie
watered stock
sopravvalutazione delle giacenze di
magazzino
waybill
lettera di vettura; nota di spedizione;
elenco delle merci spedite
weak market
mercato fiacco
weakest link theory
teoria dell'anello debole
wear and tear
logorio; usura; deterioramento
wearout factor
fattore di deprezzamento; fattore di
deterioramento
web browser *(computer)*
programma di navigazione;
programma per navigare in internet
(informatica)
web server *(computer)*
servente web; computer collegato
fisicamente ad una rete *(informatica)*
welfare state
stato sociale; stato assistenziale

when issued
quando emesso
whipsaw
falso segnale rialzista
white goods
elettrodomestici
white knight
"cavaliere bianco"; "principe azzurro"
(colui che offre di più in caso di
rilevamento aziendale)
white paper
libro bianco: è una pubblicazione che
nasce da una ricerca effettuata da
un'organizzazione,
un'amministrazione, un'azienda su un
determinato tema o problema,
riflettendone quindi le opinioni e gli
orientamenti
whole life insurance
assicurazione sulla vita intera
whole loan
mutuo a cessione completa
wholesaler
commerciante all'ingrosso; grossista
widget
aggeggio; oggetto; cosa; macchina;
congegno
widow-and-orphan stock
azioni da vedove: vengono definiti
così, in gergo, quei titoli azionari che
generalmente offrono elevati dividendi
a basso rischio
wildcat drilling
trivellazione di pozzi esplorativi
wildcat strike
sciopero selvaggio
will
volontà; volere; testamento
windfall profit
guadagno inatteso; guadagno
accidentale
winding up
liquidazione; scioglimento; conclusione
window *(computer)*
finestra *(informatica)*
window dressing
cosmesi di bilancio; alterazione del
bilancio
windows application *(computer)*
applicazione windows *(informatica)*
wipeout
cancellare; eliminare completamente
wire house
commissionaria di borsa: società

d'intermediazione con una rete d'uffici
collegati fra di loro da un sistema di
comunicazione
withdrawal
ritiro; ritirata; prelievo; prelevamento
withdrawal plan
piano di ritiro
withholding
ritenuta; trattenuta; detrazione;
deduzione
withholding tax
ritenuta d'acconto; ritenuta in acconto
d'imposta
without recourse
senza ricorso; senza rivalsa (detto di
titolo girato senza responsabilità del
cedente)
wizard *(computer)*
assistente *(informatica)*
word processing *(computer)*
processamento dei testi *(informatica)*
word wrapping *(computer)*
a capo automatico *(informatica)*
work force
forze di lavoro
work in progress
lavoro in corso; lavoro in fase di
attuazione
work order
commessa; buono di lavorazione
work permit
permesso di lavoro
work simplification
semplificazione del lavoro
work station
posto di lavoro
work stoppage
interruzione del lavoro
work week
settimana lavorativa
working capital
capitale d'esercizio; capitale liquido;
attivo circolante
workload
carico di lavoro
workout
ristrutturazione: operazione di riassetto
di una situazione aziendale o finanziaria
in dissesto
worksheet
foglio di programmazione; foglio di
marcia del lavoro
worksheet *(computer)*
foglio di programmazione *(informatica)*

World Bank
Banca Mondiale
world wide web (www) *(computer)*
ragnatela mondiale: rete di risorse di
informazioni, basata sull'infrastruttura
di internet *(informatica)*
worm *(computer)*
verme: sono programmi simili ai virus
che si riproducono e si copiano di file
in file e di sistema in sistema usando le
risorse di quest'ultimo e talvolta
rallentandolo; la differenza dai virus è
che mentre loro usano i file per
duplicarsi, i vermi usano i networks
worth
valore ; pregio; merito
wraparound mortgage
mutuo ipotecario di secondo grado
wraparound type *(computer)*
tipologia di avvolgimento
(processamento automatico)
(informatica)

writ
mandato; decreto; ordine;
ordinanza
writ of error
ricorso contro mandato per errore;
mandato di revisione
write error *(computer)*
errore di scrittura *(informatica)*
write-protected *(computer)*
protezione della scrittura;
interdizione di scrittura
(informatica)
writer
scrittore; scrivente; sottoscritto;
estensore
write-up
aggiornare; rivalutare; aumentare il
valore nominale
writing naked
vendita scoperta
written-down value
valore svalutato; valore netto

XYZ

x-coordinate *(computer)*
asse delle x; ascissa *(informatica)*
y-coordinate *(computer)*
asse delle y; coordinata y *(informatica)*
year-end
fine esercizio
year-end dividend
dividendo di fine anno
year-to-date (YTD)
dall'apertura dell'esercizio alla data
attuale; il periodo che intercorre fra il
primo gennaio dell'anno in corso e la
data odierna
yellow dog contract
contratto di lavoro che proibisce ai
dipendenti di fare parte di qualsiasi
sindacato
yellow goods
prodotti che il consumatore compra o
sostituisce raramente ma che
richiedono assistenza
yellow sheets
fogli gialli
yield
risultato; rendimento; resa;
prodotto; produzione; rendita; reddito;
gettito
yield curve
curva dei rendimenti
yield equivalence
rendimento equivalente
yield spread
differenziale di rendimento
yield to average life
rendimento sulla vita media
yield to call
rendimento al rimborso

yo-yo stock
azione yoyo
titolo azionario che presenta
caratteristiche di variabilità spiccate, il
cui prezzo quindi oscilla anche
violentemente in aumento o in
diminuzione
z score
punteggio z
zero coupon bond
obbligazione a cedola zero;
obbligazione a interesse anticipato
(emessa sotto la pari)
zero economic growth
sviluppo economico zero
zero lot line
posizionamento di una struttura nel
confine della proprietà
zero population growth (ZPG)
tasso di incremento della popolazione
pari a zero
zero-base budgeting (ZBB)
budget a base zero
zero-sum game
gioco di somma zero
zone of employment
area di lavoro
zoning
suddivisione in zone; piano regolatore;
zonizzazione; determinazione delle
zone di vendita
zoning map
piano di zonizzazione
zoning ordinance
ordinanza sulla zonizzazione
zoom function *(computer)*
funzione zoom; funzione di messa a
fuoco *(informatica)*

Italian into English

A

a breve termine
short term
a capo automatico
(informatica)
word wrapping (computer)
a domicilio
house to house
a ricerca intensiva
research intensive
a rischio
at risk
a scopo speculativo
on speculation (on spec)
a titolo oneroso
valuable consideration
abbandono
abandonment
abbraccio dell'orso
bear hug
abbuoni e sconti passivi
over-and-short
abbuono consentito
scalage
abbuono di
distribuzione
distribution allowance
abbuono su merci
merchandise allowance
abilità manuale
manual skill
abolizione della
egolamentazione
deregulation
abortire v. (informatica)
abort (computer)
abrogare
abrogate
abrogazione
rescission
accantonamento al fondo
ammortamento
allowance for depreciation
accaparramento
cornering the market
acceleratore
accelerator
accelerazione
acceleration

accertamento
assessment
accertamento (in rettifica) di
deficit
assessment of deficiency
accertare
assess
accesso (informatica)
access (computer)
accesso a distanza/remoto
(informatica)
remote access (computer)
accesso commutato
dial-up
accesso diretto
direct access
accettazione
acceptance
accettazione bancaria
banker's acceptance
accettazione commerciale
trade acceptance
accettazione su campionatura
acceptance sampling
acconto
advance
accordo
agreement
accordo acquisto-vendita
buy-sell agreement
accordo di compravendita
buy-and-sell agreement
accordo di occupazione
limitata
limited occupancy agreement
accordo di riacquisto
repurchase agreement
(REPO; RP)
accordo finale
closing agreement
accordo integrativo
supplemental agreement
accordo pensionistico a
diverse età
multiple retirement ages
accordo sindacale di non
scioperare
no-strike clause

accrescimento
accretion
accusato
defendant
acquirente
buyer
acquirente
shopper
acquirente di opzioni
option holder
acquirente di spazi pubblicitari
media buyer
acquirente in buona fede
bona fides purchaser
acquirente locale (per dettaglianti consorziati)
resident buyer
acquisizione
acquisition
acquisizione con indebitamento
leveraged buyout (LBO)
acquisizione di diritto al pensionamento
vesting
acquistare in blocco
lump-sum purchase
acquisti con margine
buying on margin
acquisti multipli
multibuyer
acquisti netti
net purchases
acquisto
purchase
acquisto di spazi pubblicitari
media buy
acquisto di titoli a ricopertura
short covering
acquisto o alloggio senza discriminazione
open housing
acquisto speciale
special purchase
acro
acre
ad infinitum
ad infinitum
ad intensità di capitale
capital intensive
ad valorem
ad valorem
adattamento
shakedown

adattamento stagionale
seasonal adjustment
adatto
appropriate
addebito
debit
addestramento della sensibilità
sensitivity training
addetto al controllo del ricevimento delle merci
receiving clerk
addetto alla locazione dei guasti
troubleshooter
addolcimento
sweetener
addormentato
sleeper
adempimento
fulfillment
affare
business
affare rischioso
venture
affidavit
affidavit
affitto
rent, tenancy
affitto netto
net lease
affitto di terreno
ground lease, ground rent
affitto economico
economic rent
affitto grazioso
rent-free period
affitto indicizzato
index lease
affitto mese per mese
month-to-month tenancy
affitto rivalutato
reappraisal lease
affitto stabilito per contratto
contract rent
affitto-base
base rent
affittuario
lessee
agenda occulta
hidden agenda

agente
agent
agente delle imposte
assessor
agente di borsa
stockbroker
agente di vendita
selling agent
agente immobiliare
realtor
agente incaricato del
trasferimento di titoli
transfer agent
agente speciale
special agent
agenzia
agency
agenzia di cambio illegale
bucket shop
agenzia di collocamento
employment agency
agenzia di informazioni
commerciali
mercantile agency
agenzia di servizi
service bureau
agevolazione
concession
agevolazioni a favore dei
dipendenti
employee benefits
aggeggio
widget
aggiornamento dei
dati(informatica)
data maintenance (computer)
aggiornamento processore
(informatica)
processor upgrade (computer)
aggiornamento
(informatica)
update (computer)
aggiornare
write-up
aggiudicazione
adjudication
agglomeramento
agglomeration
aggregazione di mercato
market aggregation
aiuto caposquadra
straw boss
al giorno
per diem

al largo
offshore
al vivo
bleed
albero delle decisioni
decision tree
alienazione
alienation
alimentatore foglio a foglio
(informatica)
sheet feeder (computer)
alimentazione a catena
chain feeding
alimenti
alimony
aliquota d'imposta
tax rate
aliquota d'imposta effettiva
effective tax rate
aliquota d'imposta marginale
marginal tax rate
aliquota d'imposta media
average tax rate
aliquota del premio
premium rate
all'attenzione di
attention line
alla pari
at par
allargamento
expansion
allegato
attachment
allentamento monetario
easy money
allineamento a sinistra/ a destra
(informatica)
flush (left/right) (computer)
allineamento dei prezzi
price lining
allocazione delle risorse
allocation of resources
allodiale
allodial
alta risoluzione (informatica)
high resolution (computer)
alta tecnologia
high technology
alta velocità (informatica)
high-speed (computer)
alterato (informatica)
corrupted (computer)
alto livello di abilità
skill intensive

alto livello di conoscenza
knowledge intensive
ambito del controllo
span of control
ambito lavorativo
scope of employment
amenità
amenities
ammanco
shortfall
ammassare
amass
amministrare
administer, manage
amministratore
administrator
amministratore dei sistemi
(informatica)
system administrator *(computer)*
amministratore dell'ufficio
office management
amministratore di rete
(informatica)
network administrator *(computer)*
amministratore
trustee
amministrazione archivistica
records management
amministrazione controllata
receivership
amministrazione dei materiali
materials management
amministrazione del lavoro a
squadre
team management
amministrazione della proprietà
property management
ammontare complessivo
gross amount
ammortamento
amortization
ammortamento a quote dimezzate
double declining balance
ammortamento accelerato
accelerated depreciation
ammortamento aggiuntivo per il
primo anno (tasso)
additional first-year depreciation (tax)
ammortamento correggibile
curable depreciation
ammortamento degli investimenti
capital consumption allowance
ammortamento del primo anno
first-year depreciation

ammortamento irreparabile
incurable depreciation
ammortamento negativo
negative amortization
analisi
analysis
analisi dei cluster
cluster analyst
analisi dei costi
cost accounting
analisi dei costi di
distribuzione
distribution cost analysis
analisi dei rapporti
ratio analysis
analisi del fallimento
failure analysis
analisi del mercato
market analysis
analisi del punto di
equilibrio
break-even analysis
analisi dell'anno base
base-year analysis
analisi della variazione
analysis of variance
(ANOVA)
analisi delle serie temporali
time series analysis
analisi di equilibrio generale
general equilibrium analysis
analisi di equilibrio parziale
partial-equilibrium analysis
analisi di fondo
fundamental analysis
analisi di genere
gender analysis
analisi di regressione
regression analysis
analisi differenziale
differential analysis
analisi economica
economic analysis
analisi fattoriale
factor analysis
analisi incrementale
incremental analysis
analisi occupazionale
occupational analysis
analisi orizzontale
horizontal analysis
analisi preventiva della
convenienza dei costi
cost-benefit analysis

analisi qualitativa
qualitative analysis
analisi quantitativa
quantitative analysis
analisi statica
static analysis
analisi tecnica
technical analysis
analisi valutativa della gestione
management audit
analisi verticale
vertical analysis
analista
analysts
analista delle vendite
sales analyst
analista di credito
credit analyst
analista finanziario
securities analyst
analizzatore
(informatica)
scanner *(computer)*
andamento aleatorio
random walk
andamento
trend
andare corto
going short
andare lungo
going long
animare *(informatica)*
animate *(computer)*
annessione
annexation
annesso
appurtenant
anno d'esercizio
natural business year
anno di calendario
calendar year
anno fiscale
taxable year
annualità
annuity, level-payment income
stream
annualità anticipata
annuity in advance
annualità arretrata
annuity in arrears
annualità dovuta
annuity due
annualità fissa
fixed annuity

annualità ibrida
hybrid annuity
annualità ordinaria
ordinary annuity
annualità per coniugi
joint and survivor annuity
annullabile
voidable
annullare
unwind a trade
annuncio pubblicitario "civetta"
teaser ad
annuncio pubblicitario a
pagamento
tombstone ad
anticipo
front money
antiriflettente
(informatica)
nonglare *(computer)*
aperto
open-end
apertura
opening
appaltatore libero
independent contractor
apparecchi per protezione di
assegni
check protector
apparecchiatura
equipment
apparecchiatura *(informatica)*
hardware *(computer)*
appartamento cooperativo
cooperative apartment
appello generico
generic appeal
addendum
addendum
applet (piccolo programma)
(informatica)
applet *(computer)*
applicazione windows
(informatica)
windows application *(computer)*
apprezzamento
appreciation
apprezzare
appreciate
appropriazione indebita
embezzlement,
defalcation
approssimazione del reddito
income approach

appunti *(informatica)*
clipboard *(computer)*
arbitraggio
arbitrage
arbitraggio di rischi
risk arbitrage
arbitraggio fiscale
tax straddle
arbitrato
arbitration
arbitrato coercitivo
compulsory arbitration
arbitro
arbitrator, referee
arbitro legale
arbiter
archivio di destinazione
(informatica)
target file *(computer)*
archivio di destinazione (rete)
(informatica)
destination file (network) *(computer)*
archivio di sicurezza *(informatica)*
backup file *(computer)*
archivio di stato
public record
archivio protetto *(informatica)*
protected file *(computer)*
archivio pubblico *(informatica)*
public file *(computer)*
archivio sequenziale *(informatica)*
batch file *(computer)*
archivio video *(informatica)*
image file *(computer)*
area affittabile
rentable area
area colpita
impacted area
area comune
common area
area di lavoro
zone of employment
area di mercato
market area
area di parcheggio
roundhouse
area mercato primario
primary market area
area minima di lotto
minimum lot area
area netta affittabile
net leasable area
argent-de-poche
spending money

arresto *(informatica)*
shut down *(computer)*
arretrati
arrears
arretrato
arrearage
arruolamento
recruitment
articolo "civetta"
loss leader
articolo di preferenza fiscale
tax preference item
articolo non monetario
nonmonetary item
asincrono
asynchronous
asse delle x *(informatica)*
x-coordinate *(computer)*
asse delle y
(informatica)
y-coordinate *(computer)*
assegnare
assign
assegnatario
assignee
assegnazione
assignment
assegno a copertura
garantita
certified check
assegno a terzi
third-party check
assegno bancario certificato
registered check
assegno d'invalidità
disability benefit
assegno di cassa
cashier's check
assegno interno
internal check
assegno paga
paycheck
assemblaggio
assemblage
assemblea annuale
annual meeting
assenteismo
absenteeism
asserzione
allegation
assicurabilità
insurability
assicurabilità garantita
guaranteed insurability

assicurare
insure
assicurato
insured, policy holder
assicuratore
insurer
assicurazione
insurance
assicurazione annuale
rinnovabile
annual renewable term insurance
assicurazione collettiva contro le
malattie
group health insurance
assicurazione collettiva per
invalidità
group disability insurance
assicurazione collettiva sui
crediti
group credit insurance
assicurazione collettiva sulla vita
group life insurance
assicurazione commerciale sulla
salute
commercial health insurance
assicurazione contro falso
depositante
depositors forgery insurance
assicurazione contro gli incendi
fire insurance
assicurazione contro il rischio
pioggia
rain insurance
assicurazione contro le inondazioni
flood insurance
assicurazione contro rischi
imprevisti
hazard insurance
assicurazione contro sinistri
casualty insurance
assicurazione di esecuzione
completa
completed operations insurance
assicurazione di pianta della
casa
floor plan insurance
assicurazione di portafoglio
portfolio insurance
assicurazione di recupero per
invalidità
disability buy-out insurance
assicurazione di reddito
sull'invalidità
disability income insurance

assicurazione di responsabilità
civile
liability insurance
assicurazione di responsabilità
civile generale
general liability insurance
assicurazione di spedizione
consignment insurance
assicurazione generale
blanket insurance
assicurazione multi-rischio
multiple-peril insurance
assicurazione obbligatoria
compulsory insurance
assicurazione partecipante
participating insurance
assicurazione privata sui mutui
ipotecari
private mortgage insurance
assicurazione su carte valori
(registri)
valuable papers (records) insurance
assicurazione su perdite di reddito
loss of income insurance
assicurazione su una proprietà
affittata
leasehold insurance
assicurazione sui crediti
commerciali
commercial credit insurance
assicurazione sui miglioramenti e
le ristrutturazioni
improvements and betterments
insurance
assicurazione sui mutui
ipotecari
mortgage insurance
assicurazione sul carico
cargo insurance
assicurazione sul nolo
freight insurance
assicurazione
sull'apparecchiatura per
elaborazione dati
data processing insurance
assicurazione sulla fedeltà dei
dipendenti
fidelity bond
assicurazione sulla vita a premio
unico
single premium life insurance
assicurazione sulla vita
indicizzata
indexed life insurance

assicurazione sulla vita
individuale
individual life insurance
assicurazione sulla vita
intera
whole life insurance
assicurazione sulla vita
modificata
modified life insurance
assicurazione sulla vita
temporaneamente
convertibile
convertible term life insurance
assicurazione sulla vita
universale
universal life insurance
assicurazioni miste
comprehensive insurance
assimilazione
assimilation
assistente *(informatica)*
wizard, help wizard *(computer)*
assistente digitale
personale *(informatica)*
personal digital assistant (PDA)
(computer)
assistenza
servicing
assistenza ipotecaria
mortgage servicing
assistito da elaboratore
(informatica)
computer-aided
(computer)
associazione
association
associazione comunitaria
community association
associazione di risparmiatori
thrift institution
associazione di servizi
service club
associazione federale delle casse di
risparmio
Federal Savings And Loan
Association
associazione fiduciaria
immobiliare
land trust
associazione non riconosciuta
unincorporated association
associazione proprietari
immobiliari
homeowner's association

associazioni collegate alla marca
brand association
assorbito
absorbed
assortimento
inventory
assunzione corrente di
assicurazione totale sulla vita
current assumption whole life
insurance
assunzione di ipoteca
mortgage assumption
asta al ribasso
Dutch auction
asta competitive
competitive bid
asta non competitiva
noncompetitive bid
asta o vendita all'asta
auction or auction sale
asterisco *(informatica)*
asterisk *(computer)*
attendibilità
reliability
attenuazione esponenziale
exponential smoothing
attenzione
attention
attestare
attest
attestato del parere dei
revisori
auditor's certificate
attestato di partecipazione
participation certificate
attivare *(informatica)*
activate *(computer)*
attivare un archivio
(informatica)
activate a file *(computer)*
attivare una macro *(informatica)*
activate a macro *(computer)*
attività a lungo termine
noncurrent asset
attività corrente
current asset
attività correnti nette
net quick assets
attività illegale
racket
attività occulta
hidden asset
attività passive
passive activities

attività promozionale
merchandising
attività promozionale
automatica
automatic merchandising
attivo circolante
net current assets
atto
deed
atto ab intestato
administrator's deed
atto comprovante la proprietà
muniments of title
atto costitutivo di società
certificate of incorporation
atto di donazione
gift deed
atto di fallimento
act of bankruptcy
atto di garanzia generale
general warranty deed
atto di garanzia speciale
special warranty deed
atto di garanzia
warranty deed
atto di rinuncia
quitclaim deed
atto di sfratto
dispossess proceedings
atto fiduciario; atto di
fedecommesso
trust deed
atto illecito
tort
attore
litigant
attrito
attrition
attuario
actuary
audiomessaggeria
(informatica)
voice mail (computer)
aumento della contingenza
cost-of-living adjustment
(COLA)
aumento di capitale
capital improvement
aumento nei prezzi d'asta
puffing
aumento salariale per merito
merit increase
autenticare
notarize

autenticazione
authentication
autenticazione di firma
guarantee of signature
autoassicurazione
self insurance
automobile dell'impressa
company car
autorità espressa
express authority
autorità fittizia
apparent authority
autorità frammentata
splintered authority
autorità funzionale
functional authority
autorità inferita
inferred authority
autorizzazione a operare
trading authorization
autorizzazione utente (informatica)
user authorization (computer)
autotrasportatore
common carrier
autotrasporti
motor freight
avallante
guarantor
avanzato
forward
avoirdupois
avoirdupois
avulsion
avulsion
avvenimenti sconnessi
disjoint events
avversario
adversary
avversione al rischio
risk aversion
avviamento
start-up
avviamento commerciale
goodwill
avvio a caldo (informatica)
warm boot (computer)
avviso di mancato adempimento
notice of default
avviso di scadenza
expiration notice
avviso di sciopero
strike notice
avviso statutario
statutory notice

avvocato
counsel
azienda orientata alla produzione
production-oriented organization
azione
share
azione di alta quotazione
hot stock
azione di azienda ad alta
tecnologia
high-tech stock
azione di cattiva qualità
wallflower
azione di richiamo
glamour stock
azione frazionata
fractional share
azione legale amichevole
friendly suit
azione legale derivativa degli
azionisti
stockholder's derivative action
azione massime consentite
authorized shares or authorized stock
azione ordinaria
common stock
azione petitoria
interpleader
azione privilegiata
preferred stock
azione privilegiata prioritaria
prior-preferred stock
azione senza diritto di voto
nonvoting stock
azione senza valore nominale
no-par stock
azione yoyo
yo-yo stock

azioni autorizzate
shares authorized
azioni cicliche
cyclical stock
azioni classe B
class action B shares
azioni classificate
classified stock
azioni con diritto di
voto
voting stock
azioni da vedove
widow-and-orphan stock
azioni donate
donated stock
azioni nominali
letter stock
azioni non emesse
unissued stock
azioni privilegiate di secondo
grado
second-preferred stock
azioni privilegiate nella
partecipazione
participating preferred stock
azioni quotate in
centesimi
penny stock
azionista
shareholder
azionista avente diritto
holder of record
azionista di maggioranza
majority shareholder
azionista di riferimento
principal stock holder
azionista registrato
stockholder of record

B

bacheca elettronica
bulletin board system (BBS)
back haul
back haul
bagarino
scalper
banca
bank
banca agente
paying agent
banca associata
member bank
banca centrale
central bank
banca commerciale
commercial bank
banca dati di impieghi
job bank
banca della riserva federale
Federal Reserve Bank
banca di credito agricolo
land bank
banca incaricata
fiscal agent
banca internazionale per la
ricostruzione e lo sviluppo
International Bank for Reconstruction
and Development
banca mercantile
merchant bank
Banca Mondiale
World Bank
banca non aderente al federal
reserve system
nonmember bank
banca per gli investimenti
investment banker
banca per l'esportazione e
l'importazione
Export-Import Bank (EXIMBANK)
banca rurale
soil bank
banconote
soft money
baratto
barter
barometro
barometer

barra
bar
barra dei compiti *(informatica)*
task bar *(computer)*
barra dei simboli
(informatica)
symbol bar *(computer)*
barra dei titoli *(informatica)*
title bar *(computer)*
barra di stato *(informatica)*
status bar *(computer)*
barra menù *(informatica)*
menu bar *(computer)*
barra obliqua inversa
(informatica)
backslash *(computer)*
barra strumenti
(informatica)
tool bar *(computer)*
barriera commerciale
trade barrier
base
basis
base annuale
annual basis
base aumentata
stepped-up basis
base aurea
gold standard
base corretta o base imponibile
corretta
adjusted basis or adjusted tax
basis
base d'imposta
tax base
base dati in linea
on-line data base
base di dati
database
base di indice
index basis
base economica
economic base
base post-tassazione
after-tax basis
bassa risoluzione
(informatica)
low resolution *(computer)*

bassa tecnologia
low-tech
battaglia delle deleghe
proxy fight
battistrada
pacesetter
battuta d'arresto
setback
baud
baud
bene
asset
bene mobile
chattel
bene reale
tangible asset
benefici assegnati
allocated benefits
benefici da
prepensionamento
early retirement benefits
benefici dell'impresa
company benefits
benefici fissi
fixed benefits
beneficiario
annuitant, beneficiary,
payee
beneficio
benefit
benestare positivo
positive confirmation
beni arancioni
orange goods
beni di consumo
consumer goods
beni di investimento molto
costosi
big-ticket items
beni di lusso
specialty goods
beni durevoli
hard goods
beni e servizi
goods and services
beni immateriali
intangible asset
beni immobili
real property, real estate
beni immobili
ammortizzabili
depreciable real estate
beni non durevoli
nondurable goods

beni strumentali
capital goods, producer goods,
beta di portafoglio
portfolio beta score
biannuale
biannual
biennale
biennial
bilanci comparati
comparative financial statements
bilancia commerciale
balance of trade
bilancia commerciale attiva
favorable trade balance
bilancia commerciale
sfavorevole
unfavorable balance of trade
bilancia dei pagamenti
balance of payments
bilancio
balance
bilancio annuale
annual report, balance sheet
bilancio consolidato
consolidated financial statement
bilancio di previsione
budget
bilancio di verifica
trial balance
bilancio di verifica dopo la
chiusura
post closing trial balance
bilancio e conto economico
financial statement
bilancio preventivo delle
spese
expense budget
blocchetto di matrici
checkstub
blocco
block
blocco dei fitti
rent control
boicottaggio
boycott
boicottaggio per solidarietà
secondary boycott
boicottaggio primario
primary boycott
bolla di entrata merci
receiving record
bollettino d'informazioni
finanziarie
market letter

bollettino
bulletin
bollino premio
trading stamp
boom delle nascite
baby boomers
borsa di Wall Street
big board
borsa valori americana
American Stock Exchange
(AMEX)
borsa
stock exchange
brevetto
patent
brevetto in corso di
registrazione
patent pending
brevetto per invenzione
patent of invention
bruciatore *(informatica)*
CD-burner *(computer)*
brusca caduta
slump
budget a base zero
zero-base budgeting (ZBB)

budget degli investimenti
capital budget
budget flessibile
flexible budget
budget statico
static budget
buona consegna
good delivery
buona fede
good faith
buono (commessa) di
lavorazione
job order
buono d'ordine
order paper
buono del tesoro
savings bond
burocrate
bureaucrat
busta pre-indirizzata con
affrancatura prepagata
business reply envelope
bustarella
payola
buy down
buy down

C

cablato *(informatica)*
hardwired *(computer)*
cacciatore di offerte
bargain hunter
cache *(informatica)*
cache *(computer)*
calcolatore
computer
calcolatore centrale *(informatica)*
host computer *(computer)*
calcolatore di bordo *(informatica)*
onboard computer *(computer)*
calcolatore palmare *(informatica)*
palmtop *(computer)*
calcolo
reckoning
calcolo dei prezzi a termine
forward pricing
calo d'inventario
   (diminuzione)
inventory shortage (shrinkage)
cambiale
bill of exchange
cambio
exchange
cambio contabile
accounting change
cambio di clausola beneficiaria
change of beneficiary provision
cambio di pagina *(informatica)*
page break *(computer)*
cambio di pagina forzato
   (informatica)
forced page break *(computer)*
campagna corporativa
corporate campaign
campionamento
sampling
campionamento a blocchi
block sampling
campionamento a grappoli
cluster sampling
campionamento di scoperta
discovery sampling
campionamento per attributi
attribute sampling
campionamento per variabili
variables sampling

campionamento sistematico
systematic sampling
campionamento statistico
statistical sampling
campione casuale
random sample
campione a grappoli
cluster sample
campione aleatorio stratificato
stratified random sampling
campione orientativo
judgment sample
campione stratificato
quota sample
campo di entrata *(informatica)*
input field *(computer)*
campo di tabella *(informatica)*
table field *(computer)*
canale di distribuzione
channel of distribution
canale di vendita
channel of sales
canasta familiare
market basket
cancellare
cancel, wipeout
cancellazione *(informatica)*
erase *(computer)*
cancelleria
chancery
candidato
nominee
canone di affitto
rental rate
capacità
capacity
capacità d'installazione
faculty installation
capacità di finanziamento in titoli
borrowing power of securities
capacità ideale
ideal capacity
capacità massima
maximum capacity
capacità ottimale
optimum capacity
capacità pratica
practical capacity

caparra
binder, earnest money
capitale
capital
capitale azionario
capital stock
capitale azionario in circolazione
outstanding capital stock
capitale circolante negativo
negative working capital
capitale d'esercizio
working capital
capitale di lavoro
sweat equity
capitale di rischio
venture capital
capitale svalutato
impaired capital
capitale versato
paid-in capital
capitalismo
capitalism
capitalismo assoluto
pure capitalism
capitalizzare
capitalize
capitalizzazione complessiva
total capitalization
capofamiglia
breadwinner, head of household
capogruppo informale
informal leader
capoverso *(informatica)*
indent *(computer)*
capovolgimento
reversal
carattere tipografico
(informatica)
character, typeface *(computer)*
carattere tipografico minuscolo
(informatica)
lower case character/letter
(computer)
caratteristiche della chiamata
call feature
carica di direttore o di
amministratore
directorate
caricare
upload *(computer)*
carico
charge, lading
carico di lavoro
workload

carico utile
payload
carro cisterna
tank car
carta
charter
carta commerciale
commercial paper
carta da parati *(informatica)*
wallpaper *(computer)*
carta di credito
credit card
carta geografica
map
carta moneta
paper money
carta primaria
prime paper
cartellino di istruzioni
job ticket
cartellino di presenza
time card
cartello
cartel
cartello di materie prime
commodities cartel
cartello internazionale
international cartel
cartolina con risposta
pagata
business reply card
cartuccia di toner
(per stampante)
(informatica)
toner cartridge *(computer)*
casa
house
casa aperta
open house
casa colonica
homestead
casa madre
parent company
casella degli strumenti
(informatica)
tool box *(computer)*
cassa
cash, till
cassa integrazione per lavoro
precedente
past service benefit
cassetta postale
(informatica)
mailbox *(computer)*

cassiere
cashier
catasto
cadastre
categoria dei redditi
income group
catena (di negozi) associati
affiliated chain
catena di commando
chain of command
catena di montaggio
assembly line
cattiva amministrazione
mismanagement
causa di azione legale
cause of action
causa di difesa contro
assicurato
defense of suit against insured
causa di forza maggiore
act of God
causa prossima
procuring cause
cauzione
surety bond
cauzione d'ingiunzione
injuction bond
cauzione generale
commerciale
commercial blanket bond
cauzione giudiziaria
judicial bond
cauzione in caso di ricorso in
appello
appeal bond
cauzione per concorrere a una
licitazione
bid bond
cauzione di arbitraggio
arbitrage bond
cavallo di Troia
trojan horse (computer)
cedente
assignor
cedola a lunga scadenza
long coupon
cella attiva (informatica)
active cell (computer)
cella vuota (informatica)
blank cell (computer)
censura
censure
centrale di acquisti
central buying

centralizzazione
centralization
centro aperto
open shop
centro città
inner city
centro commerciale
mall
centro degli affair città
central business district (CBD)
centro degli affari
enterprise zone
centro di pagamento
cost center
centro di profitto
profit center
certificato azionario
stock certificate
certificato d'uso
certificate of use
certificato d'inventario
inventory certificate
certificato dell'amministratore
giudiziario
receiver's certificate
certificato di abitabilità
certificate of occupancy
certificato di deposito
certificate of deposit (CD)
certificato di deposito a lungo
termine
term certificate
certificato di deposito jumbo
jumbo certificate of deposit
certificato di partecipazione a un
conto fiduciario
trust certificate
certificato di preclusione giuridica
estoppel certificate
certificato di proprietà
certificate of title
certificato di riduzione
reduction certificate
certificato garantito da ipoteca
mortgage-backed certificate
certificato negoziabile di
deposito
negotiable certificate of deposit
certificazione
certification
cespite ammortizzabile
wasting asset
cessazione di un piano
discontinuance of plan

cessione a titolo gratuito
voluntary conveyance
cessione contratto d'affitto
assignment of lease
cestino *(informatica)*
recycle bin *(computer)*
ceto basso
underclass
chartista
chartist
chiamata
call
chiaro
clear
chiavi in mano
turnkey
chiesto
asked
chiusura
close
chiusura della tastiera
(informatica)
shift lock *(computer)*
chiusura forzata
close out
chiusura temporanea
shutdown
ciberspazio *(informatica)*
cyberspace *(computer)*
ciclo
loop
ciclo amministrativo
management cycle
ciclo contabile
accounting cycle
ciclo dell'onda lunga di
Kondratieff
long-wave cycle
ciclo di fatturazione
billing cycle
ciclo di vita
life cycle
ciclo di vita del prodotto
product life cycle
ciclo di vita dell'investimento
investment life cycle
ciclo di vita familiare
family life cycle
ciclo economico
business cycle
ciclo operativo
operating cycle
cifra
cipher

cifra di controllo
check digit
cifratura
encryption
cifre cancellate
digits deleted
cima
peak
circolazione argentea
silver standard
circostanze attenuanti
extenuating circumstances
circuito economizzatore
(informatica)
screen saver *(computer)*
circuito integrato
integrated circuit
citazione
garnishment
citazione in giudizio
summons
città satellite
new town
classe
class
classificazione
classification
classificazione delle funzioni
job classification
clausola
clause
clausola abilitante
enabling clause
clausola addizionale
rider
clausola condizionale
proviso
clausola contestabile
contestable clause
clausola del "nonno"
grandfather clause
clausola del suicidio
suicide clause
clausola del valore di mercato
market value clause
clausola dell'acquisto successivo
after-acquired clause
clausola di abbandono
abandonment clause
clausola di assicurazione
other insurance clause
clausola di avviso di
cancellazione
notice of cancellation clause

clausola di caducità
sunset provision
clausola di crollo di fabbricato
fallen building clause
clausola di decadenza
dell'accantonamento
cancellation provision clause
clausola di disastro comune
common disaster clause
clausola di disdetta
cancellation clause
clausola di esonero
hold harmless clause
clausola di esplosione inerente
inherent explosion clause
clausola di inalterabilità
nondisturbance clause
clausola di incontestabilità
incontestable clause
clausola di insolvenza
insolvency clause
clausola di non concorrenza
covenant not to compete
clausola di pagamento a vista
due-on-sale clause
clausola di riapertura
reopener clause
clausola di scadenza anticipata
acceleration clause
clausola di scala mobile
escalator clause
clausola di sopravvivenza
survivorship clause
clausola di sospensione delle tasse
tax stop
clausola limitativa delle spese
dell'inquilino
stop clause
clausole
terms
clausole di esonero di
responsabilità
hold-harmless agreements
clausole standardizzate
boilerplate
cliente
client, customer
cliente che compra con carta di
credito
charge buyer
club di investimenti
investment club
coassicurazione
coinsurance

coda d'attesa *(informatica)*
queue *(computer)*
codebitore ipotecario
co-mortgagor
codice
code
codice a barre
bar code
codice del pacco
package code
codice delle abitazioni
housing code
codice di etica professionale
code oh ethics
codice universale di
prodotto
universal product code (UPC)
codicillo
codicil
codificazione
encoding
codificazione dei conti
coding of accounts
coefficiente "beta"
beta coefficient
coefficiente di correlazione
correlation coefficient
coefficiente di
determinazione
coefficient of determination
coefficiente di liquidità
cash ratio
coefficiente di valutazione
assessment ratio
cofirmare
cosign
cointeressenza consorziata
pooling of interests
collega
colleague
collegamento
link
collegamento a margherita
daisy chain
collegamento in parallelo
(informatica)
parallel connection *(computer)*
collocamento occupazionale
job placement
collusione
collusion
colonna da tabella
(informatica)
table column *(computer)*

colpevolezza
delinquency
colpo di fortuna
killing
combinazioni
combinations
comitato esecutivo
executive committee
commerciabile
merchantable
commerciale
commercial
commercializzazione
marketing
commercializzazione
incrociata
cross merchandising
commercializzazione senza
intermediari
direct marketing
commerciante
dealer
commerciante all'ingrosso
wholesaler
commercio
trade
commercio libero
fair trade
commessa
work order
commissionaria di borsa
wire house
commissionato
on order
commissione
commission, load
commissione di credito
loan committee
commissione di entrata
front-end load
commissione di mediazione
brokerage allowance
commissione di sicurezza
safety commission
commissione di vigilanza sulla
borsa
Securities and Exchange Commission
(SEC)
commissione divisa
split commission
commutazione telefonica
telephone switching
compagnia
company

compagnia di assicurazione
insurance company
compagnia di assicurazione di
valori
stock insurance company
compagnia di spedizioni
forwarding company
compagnia federale
d'assicurazione sui depositi
Federal Deposit Insurance Corporation
(FDIC)
compartecipazione del lavoro
job sharing
compartecipazione differita
deferred profit-sharing
compensazione
offset
compensazione equa
just compensation
compenso
compensation, recompense, setoff
compenso differito
deferred compensation
comperare
buy
competenza accessoria
executive perquisites
compiacente
compliant
compilatore
compiler
complessivo
gross
complesso industriale militare
military-industrial complex
componente
component part
comportamento affettivo
affective behavior
comportamento del
consumatore
consumer behavior
comportamento dell'acquirente
buyer behavior
comportamento organizzativo
organizational behaviour
composizione
composition
composizione assicurativa
insurance settlement
compratore di una sola volta
one-time buyer
compratore
vendee

compressione degli utili
profit squeeze
comprimere
compress
comprimere (i dati)
(informatica)
compress (computer)
computer portabile (informatica)
notebook computer (computer)
computer tascabile
(informatica)
pocket computer (computer)
computo
tally
comunicazione di massa
mass communication
comunicazione satellitare
satellite communication
comunione dei beni
community property
comunismo
communism
Comunità Economica Europea
European Economic Community (EOC)
con diritto d'opzione
cum rights
con dividendo
cum dividend
con warrant
cum warrant
concedente
grantor
concentrazione bancaria
concentration banking
concentrazione d'aziende
business combination
concessionario
grantee, licensee
concessione
allowance, grant, license
concessione governativa
franchise
concetto di marketing
marketing concept
conciliatore
conciliator
conciliazione
conciliation
concludere
sign off
concorrente
competitor
concorrenza
competition

concorrenza perfetta
perfect competition
concorrenza pura
pure competition
concorrenza sleale
unfair competition
concorso delle interdipendenze
strutturali
interindustry competition
concorso di colpa
contributory negligence
condanna
condemnation
condizione risolutiva
defeasance
condizione risolutoria
condition subsequent
condizione sospensiva
condition precedent
condizioni di affari
business conditions
conferenza telefonica
conference call
conferma
confirmation
conferma di versamento
cash acknowledgement
configurazione (informatica)
format (computer)
confine di proprietà
lot line
confini e limiti
metes and bounds
conflitto di interessi
conflict of interest
confrontabili
comparables
confusione
confusion
confusione dei fondi
commingling of funds
congedo autorizzato
leave of absence
congelamento salariale
wage freeze
congiuntamente e
separatamente
jointly and severally
conglomerato
conglomerate
congruenza di obiettivi
goal congruence
coniatura
mintage

connessione di alimentazione
(informatica)
power connection (compter)
conoscenza di fatti segreti
privity
conoscenza tecnologica
know-how
consegna della merce
taking delivery
consegna espressa
special delivery
consegna immediata
spot delivery month
consegna parziale
partial delivery
consegna regolare (borsa)
regular-way delivery (and settlement)
consegna
delivery
consegnatario
consignee
conservatore
conservative
conservatorismo
conservatism
considerazione
consideration
consiglio del Federal Reserve
System
Federal Reserve Board (FRB)
consiglio di amministrazione
board of directors
consistenza
consistency
consistenze patrimoniali
shareholder's equity, stockholder's
equity
consolidamento
fixation, funding
consolidatore
consolidator
consorzio
consortium, pool, syndicate
consulente
consultant
consulente finanziario
investment counsel
consulente in
organizzazione
management consultant
consumatore
consumer
consumatore industriale
industrial consumer

consumismo
consumerism
contabile
bookkeeper
contabilità a costi pieni
absorption costing
contabilità a partita semplice
single-entry bookkeeping
contabilità basata sul flusso dei
fondi
fund accounting
contabilità dei costi di
sostituzione
replacement cost accounting
contabilità di ente senza scopo di
lucro
nonprofit accounting
contabilità di risorse umane
human resource accounting
contabilità direzionale
managerial accounting
contabilità finanziaria
financial accounting
contabilità in partita doppia
double-entry accounting
contabilizzazione degli effetti
inflazionistici
inflation accounting
contabilizzazione dei costi
cost records
contenimento dei costi
cost containment
contenuto di fibra di cotone
rag content
contiguo
adjoining
contingente di importazione
import quota
continuazione del programma di
perforazione
developmental drilling program
continuità
continuity
conto
account
conto a margine
margin account
conto ad alto interesse
super now account
conto aperto
open account
conto aperto presso un
negozio
revolving charge account

conto assicurato
insured account
conto attivo
accounts receivable
conto capitale
capital account
conto chiuso
closed account
conto commerciale
house account
conto congelato
frozen account
conto congiunto
joint account
conto corrente
drawing account
conto dei profitti e delle perdite
profit and loss statement (P&L)
conto di contropartita
contra-asset account
conto di custodia
custodial account
conto di imposte e prestiti
tax and loan account
conto di riserva
impound account
conto differito
deferred account
conto economico
income statement
conto entrate
income accounts
conto fiduciario
trust account
conto gestito
managed account
conto nominale
nominal account
conto numerario
real account
conto patrimoniale dei proprietari
immobiliari
homeowner's equity account
conto pensione individuale
autoamministrato
self-directed IRA
conto provvisorio
suspense account
conto riepilogativo
closing statement
conto sintetico
control account
conto spese
expense account

contraffazione
forgery, counterfeit
contrasto *(informatica)*
contrast *(computer)*
contrattazione alle grida
open outcry
contrattazione collettiva
collective bargaining
contratti valutari a termine
currency futures
contratto
contract
contratto a prezzo fisso
fixed-price contract
contratto a termine
forward contract
contratto agricolo
land contract
contratto aleatorio
aleatory contract
contratto assicurativo di
adesione
adhesion insurance contract
contratto bilaterale
indenture
contratto collettivo di lavoro
labor agreement
contratto condizionato
conditional contract
contratto d'impiego
employment contract
contratto di adesione
adhesion contract
contratto di assicurazione
insurance contract
contratto di compravendita
agreement of sale
contratto di fatto implicito
implied in fact contract
contratto di gerenza
management agreement
contratto di guardiano
guardian deed
contratto di indennizzo
contract of indemnity
contratto di locazione primario
primary lease
contratto di petrolio e gas
oil and gas lease
contratto di prestito
immobiliare
building loan agreement
contratto di reddito garantito
guaranteed income contract (GIC)

contratto di vendita
sales contract
contratto fiduciario
deed of trust
contratto formale
express contract
contratto implicito
implied contract
contratto multiplo
blanket contract
contratto non esclusivo di vendita
immobiliaria
open listing
contratto per consegna a
termine futures contract
contratto per i servizi
residenziali
residential service contract
contratto per l'acquisto
rateale
installment contract
contratto sinallagmatico
bilateral contract
contratto stipulato
executed contract
contratto unilaterale
unilateral contract
contratto verbale
oral contract
contrazione
contraction
contrazione della liquidità
draining reserves
contribuente
taxpayer
contributi dei dipendenti
employee contributions
contributo
contribution
contributo di capitale in
eccedenza a valore
nominale
capital contributed in excess of par
value
contribuzione netta
net contribution
controfferta
counteroffer
controllo
check, control
controllo dei salari
wage control
controllo del mercato
jawboning

controllo della produzione
production control
controllo delle ipotesi
hypothesis testing
controllo delle scorte tramite
riserve
reserve-stock control
controllo di linea
line control
controllo di magazzino
inventory control
controllo di parità
parity check
controllo di qualità
quality control
controllo interno
internal control
controllo merce
merchandise control
controllo operativo
operational control
controllo particolare
testcheck
controllo saltuario
spot check
controllo selettivo di credito
selective credit control
controllo valutario
exchange control
controllore
comptroller, controller
contrordine
countermand
controrichiesta
counterclaim
controversia
litigation
conurbazione
metropolitan area
convenuto
respondent
conversione
conversion
conversione al sistema
metrico
metrication
conversione involontaria
involuntary conversion
convertibili
convertibles
cooperativa
co-op
cooperativo
cooperative

copertura
cover
copertura al ribasso
average down
copertura assicurativa
dependent coverage, insurance coverage
copertura completa
full coverage
copertura dei dividendi privilegiati
preferred dividend coverage
copertura estesa
extended coverage
copertura oneri fissi
fixed-charge coverage
copia conforme
conformed copy
copia di sicurezza *(informatica)*
back up *(computer)*
copia di sicurezza di archivio *(informatica)*
file backup *(computer)*
copiatura doppia *(informatica)*
duplex copying *(computer)*
corpo
corpus
corporale
corporeal
corporazione
corporation
corporazione di fatto
de facto corporation
correggere
amend
correlazione negativa
negative correlation
corrente
current
corresponsione non salariale
fringe benefits
correzione
correction, retroactive adjustment
corriere
inland carrier
corrispondente
correspondent
corrispondente ipotecario
mortgage correspondent
corrispondenza commerciale di risposta
business reply mail
corsa
run

corso sul mercato libero
open-market rates
corte d'appello
appellate court (appeals court)
cosmesi di bilancio
window dressing
costante
constant
costante ipotecaria
mortgage constant
costi controllabili
controllable costs
costi generali assorbiti
applied overhead
costi semivariabili
semivariable costs
costituzione
incorporation
costo
cost, CIF
costo a utilizzazione pluriennale
unexpired cost
costo approssimato
cost approach
costo base
cost basis
costo comune a imputazione diretta
direct overhead
costo congiunto del prodotto
joint product cost
costo corrente
current cost
costo d'acquisto
acquisition cost
costo dei manufatti
cost of goods manufactured
costo del capitale
cost of capital
costo del periodo
period cost
costo dell'opportunità
opportunity cost
costo della manodopera per unità prodotta
unit-labor cost
costo della transazione
transaction cost
costo delle merci vendute
cost of goods sold
costo deprezzato; costo svalutato
depreciated cost
costo di emissione
flotation (floatation) cost

costo di mantenimento negativo
negative carry
costo di origine
original cost
costo di rimpiazzo
replacement cost
costo di riproduzione
reproduction cost
costo di trasformazione
conversion cost
costo di trasporto
cost of carry
costo differito
deferred charge
costo diretto
direct cost
costo discrezionale
discretionary cost
costo e nolo
c&f
costo effettivo
historical cost
costo figurativo
imputed cost
costo fisso
fixed cost
costo fisso di produzione
factory overhead
costo fisso medio
average fixed cost
costo fuori sede
off-site cost
costo indiretto
indirect cost
costo industriale
manufacturing cost
costo marginale
marginal cost
costo medio
average cost
costo netto
net cost
costo non ammortizzato
unrecovered cost
costo per mancante in magazzino
stockout cost
costo per servizio precedente
prior service cost
costo privato
private cost
costo reale
actual cost
costo standard
standard cost

costo variabile
variable cost
costoso
pricey
costrizione
duress
covarianza
covariance
credito
credit
credito a rata costante
constant- payment loan
credito al consumatore
retail credit
credito alto
high credit
credito commerciale
trade credit
credito d'imposta
tax credit
credito d'imposta energetico
energy tax credit
credito differito
deferred credit
credito fiscale
tax lien
credito inesigibile
bad debt, uncollectible
credito per l'assistenza
all'infanzia e ai dipendenti
child and dependent care credit
credito per l'energia
residenziale
residential energy credit
credito per pensione posticipata
deferred retirement credit
credito privilegiato
senior debt
credito provvisorio
bridge loan
creditore
creditor
creditore giudiziario
judgment creditor
creditore ipotecario
mortgagee
crescita economica
economic growth
crescita squilibrata
unbalanced growth
criterio del beneficio
benefit principle
criterio di cassa
cash basis

crollo
crash
crollo dei prezzi dei
  titoli
sell-off
crumiro
scab, strikebreaker
cuneo fiscale
tax wedge
curatore fallimentare
trustee in bankruptcy
cursore
  (informatica)
cursor (computer)
curva a j
j-curve
curva dei rendimenti
yield curve
curva dei rendimenti
  invertita
inverted yield curve

curva dei rendimenti
  positiva
positive yield curve
curva del costo marginale
marginal cost curve
curva dell'offerta di lavoro
backward-bending supply curve
curva della domanda
demand curve
curva delle possibilità
  produttive
production-possibility curve
curva di Phillips
Phillips' curve
cuscinetto per mouse
  (informatica)
mouse pad (computer)
custode
custodian
custodia
custody, safekeeping

D

dall'apertura dell'esercizio alla
data attuale
year-to-date (YTD)
danneggiamento
malicious mischief
danni
damages
danni casuali
incidental damages
danni effettivi
actual damages
danni liquidati
liquidated damages
danni per separazione
severance damages
danni punitivi
punitive damages
danni simbolici
nominal damages
danno irreparabile
irreparable damage
dare a garanzia
collateralize
data della transazione
trade date
data della valuta
value date
data di consegna
delivery date
data di emissione
date of issue
data di entrata in
vigore
effective date
data di offerta
offering date
data di pagamento
payment date
data di registrazione
date of record
data di regolamento
settlement date
data di scadenza
maturity date
data di scadenza visibile
open dating
data di vendita
on-sale date

data limite
deadline
datazione
dating
dati di serie temporali
time series data
dati non elaborati
raw data
dati
data
dato demografico
demographics
dato statistico
statistic
datore di lavoro
employer
debiti da pagare
payables
debito
accounts payable, debt
debito a breve termine
short-term debt, short-term
liability
debito allo scoperto
unsecured debt
debito consolidato
funded debt
debito corrente
floating debt
debito effettivo
effective debt
debito ipotecario
mortgage debt
debito liquidato
liquidated debt
debito nazionale
lordo
gross national debt
debito obbligazionario
bonded debt
debito privilegiato
secured debt
debito pro-capite
per-capita debt
debito sottostante
underlying debt
debito subordinato
subordinate debt

debitore
debtor
debitore ipotecario
mortgagor
debitore riconosciuto da
   tribunale
judgment debtor
decadenza
lapse
decentramento
decentralization
deciframento *(informatica)*
decryption *(computer)*
decollo
takeoff
decreto sui redditi
revenue ruling
dedica
dedication
dedicato all'oro
goldbug
deducibilità dei contributi degli
   impiegati
deductibility of employee contributions
deduzione
deduction
deduzione impositiva
   matrimoniale
marital deduction
deduzione standard
standard deduction
deduzioni dettagliate
itemized deductions
deferimento
referral
deficienza
deficiency
deficit della bilancia
   commerciale
trade deficit
deficit
deficit
deficit federale
federal deficit
definizione d'immagine
(informatica)
image definition *(computer)*
definizione di cella
   (informatica)
cell definition
(computer)
deflazione
deflation, disinflation

deindustrializzazione
deindustrialization
delegato alle trattative
bargaining agent
delegato
delegate
delegazione sindacale
bargaining unit
delinquente
delinquent
demanio
public domain
demolizione
demolition
demonetizzazione
demonetization
demoralizzare
demoralize
denaro
money
denaro a corso forzoso
inconvertible money
denaro accantonato per uno scopo
   preciso
appropriated expenditure
denaro altrui
other people's money
denaro buono
good money
denaro e lettera
bid and asked
denaro in contanti
hard cash
denaro scarso
tight money
denaro seminato
seed money
denominazione
denomination
densità
density
denuncia dei redditi
income tax return
denuncia dei redditi
   consolidata
consolidated fax return
depennamento
delisting
deperibile
perishable
depositario garante
bailee
deposito
deposit

deposito a termine
time deposit
deposito a vista
demand deposit
deposito cauzionale
license bond, security deposit
deposito di beni in
garanzia
bailment
deposito di buona fede
good-faith deposit
deposito in stanza
deposit in transit
deposizione
deposition
depressione
depression
deprezzamento
debasement
descrizione
description
descrizione dei compiti
job description
designazione speciale
special assignment
destituzione
dismissal
detentore in buona fede
holder in due course
deterioramento normale
normal wear and tear
determinazione degli obiettivi
goal setting
determinazione dei prezzi di
prestigio
prestige pricing
determinazione dei tempi di
mercato
market timing
determinazione dei valori
tariffari
rate setting
determinazione del prezzo
leader pricing
determinazione del prezzo
variabile
variable pricing
determinazione del reddito
medio
income averaging
detrazione d'imposta
tax deduction
detrazione ipotecaria
mortgage relief

di chiusura
closing
di depositario
factorial
diagramma a colonne sovrapposte
(informatica)
stacked column chart (computer)
diagramma a ragnatela
(informatica)
spider chart (computer)
diagramma ad albero
tree diagram
diagramma delle operazioni
flowchart
diagramma di dispersione
scatter diagram
diagramma di tendenza
(informatica)
trend chart (computer)
diagramma logico (informatica)
logic diagram (computer)
diario
diary
dichiarare
declare
dichiarazione
declaration, statement
dichiarazione a priori
a priori statement
dichiarazione d'impatto
ambientale
environmental impact statement (EIS)
dichiarazione degli utili non
distribuiti
retained earnings statement
dichiarazione di assunzione in
amministrazione fiduciaria
declaration of trust
dichiarazione di età errata
misstatement of age
dichiarazione di reddito fisso
fixed income statement
dichiarazione erronea
misrepresentation
dichiarazione fiscale congiunta
joint return
dichiarazione fraudolenta
fraudulent misrepresentation
dichiarazione stimata delle tasse
declaration of estimated tax
difesa
pleading
difetto nel titolo di proprietà
title defect

difettoso
defective
diffamazione
slander
differenza a credito
credit balance
differenza permanente
permanent difference
differenziale
spread
differenziale di emissione
underwriting spread
differenziale di rendimento
yield spread
diluizione
dilution
diminuzione (dell'aliquota
fiscale)
degression
diminuzione di prezzo
markdown
dipartimento delle relazioni con
gli investitori
investor relations department
dipartimento
department
dipendente
dependent
diplomazia
diplomacy
direttore
director, manager
direttore del servizio
merchandising
merchandising director
direttore delle operazioni
Chief Operating Officer (COO)
direttore di filiale
branch office manager
direttore di marca
brand manager
direttore di marketing
marketing director
direttore esterno
outside director
direttore finanziario
Chief Financial Officer (CFO)
direttore generale
Chief Executive Officer
(CEO)
direzione
management
direzione di prima linea
first-line management

direzione per eccezioni
management by exception
diritti di opzione
preemptive rights
diritti di recesso
appraisal rights
diritti di trasferimento
transfer development rights
diritti di un beneficiario
beneficial interest
diritti speciali di prelievo
special drawing rights (SDR)
diritti sullo spazio sopra una
proprietà
air rights
diritto
claim
diritto allo sfruttamento
minerario
mineral rights
diritto amministrativo
administrative law
diritto cedibile
marketable title
diritto commerciale
commercial law, mercantile
law
diritto consuetudinario
common law
diritto di commutazione
commutation right
diritto di dominio
eminent domain
diritto di opzione
subscription privilege
diritto di passaggio
access right
diritto di precedenza
right-of-way
diritto di prelazione
right of first refusal
diritto di proprietà
property rights
diritto di
reinvestimento
reinvestment privilege
diritto di rescissione
right of rescission
diritto di restituzione
right of return
diritto di reversibilità
right of survivorship
diritto di riscatto
equity of redemption

diritto di ritenzione
mechanic's lien
diritto di sottoscrizione
subscription right
diritto di terzi
lien
diritto di uso per un servizio
pubblico
utility easement
diritto di usufrutto
usufructuary right
diritto di voto
voting right
diritto inoppugnabile
good title
diritto internazionale
international law
diritto ipotecario
judgment lien
diritto privato
civil law
diritto reale
proprietary interest
diritto stabilito dalla legge
legal right
disabilità unica
unique impairment
disavanzo inflazionistico
inflationary gap
discendente
downscale
disco (informatica)
disk (computer)
disco rigido (informatica)
hard disk (computer)
discrepanza
discrepancy
discrezione
discretion
discriminazione
discrimination
discriminazione per età
age discrimination
disdetta di locazione
notice to quit
diseconomie
diseconomies
diseconomie di
agglomerazione
agglomeration diseconomies
disegno del pacco
package design
disintermediazione
disintermediation

disoccupazione
unemployment
disoccupazione ciclica
cyclical unemployment
disoccupazione forzata
involuntary unemployment
disoccupazione frizionale
frictional unemployment
disoccupazione
tecnologica
technological unemployment
disonore
deshonor
disponibilità di capitale
money supply
disposizione testamentaria
devise
disposizioni per l'utilizzo del
credito
credit requirements
dissequestro di beni mobili
replevin
dissimulazione
concealment
dissoluzione
dissolution
distinta di imballaggio
packing list
distribuire equamente
prorate
distributore
distributor
distribuzione
distribution
distribuzione aperta
open distribution
distribuzione di poisson
poisson distribution
distribuzione equa
equitable distribution
distribuzione globale
lumpsum distribution
distribuzione limitata
limited distribution
distribuzione primaria
primary distribution
distribuzione secondaria
secondary distribution
distribuzione selettiva
selective distribution
ditta
firm
diversificazione
diversification

dividendi da pagare
dividends payable
dividendi in denaro liquido
cash dividend
dividendi non distribuiti
accumulated dividend
dividendi richiesti
dividend requirement
dividendo
dividend
dividendo cumulativo
cumulative dividend
dividendo di fine anno
year-end dividend
dividendo di liquidazione
liquidation dividend
dividendo e rimborso su apporto commerciale
patronage dividend and rebate
dividendo extra
extra dividend
dividendo illegale
illegal dividend
dividendo in azioni
stock dividend
dividendo non corrisposto
unpaid dividend
dividendo non dichiarato
passed dividend
dividendo omesso
omitted dividend
dividendo privilegiato
preferred dividend
dividendo straordinario
extraordinary dividends
divisa
foreign exchange
divisione
partition
divisione dei redditi
income splitting
divisione del lavoro
division of labor
divisione del tempo
time-sharing
documentazione
documentation
documenti esterni
external documents
documento comprovante la cancellazione dell'ipoteca
satisfaction piece
documento provvisorio
scrip

dogana
customs
dollari correnti
current dollars
dollari costanti
constant dollars
dollaro forte
hard dollars
domanda
requisition, demand
domanda ciclica
cyclical demand
domanda derivata
derived demand
domanda di mercato
market demand
domanda globale
aggregate demand
domanda primaria
primary demand
domande frequenti *(informatica)*
FAQ (frequently asked questions) *(computer)*
domicilio
domicile
domicilio principale
principal residence
donatore
donor
donatore di fondo
settlor
dono
gift
doppia approssimazione
double precision
doppia paga
double time
doppia tassazione
double taxation
doppio (triplo) risarcimento danni
double (treble) damages
doppio click *(informatica)*
double click *(computer)*
doppio contratto
dual contract
dossier
lock box
dotazione
endowment
dotazione maturata
matured endowment
dote
dowry

dovere	durata presunta della
duty	vita
durata di possesso dell'opzione	life expectancy
holding period	

E

eccedenza agrícola
farm surplus
eccedenza della bilancia
commerciale
trade surplus
eccedenze di capitale
capital surplus
eccessiva emissione di titoli
overissue
eccessivo
overkill
eccesso
spillover
eccesso di carta sul mercato
overhang
eccesso di operatività
overtrading
eccesso di produzione
overproduction
eccezione
demurrer
econometria
econometrics
economia
economics, economy
economia aperta
open economy
economia applicata
applied economics
economia chiusa
closed economy
economia controllata
controlled economy, managed
economy
economia dell'offerta
supply-side economics
economia di mercato
market economy
economia di mercato pura
pure-market economy
economia di scala
economies of scale
economia matura
mature economy
economia mista
mixed economy
economia neoclassica
neoclassical economics

economia normativa
normative economics
economia pianificata
planned economy, command economy
economia sommersa
underground economy
economia tradizionale
traditional economy
economico
economic
economista
economist
economo
thrifty
edilizia in condominio
cluster housing
editare (informatica)
edit (computer)
editoria elettronica
desktop publishing
educazione continua
continuing education
effetto
bill
effetto alone
halo effect
effetto attivo
note receivable
effetto di comodo
accommodation paper
effetto di sostituzione
substitution effect
effetto passivo
note payable
effetto reddito
income effect
efficienza
efficiency
efficienza marginale del
capitale
marginal efficiency of capital
elaborazione di massa (informatica)
batch processing
elaborazione di testi (informatica)
text processing (computer)
elaborazione eseguita in
parallelo
parallel processing

elasticità della domanda e
dell'offerta
elasticity of supply and demand
elasticità di prezzo
price elasticity
elasticità unitaria
unitary elasticity
elementi comuni
common elements
elemento di risparmio
savings element
elemento pixel/ d'immagine
(informatica)
pixel/picture lement *(computer)*
elencazione
listing, scheduling
elenco di compiti *(informatica)*
task list *(computer)*
elenco di controllo
punch list
elenco investimenti autorizzati
legal list
eletto
elect
elettrodomestici
white goods
elezioni a scaglione
staggered election
eliminare *(informatica)*
delete *(computer)*
emancipazione
emancipation
embargo
embargo
emesse e in circolazione
issued and outstanding
emissione e riscossione indebita
di assegni
check-kiting
emissione prevenduta
presold issue
emissione subordinata
junior issue
emittente
issuer, maker
emolumento
fee
emolumento agli
amministratori
management fee
emporio
warehouse
ente legale
legal entity

ente normativo
regulatory agency
ente semi-pubblico (US)
instrumentality
ente semi-pubblico di trasporto
instrumentalities of transportation
entità
entity
entrare nel sistema *(informatica)*
sign on *(computer)*
entrata
accession
entrata (di dati) *(informatica)*
input *(computer)*
entrate diverse
other income
entrate lorde
gross revenue
equazione contabile
accounting equation
equilibrio
equilibrium
equilibrio di mercato
market equilibrium
equità
equity
equivalente di azioni ordinarie
common stock equivalent
equo
equitable
equo affitto/equa locazione di
mercato
fair market rent
equo valore di mercato
fair market value
erede per devoluzione
remainderman
eredi
heirs
eredi e aventi diritto
heirs and assigns
eredità
inheritance
ereditare
inherit
errore
mistake
errore bilaterale
bilateral mistake
errore contabile
accounting error
errore di compensazione (in
contabilità)
compensating error

errore di diritto
mistake of law
errore di scrittura *(informatica)*
write error *(computer)*
errore di trascrizione
clerical error
errore fatale *(informatica)*
fatal error *(computer)*
esame fisico
physical examination
esame medico
medical examination
esame per ottenere la licenza
licensing examination
esaurimento
burnout, depletion
esaurimento di dollari
dollar drain
esborso
disbursement
esclusione
exclusion
esclusione dei dividendi
dividend exclusion
esclusione di rischio
   commerciale
business risk exclusion
esclusioni
exclusions
esecutivo
executive
esecutore testamentario
executor
esecutorio
executory
esecuzione
execution, performance
esecuzione fiscale
tax foreclosure
esecuzione integrale
specific performance
eseguire
execute
eseguito
executed
esenzione
exemption
esenzione di imposta su proprietà
   unifamiliare
homestead tax exemption
esercizio
exercise
esercizio in vendita
put to seller

esigibile
callable
espansione diagonale
diagonal expansion
espansione interna
internal expansion
espansione orizzontale
horizontal expansion
espellere *(informatica)*
eject *(computer)*
esportazione
export
esposizione
exposure
espresso
express
espropriazione parziale
partial taking
esproprio inverso
inverse condemnation
estensibile *(informatica)*
expandable *(computer)*
estensione della linea
line extension
estensione della marca
brand extension
estensione di archivio
   (informatica)
file extension *(computer)*
esternalizzazione
outsourcing
estinguere
redeem
estrapolazione
extrapolation
estratto conto
account statement
estratto del certificato di
   proprietà
abstract of title
estratto del verbale
abstract of record
età della pensione
retirement age
età normale della pensione
normal retirement age
età raggiunta
attained age
eterogeneo
heterogeneous
etica
ethics
etica degli affair
business ethics

etichetta di codice a
  barre *(informatica)*
bar code label *(computer)*
etico
ethical
ettaro
hectare
euristico
heuristic

euro
euro
evasione fiscale
tax evasion
evento successivo
subsequent event
evidenza di proprietà
evidence of title
ex-legale
ex-legal

F

fabbisogno di capitali
capital requirement
fabbrica di montaggio
assembly plant
fabbricante
fabricator
faccenda
concern
faccendiere
lobbyist
facilitazione
facility
facoltà di vendita (fiduciaria)
power of sale
facsimile (fax)
facsimile
fallimento
bankruptcy
fallimento volontario
voluntary bankruptcy
falso segnale rialzista
whipsaw
far denaro
bidding up
fare affari sotto il nome di
doing business as (DBA)
fare l'inventario
taking inventory
fare mercato
make-work
fare mutui
take-out loan, take-out financing
fare una speculazione (borsa)
take a flier
fascicolo
file
fascismo
fascism
fase di rialzo
uptrend
fatica industriale
industrial fatigue
fatto materiale
material fact
fattore di annualità
annuity factor
fattore di annualità Inwood
Inwood annuity factor

**fattore di conversione per
   contributi degli impiegati**
conversion factor for employee
contributions
fattore di   deprezzamento
wearout factor
fattore limitante
constraining factor,
limiting factor
fattore reversibile
reversionary factor
fattori umani
human factors
fattura
invoice
fatturato lordo
gross billing
fatturato
sales revenue
fatturazione ciclica
cycle billing
fatturazione differita
deferred billing
favorito *(informatica)*
bookmark *(computer)*
fedeltà alla marca
brand loyalty
fiasco
turkey
fibra ottica *(informatica)*
optical fiber *(computer)*
fidejussore
sponsor
fiducia legale opponibile a terzi
grantor trust
fiducia
trust
fiduciario
fiduciary
fiduciario di voto
voting trust certificate
fiera campionaria
trade show
FIFO (primo entrato, primo uscito)
first in, first out (FIFO)
fila
array
file ausiliario *(informatica)*
auxiliary file *(computer)*

filiale non consolidata
unconsolidated subsidiary
filtraggio verso il basso
filtering down
finanziamento
financing
finanziamento a vista
demand loan
finanziamento azionario
equity financing
finanziamento commerciale
commercial loan
finanziamento creativo
creative financing
finanziamento del disavanzo
deficit financing
finanziamento delle scorte di
magazzino
inventory financing
finanziamento immobiliare a
breve
construction loan
finanziamento interno
internal financing
finanziamento permanente
permanent financing
finanziamento provvisorio
interim financing
fine esercizio
year-end
fine mese
end of month
finestra *(informatica)*
window *(computer)*
finestra applicativa
(informatica)
application window *(computer)*
fiscale
fiscal
fiscalista
fiscalist
fissazione dei prezzi
price-fixing
fissazione del prezzo
dell'oro
gold fixing
flussi in discesa
downstream
flusso dell'informazione
(informatica)
information flow *(computer)*
flusso di cassa
cash flow
flusso di cassa al netto delle

imposte
after-tax cash flow
flusso di cassa incrementale
incremental cash flow
flusso di cassa negativo
negative cash flow
flusso di cassa prima della
tassazione
before-tax cash flow
flusso di cassa scontato
discounted cash flow
flusso di reddito
income stream
flusso finanziario
flow of funds
fluttuazione
fluctuation
FOB franco a bordo
free on board (FOB)
fogli gialli
yellow sheets
foglio del costo di
commessa
job cost sheet
foglio di calcolo elettronico
spread sheet
foglio di programmazione
(informatica)
worksheet *(computer)*
foglio di programmazione
worksheet
oglio di programmazione alla
sorgente *(informatica)*
source worksheet *(computer)*
foglio paga
payroll
folla
crowd
fondi aggiunti
new money
fondi di finanziamento
capital resource
fondi esterni
external funds
fondi immobiliari
equity REIT
fondi insufficienti
NSF
fondi non riscossi
uncollected funds
fondo
fund, trust, trough
fondo ammortamento
accumulated depreciation

fondo cassa per piccole
spese
imprest fund
fondo comune d'investimento
mobiliare
investment trust
fondo comune di investimento
bilanciato
balanced mutual fund
fondo comune di investimento
chiuso
closed-end mutual fund
fondo con commissioni di entrata
load fund
fondo d'ammortamento
sinking fund
fondo d'investimento complesso
complex trust
fondo d'investimento
testamentario
testamentary trust
fondo di ammortamento
depreciation reserve
fondo di azioni ordinarie
common stock fund
fondo di crescita
growth fund, performance fund
fondo di investimento
mutual fund
fondo di investimento
immobiliare
real estate investment trust
(REIT)
fondo di investimento in oro
gold mutual fund
fondo di piccola cassa
petty cash fund
fondo di ripresa
recovery fund
fondo di riserva
reserve fund
amministrazione generale
fiduciaria
general management trust
fondo fiduciario consorziale
trust fund
fondo fiduciario irrevocabile
irrevocable trust
fondo fiduciario revocabile
revocable trust
fondo fiduciario semplice
simple trust
fondo generale
general fund

fondo indice
index fund
fondo monetario
money market fund
Fondo Monetario Internazionale
(FMI)
International Monetary Fund (IMF)
fondo pensione a finanziamento
anticipato
advanced funded pension plan
fondo pensioni
pension fund, retirement fund
fondo per l'ammodernamento
replacement reserve
fondo per le contravvenienze
contingency fund
fondo rotativo
revolving fund
fondo senza commissioni
no-load fund
fondo superiore
dominant tenement
fondo volontario
living trust
fonte
source
forfait
lump sum
forma breve
short form
forma di proprietà
ownership form
formato di archivio (informatica)
file format (computer)
formato di cella (informatica)
cell format (computer)
formato di immagine (informatica)
picture format (computer)
formato pagina (informatica)
page format (computer)
formato verticale (informatica)
portrait format, upright format
(computer)
formatto orizzontale
(informatica)
landscape (format) (computer)
formazione di capitale
capital formation
formazione pratica sul lavoro
on-the-job training (OJT)
formula di investimento
formula investing
formulari commerciali
commercial forms

fornitore
supplier
fornitore di servizi
internet
internet service provider
fornitura
supply
fornitura eccessiva di
merce
overage
forum di discussione
(informatica)
chat forum
(computer)
forza lavoro disoccupata
unemployed labor
force
forza lavoro specializzata
disponibile
labor pool
forze di lavoro
labor force, work force
franchigia (postale)
frank
franco lungo
bordo
free alongside ship
(FAS)
razionamento
azionario
split

frequenza
frequency
frode
fraud, goldbricking
frode continuata
lapping
frode postale
mail fraud
fuga di capitali
capital nature flight
funzionario addetto ai contatti coi
clienti
account executive
funzione di consumo
consumption function
funzione di linea
line function
funzione zoom (informatica)
zoom function (computer)
fuori bilancio
off the balance sheet
fuori borsa
over the counter
(OTC)
fusione
merger,
statutory merger
fusione orizzontale
horizontal merger
future finanziario
financial future

G

galleggiare
float
gamma *(informatica)*
range *(computer)*
gamma di prodotti
product mix
garante del fondo di garanzia
escrow agent
garante
voucher
garanzia
collateral, guarantee, guaranty, indemnity, security
garanzia di abitabilità
warranty of habitability
garanzia di commerciabilità
warranty of merchantability
garanzia di esecuzione di contratto
completion bond
garanzia di esecuzione di contratto
performance bond
garanzia di manutenzione
maintenance bond
garanzia di pagamento
bail bond, payment bond
garanzia implicita
implied warranty
garanzia passiva
security interest
garanziae di licenza
permit bond
garanzia
warranty
garanzie subordinate
junior lien
generalista
generalist
generatore di numeri casuali
random-number generator
geodemografia
geodemography
gerarchia
hierarchy

gestione del debito annuale
annual debt service
gestione del rischio
risk management
gestione del tempo lavorativo
time management
gestione della crisi
management by crisis
gestione delle risorse umane
human resources management (HRM)
gestione di base di dati
database management
gestione di linea
line management
gestione organizzativa ben controllata
tight ship
gestione per obiettivi
management by objective (MBO)
gestione simulata
management game
gestore di compiti *(informatica)*
task manager *(computer)*
gestore di portafoglio
portfolio manager
giacenze di magazzino
dead stock
gilda
guild
giocatore di borsa
jobber
gioco d'azzardo
gaming
gioco di somma zero
zero-sum game
giornale (registro) delle vendite
sales journal
giornalisti che si occupano di scandali
muckraker
giorno di paga
payday
giorno lavorativo
business day
girante di comodo
accommodation endorser, maker or party

girata
endorsement or indorsement
girata condizionata
qualified endorsement
girata d'esclusione da foglio paga
ordinario
ordinary payroll exclusion endorsement
girata di copertura estesa
extended coverage endorsement
girata inflazionistica
inflation endorsement
giro
circuit, girth
giudizio in contumacia
default judgment
giuria
jury
giurisdizione
jurisdiction
giurisprudenza
jurisprudence
giustificabile
justifiable
giustificativo
exculpatory
giusto rendimento
fair rate of return
gli operai
rank and file
godimento pacifico
quiet enjoyment
grado di affidabilità
confidence level
grado di solvibilità
credit rating
grafica per punti
(informatica)
bit map (computer)
grafico (informatica)
chart (computer)
grafico a colonne
(informatica)
column chart/graph (computer)
grafico a settori
(informatica)
pie chart/graph (computer)
grafico di punto (informatica)
point chart (computer)
grafo (informatica)
graph (computer)

grande depressione (negli anni
trenta)
Great Depression
grande successo
blockbuster
gratifica
gratuity
gratis
gratis
gratuito
gratuitous
gravame ipotecario
mortgage lien
griglia manageriale
managerial grid
gruppo d'interesse
interest group
gruppo d'intervento (marketing)
task force
gruppo di fondi
family of funds
gruppo professionale
occupational group
gruzzolo
nest egg
guadagni reali
real earnings
guadagno
gain
guadagno (perdita) a lungo
termine
long-term gain (loss)
guadagno (perdita) di capitale a
breve termine
short-term capital gain (loss)
guadagno inatteso
windfall profit
guadagno o reddito ordinario
ordinary gain or ordinary income
guadagno riconosciuto
recognized gain
guardiano
guardian
guerra dei brevetti
patent warfare
guerra dei prezzi
price war
guerra tariffaria
tariff war
guida amministrativa
management guide

I

i gioielli della corona
crown jewels
icona
icon
identificatore
tracer
identificazione specifica
specific identification
**identificazioneper aprire una
sessione di collegamento
(informatica)**
login identification
(login ID) (computer)
il bastone e la carota
carrot and stick
il tempo è essenziale
time is the essence
illecito
misdemeanor
illusione monetaria
money illusion
imballaggio ingannevole
deceptive packaging
imballaggio plastico
blister packaging
imballaggio primario
primary package
imbottitura
padding
immagine (informatica)
image (computer)
immagine del prodotto
brand image
**immagine in pixel
(informatica)**
pixel image (computer)
**immobile adibito a uso
commérciale**
commercial property
immobili acquisiti
real estate owned (reo)
immobilizzazioni
capital assets
immobilizzo
fixed asset
**immune alle sentenze di
riscossione**
judgment proof

impatto fiscale
tax impact
impedire
stonewalling
impegno a garanzia
Escrow
**impegno collaterale di secondo
grado**
contigent liability
impegno fermo
firm commitment
impegno ipotecario
mortgage commitment
imperialismo
imperialism
impianto
plant
impiegato
clerk
impiegato in prova
probationary employee
impiegato nel settore servizi
service worker
impiegato pubblico
public employee
impiego strutturale
structural employment
implicito
implied
importazione
import
importo fisso
flat rate
importo principale
principal sum
imposizione
imposition
**imposizione di personale in
eccesso**
featherbedding
imposizione posticipata
tax deferred
impossibilitato a consegnare
fail to deliver
impossibilitato a riceveree
fail to receive
imposta
levy, tax

imposta minima
alternativa
alternative minimum tax
imposta a ruolo
tax roll
imposta decrescente
regressive tax
imposta detraibile
tax deductible
imposta di successione
estate tax, inheritance tax
imposta erariale sui
consumi
excise tax
imposta fissa
flat tax
imposta generale di successione e
donazione
unified estate and gift tax
imposta in franchigia
franchise tax
imposta occulta
hidden tax
imposta patrimoniale
property tax
imposta progressiva
progressive tax
imposta repressiva
repressive tax
imposta stimata
estimated tax
imposta sui sovrappro
fitti
excess profits tax
imposta sul monte
salari
payroll tax
imposta sul reddito
income tax
imposta sul reddito
negativa
negative income tax
imposta sul valore aggiunto
(IVA)
value-added tax
imposta sulle donazioni
gift tax
imposta sulle
entrate
sales tax
impostazione
posting
imposte maturate
accrued taxes

imprenditore
contractor, entrepreneur
imprenditore generale
general contractor
impresa
enterprise
impresa congiunta
joint venture
impresa costituente
constituent company
impresa diversificata
diversified company
impresa in fase di sviluppo
development stage enterprise
impresa individuale
sole proprietorship
impresa non associata
nonmember firm
improduttivo
nonproductive
in anticipo
up front
in apertura
at the opening
in buona fede
bona fides
in chiusura
at the close
in eccesso
over (short)
in linea (informatica)
on-line (computer)
in perpetuo
in perpetuity
in sospeso
outstanding
inaccessibile (informatica)
irretrievable (computer)
inadempienza
default
inadempimento
nonperformance
inadempimento del contratto
breach of contract
inavvertitamente
inadvertently
incapacità
incapacity
incarico di perito
survivorship
incassi
returns
incasso
take

incentivi sulla forza vendita
push incentives
incentivo di denaro
push money (PM)
incentivo di vendita
sales incentive
incentivo fiscale
tax incentive
incentivo per reclutamento
recruitment bonus
incentivo sul salario
wage incentive
iinceppamento carta
(informatica)
paper jam *(computer)*
incertezza apparente su un
diritto
cloud on title
incidente *(informatica)*
crash *(computer)*
incidenza fiscale
tax incidence
inclinazione alla sostituzione
substitution slope
includere *(informatica)*
embed *(computer)*
incompatibile *(informatica)*
incompatible *(computer)*
incompetente
incompetent
incontro di pensieri che si
incontrano
meeting of the minds
incorporare
merge
incorporato
incorporate
incremento della produzione
speedup
incremento mensile
dell'interesse
monthly compounding of interest
incremento salariale differito
deferred wage increase
incremento
upswing
incrociato
cross
indagine
survey
indagine sui precedenti
background investigation
indebitamento a lungo termine
long-term debt

indennità di anzianità
longevity pay
indennità di buonuscita
golden parachute
indennità di licenzamento
severance pay
indennità in caso di morte
death benefit
indennizzo
refund
indennizzo totale (limite globale)
aggregate indemnity (aggregate limit)
indicatore delle tendenze
bellwether
indicatori delle aspettative degli
investitori
sentiment indicators
indicatori di tendenza
leading indicators
indicatori economici
economic indicators
indice
index
indice amministrativo
management ratio
indice dei prezzi
price index
indice dei prezzi al consumo
consumer price index (CPI)
indice del gruppo prescelto
target group index (TGI)
indice di aiuto *(informatica)*
help index *(computer)*
indice di aumento del mercato
market development index
indice di liquidità immediata
quick ratio
indice di mercato
market index
indice di potenzialità del marchio
brand potential index (BPI)
indice di sviluppo del marchio
brand development index (BDI)
indice inferiore (posto in basso)
(informatica)
subscript *(computer)*
indice superiore *(informatica)*
superscript *(computer)*
indicizzato
floater
indicizzazione
indexation
indigente
pauper

indipendente
self employed
indipendenza
independence
indirizzamento mediante
indice
indexing
indirizzo IP
internet protocol (IP) address
industria
industry
industria a conduzione
familiare
cottage industry
industria ciclica
cyclical industry
industria controllata
regulated industry
industria essenziale
essential industry
industria in declino
sunset industry
industria nascente
infant industry argument
industria pesante
heavy industry, smokestack industry
industriale
industrial, industrialist
industrie estrattive
extractive industry
inefficienza nel mercato
inefficiency in the market
inferenza statistica
inferential statistics
infisso
fixture
inflazione
inflation
inflazione a due cifre
double-digit inflation
inflazione causata da aumenti
salariali
wage-push inflation
inflazione da costi
cost-push inflation
inflazione dovuta all'incremento
della domanda
demand-pull inflation
inflazione galoppante
galloping inflation
inflazione occulta
hidden inflation
inflazione strisciante
creeping inflation

inflazione strutturale
structural inflation
influenza dei mezzi
media weight
influenza personale
personal influence
informazione confidenziale
inside information
informazione riservata
nonpublic information
informazioni contabili per settore
segment reporting
infrastruttura
infrastructure
infrazione
breach, infringement
infrazione di garanzia
breach of warranty
ingegnere industriale
industrial engineer
ingegneria qualità
quality engineering
ingerenza indebita
undue influence
ingiunzione
injuction
ingombro
encumbrance
ingressi ed uscite
ingress and egress
iniziale
inchoate
inizializzazione
(informatica)
boot (computer)
iniziativa
initiative
iniziatore
originator
inizio della copertura
assicurativa
commencement of coverage
innovazione
innovation
inquilino
tenant
inquilino primario
prime tenant
inquinamento
pollution
inserire (informatica)
paste (computer)
inserto pubblicitario
run of paper (ROP)

inserzione dell'ordine
order entry
insieme (di programmi, ecc.)
(informatica)
suite (computer)
insistente richiesta di
pagamento
dun
insolvenza
insolvency
insorgente
insurgent
installazione (informatica)
installation (computer)
integrazione a inizio
backward integration
integrazione a termine
forward integration
integrazione orizzontale
horizontal integration, horizontal
channel integration
integrazione verticale
vertical integration
integrazione verticale a
monte
backward vertical integration
integrità
integrity
intelligenza artificiale
artificial intelligence
(AI)
intensità di utilizzazione del
suolo
land-use intensity
intenzionalità
scienter
interattivo (informatica)
interactive (computer)
interconnessione alla rete
networking
interesse
interest, stake
interesse aggiuntivo
add-on interest
interesse assicurabile
insurable interest
interesse composto
compound interest
interesse costituito
vested interest
interesse esatto
exact interest
interesse futuro
future interest

interesse indiviso
undivided interest
interesse ordinario
ordinary interest
interesse reversibile
reversionary interest
interesse semplice
simple interest
interessi fittizi
imputed interest
interessi in via di maturazione
accrued interest
interessi pagati anticipatamente
prepaid interest
interfaccia
interface
interfaccia visuale
(informatica)
visual interface (computer)
interferenza del titolare
employer interference
intermediario
broker, go-between,
intermediary
intermediario a commissione
commission broker
intermediario commerciale
commercial broker, merchandise
broker
intermediario finanziario
financial intermediary
intermediario/mediatore di
titoli
bond broker
intermediazione
intermediation, stock jobbing
internet
internet
interno
in-house
interpolazione
interpolation
interprete
interpreter
interrogatori
interrogatories
interrogazione (informatica)
query (computer)
interruzione del lavoro
work stoppage
interruzione di attività
business interruption
intervallo
gap

intervallo di confidenza
confidence interval
intervallo di contrattazione
trading range
intervista
interview
intervista d'uscita
exit interview
intervista in profondità
depth interview
intervista non strutturata
unstructured interview
intervista strutturata
structured interview
intestato
intestate
intestazione *(informatica)*
header *(computer)*
intestazione fiduciaria
street name
intimare
enjoin
introiti di cassa
cash earnings
intruso
hacker
inutilizzabile
unemployable
invecchiamento
obsolescence
inventario aperto
open stock
inventario di
fabbricazione
manufacturing inventory
inventario fisico
physical inventory
inventario permanente
perpetual inventory
inversione di tendenza
turnaround
investimenti (statali) per la
ripresa economica
pump priming
investimento
investment
investimento ai sensi di
legge
legal investment
investimento alla cieca
blind pool
investimento di capitali
capital expenditure, capital
investment

investimento diretto
direct investment
investimento estero
foreign investment
investimento straniero diretto
foreign direct investment
investire
invest
investitore accreditato
accredited investor
investitore con coscienza sociale
socially conscious investor
investitore istituzionale
institutional investor
investitore passivo
passive investor
iota
iota
iperinflazione
hyperinflation
ipermercato
superstore
ipertesto
hypertext
ipervincolo *(informatica)*
hyperlink *(computer)*
ipoteca
mortgage
ipoteca a rate costanti
level-payment mortgage
ipoteca a tasso rinegoziato
renegotiated rate mortgage (RRM)
ipoteca a tasso variabile
adjustable-rate mortgage (ATM),
variable-rate mortgage (VRM)
ipoteca ad annualità inversa
reverse annuity mortgage (ram)
ipoteca aperta
open mortgage
ipoteca di apprezzamento
condiviso
shared-appreciation mortgage
(SAM)
ipoteca di pagamento
flessibile
flexible-payment mortgage (FPM)
ipoteca di primo grado
first mortgage
ipoteca di riduzione diretta
direct-reduction mortgage
ipoteca di secondo grado
second lien or second mortgage
ipoteca garantita
guaranteed mortgage

ipoteca immobiliare sul saldo
  residuo
purchase money mortgage
ipoteca limitata
closed-end mortgage
ipoteca multipla
blanket mortgage
ipoteca ordinaria
conventional mortgage
ipoteca prioritaria
underlying mortgage
ipoteca su beni mobili
chattel mortgage
ipoteca su una proprietà
  affittata
leasehold mortgage
ipoteca sul valore effettivo di
  un'azione
shared-equity mortgage
ipotecare
hypothecate

ipotesi
hypothesis
ipotesi alternativa
alternative hypothesis
irrecuperabile
  (informatica)
unrecoverable
  (computer)
irregolari
irregulars
irrevocabile
Irrevocable
ispezione
inspection
istanza
petition
istituto di credito
  ipotecario
mortgage banker
istituto finanziario
financial institution

L

larghezza di banda
bandwidth
largo flottante
publicly held
lasciare vuoto
vacate
lascito
bequeath, bequest
latitudine
latitude
lato di terreno prospiciente la
   strada
frontage
lavorante a giornata
casual laborer
lavoratore di produzione
production worker
lavoratore immigrante
migratory worker
lavoratore itinerante
itinerant worker
lavoratore manuale
blue collar
lavoratori organizzati in
   associazioni sindacali
organized labor
lavorazione
manufacture
lavoro
job, labor
lavoro a cottimo
piece work
lavoro di apprendista
   principiante
entry-level job
lavoro in corso; lavoro in fase di
   attuazione
work in progress
lavoro inevaso
backlog
lavoro senza futuro
dead-end job
lavoro straordinario
overtime
leader d'opinione
opinion leader
leasing finanziario diretto
direct financing lease

legatario
legatee
legge
law
legge comunale
bylaws
legge dei costi crescenti
law of increasing costs
legge dei grandi numeri
law of large numbers
legge del rendimento decrescente
law of diminishing returns
legge della domanda e dell'offerta
law of supply and demand
legge della sostituzione
substitution law
legge federale di trasparenza nei
   finanziamenti
truth in lending act
legge morale
moral law
legge per la prevenzione delle
   frodi
statute of frauds
legge sulle attività che richiedono
   licenze
license law
legge sulle prescrizioni
statute of limitations
leggi morali
blue laws
leggi sulle etichette
labeling laws
legittima
dower
legnatico
estovers
lesione personale
personal injury
lesioni indipendenti di altri
   mezzl
injury independent of all other means
lettera di accompagnamento
transmittal letter
lettera di deficit
deficiency letter
lettera di gradimento
comfort letter

lettera di intenti
letter of intent
lettera di trasporto
aereo
air bill
lettera di vendita
sales letter
lettera di vettura
waybill
lettera garantita
guaranteed letter
lettera pubblicitaria
follow-up letter
lettera raccomandata
certified mail
lettere maiuscole
(informatica)
upper case letter
(computer)
lettura ottica dei caratteri
(informatica)
optical character recognition
(OCR) *(computer)*
leva finanziaria
leverage
leva finanziaria inversa
reverse leverage
leva finanziaria positiva
positive leverage
libello
libel
libera impresa
free enterprise
libero da impegni
commitment free
libertà economica
economic freedom
libro bianco
white paper
libro cassa
cashbook
libro della creatività
creative black book
libro delle mappe
plat book
libro di cassa dei pagamenti in
contanti
cash payment journal
libro giornale
journal
libro giornale generale
general journal
libro mastro
ledger

libro mastro generale
general ledger
libro soci
stock record
libro-giornali degli acquisti
purchase journal
licenza
furlough
licenza di costruzione
building permit
licitazione
tender
limitazione agli scambi
commerciali
restraint of trade
limitazione al diritto di
alienazione
restraint on alienation
limite di ammortamento
asset depreciation range
(ADR)
limite di fluttuazione
fluctuation limit
limite di oscillazione
daily trading limit
limite di proprietà
property line
limite massimo
limit up
limite minimo
limit down
limiti
caps
limiti di responsabilità
basici
basic limits of liability
linea
line
linea dedicata
dedicated line
linea di arretramento
building line
linea di credito
bank line, line of credit
linea di prodotti
product line
linea di regressione
regression line
linea di tendenza
trend line
linea gerarchica
line of authority
linea secondaria
feeder lines

linguaggi di
programmazione
(informatica)
programming language
(computer)
linguaggio modello di
programmazione
modeling language
liquidabilità
marketability
liquidare
liquidate
liquidatore
adjuster
liquidatore
indipendente
independent adjuster
liquidazione
clearance sale, liquidation,
winding up
liquidazione dei
sinistri
loss adjustment
liquidità
liquid asset, liquidity
liquidità disponibile
quick asset
lista
list
lista di controllo
audit trail, watch list
lista di indirizzi
mailing list
lista nera
black list
livellare
level out
livello d'occupazione
occupancy level
livello di supporto
support level
locali affittati
demised premises
localizzazione di
errori
(informatica)
troubleshooting
(computer)
locatario di prestigio
anchor tenant
locatore
lessor
locazione
leasehold

locazione a discrezione del
proprietario
tenancy at will
locazione a leva
leveraged lease
locazione a termine
tenancy for years
locazione aperta
open-end lease
locazione con opzione di acquisto
lease with option to purchase
locazione con possibilità di
riscatto
proprietary lease
locazione di capitale
capital lease
locazione finanziaria
financial lease
locazione finanziaria di macchinari
equipment leasing
locazione in comune
co-tenancy
locazione indivisa
joint tenancy
locazione lorda
gross lease
locazione progressiva
graduated lease
locazione reale
true lease
locazione tacitamente rinnovata
tenancy at sufferance
logo
logo
logorio fisico
physical depreciation
logorio
wear and tear
lotteria
lottery
lotto di terreno
plot
lotto e isolato
lot and block
lotto incompleto
broken lot
lotto interno
inside lot
lotto rotondo
round lot
luminosità (informatica)
brightness (computer)
lungaggine burocratica
red tape

M

macro
(informatica)
macro
(computer)
macroambiente
macroenvironment
macroeconomia
macroeconomics
magazzino
stockroom
magazzino indipendente
independent store
maggioranza
majority
magnate
tycoon
malattia professionale
occupational disease
manager efficiente
one-minute manager
mancanza di obiettività
in the tank
mancanza di regresso
nonrecourse
mancato pagatore
deadbeat
mancia
tip
mandato
mandate, writ
mandato di comparizione
subpoena
mandato di pagamento
cash order
mani pulite
clean hands
manifesto
manifest
manipolazione
manipulation
manodopera diretta
direct labor
manodopera indiretta
indirect labor
mantenimento differito
deferred maintenance
mantenimento
retaining, maintenance

mantenimento
upkeep
manuale
manual
manuale utente
(informatica)
user manual *(computer)*
manutenzione
preventiva
preventive maintenance
mappa fiscale
tax map
marca
brand, brand name
marchio affiancato
flanker brand
marchio di garanzia
seal of approval
marchio
trademark
margine
margin, mark-up
margine di contribuzione
contribution profit margin
margine di profitto
margin of profit
margine di profitto
addizionale
additional mark-on
margine di regolazione
(informatica)
adjustable margin *(computer)*
margine di segmento
segment margin
margine di sicurezza
margin of safety
margine di utile
profit margin
margine di utile netto
net profit margin
margini
margins
marketing telefonico
telemarketing
marxismo
Marxism
maschera *(informatica)*
mask *(computer)*

maschera d'entrata
(informatica)
input mask *(computer)*
massimizzare *(informatica)*
maximize *(computer)*
masterizzatore *(informatica)*
CD-writer *(computer)*
mastrino
T-account
mastro ausiliario
subsidiary ledger
materia
material
materia prima
raw material
materia prima fisica
physical commodity
materia prima pronta
consegna
spot commodity
materiale diretto
direct material
materiale rotabile
rolling stock
materie prime
commodities
matrice
matrix
maturare
accrue
maturazione
maturity
maturità all'emissione
original maturity
meccanizzazione
mechanization
media
average
media aritmetica
arithmetic mean
media geometrica
geometric mean
media mobile
moving average
mediano
medium
mediatore creditizio
mortgage broker
mediatore di premi
prize broker
mediatore di vendita
selling broker
mediatore immobiliare
residential broker

mediazione
brokerage, mediation
medio termine
intermediate term
memorandum
memorandum
memorandum descrittivo
descriptive memorandum
memoria *(informatica)*
memory *(computer)*
memoria a sola lettura
(informatica)
ROM (read-only memory) *(computer)*
memoria ad accesso casuale
(informatica)
random access memory (RAM)
(computer)
memoria flash *(informatica)*
flash memory *(computer)*
memoria interna *(informatica)*
internal memory *(computer)*
memoria virtuale
(informatica)
virtual memory *(computer)*
meno di un vagone
less than carload (L/C)
menù a caduta *(informatica)*
drop-down menu *(computer)*
menù a discesa o a tendina
(informatica)
pull-down menu *(computer)*
menù a tendina *(informatica)*
pull-down menu *(computer)*
menù principale *(informatica)*
main menu *(computer)*
mercantile
mercantile
mercantilismo
mercantilism
mercato
market
mercato a termine
(borsa)
futures market
mercato al rialzo
bull market
mercato al ribasso
bear market, buyer's market
mercato alle grida
outcry market
mercato aperto
free market
mercato attivo
active market

mercato azionario
stock market
Mercato Europeo Comune
European Common Market
mercato da cimitero
graveyard market
mercato debole
soft market
mercato dei capitali
capital market
mercato delle merci e dei valori
securities and commodities exchanges
mercato di ipoteche di secondo
grado
secondary mortgage market
mercato di prova
test market
mercato di venditori
seller's market
mercato efficiente
efficient market
mercato fiacco
weak market
mercato finanziario
financial market
mercato generico
generic market
mercato immobiliare
real estate market
mercato imperfetto
imperfect market
mercato in contanti
cash market
mercato libero e aperto
free and open market
mercato locale
spot market
mercato monetario
money market
mercato monetario
internazionale
international monetary market
mercato nero
black market
mercato non ufficiale
third market
mercato obiettivo
target market
mercato oscillante
sensitive market
mercato primario
primary market
mercato rigido
tight market

mercato scarso
thin market
mercato secondario
after market, secondary market
merce
goods, ware
merce che scotta
hot cargo
merce imballati
packaged goods
merce protetta
forward stock
merce scadente
inferior good
merce sotto vincolo doganale
bonded goods
merce venduta in modo chiuso
closed stock
merce; mercanzia
merchandise
merci regolate
regulated commodities
merci solide
dry goods
messa in evidenza (informatica)
highlight (computer)
messaggio d'errore (informatica)
error message (computer)
metodo a quote decrecescenti
diminishing-balance method
metodo ABC
ABC method
metodo contabile
accounting method
metodo contabile basato sulla
competenza temporale
accrual method
metodo crescita costante
steady-growth method
metodo dei saldi decrescenti
declining-balance method
metodo del costo
cost method
metodo del percorso critico
critical path method (CPM)
metodo dell'utile lordo
gross profit method
metodo della casistica
case-study method
metodo della parte competitive
competitive party method
metodo della percentuale di
completamento
percentage-of-completion method

205

metodo della percentuale sulle
vendite
percentage-of-sales method
metodo della spesa globale
overall expenses method
metodo di ammortamento a quote
costanti
straight-line method of depreciation
metodo di ammortamento diretto
direct charge-off method
metodo di campionamento del
valore monetario
dollar unit sampling (DUS)
metodo di comparazione di
mercato
market comparison approach
metodo di contabilità governativo
modified accrual
metodo di inventario periodico
periodic inventory method
metodo di manutenzione
maintenance method
metodo di pagamento
payment method
metodo in base alle unità prodotte
units-of-production method
metodo per comporre a caso
numeri di telefono
random-digit dialing
metodo per la conclusione dei
contratti
completed contract method
metodo per tentativi
trial and error
mettere in servizio (informatica)
enable (computer)
mettere sotto tensione
(informatica)
power up (computer)
mettere sotto tensionem
(informatica)
turn on (computer)
mezzadro
sharecropper
mezzi di comunicazione di massa
mass media
mezzi pubblicitari
media
mezzo di scambio
medium of exchange
microeconomia
microeconomics
micromovimenti
methods-time measurement (MTM)

miglior quotazione
best rating
miglioramento
betterment, improvement,
upgrading
migliorare (informatica)
upgrade (computer)
miglioramento eccessivo
overimprovement
migliorie su immobili in
affitto
leasehold improvement
migrare (informatica)
migrate (computer)
milionario
millionaire
milionario in titoli
millionaire on paper
minimizzare (informatica)
minimize (computer)
minore
minor
mistura
mix
misure antimonopolistiche
antitrust acts
mittente
consignor
mittente; spedizioniere
dispatcher
mix del marketing
marketing mix
mix di attività promozionali
promotion mix
mobilità delle forze di lavoro
labor mobility
modello ad alto coinvolgimento
high-involvement model
modello di decisioni
decision model
modello di minore
partecipazione
lower-involvement model
modem interno (informatica)
internal modem (computer)
modesto
low
modi opzionali di pagamento/
liquidazione
optional modes of settlement
modo
mode
modo operativo (informatica)
operation mode (computer)

moduli ad ubicazione multipla
multiple locations forms
modulo *(informatica)*
module *(computer)*
modulo d'ordine
order form
modulo di base *(informatica)*
basic module *(computer)*
modulo di profitti e commissioni
profit and commissions form
modulo SIMM
SIMM (single in-line memory module)
(computer)
molestie sessuali
sexual harassment
moltiplicatore
multiplier
moltiplicatore del reddito lordo
gross rent multiplier (GRM)
moneta a corso legale
legal tender
moneta circolante
currency in circulation
moneta forte
hard currency
moneta funzionale
functional currency
moneta metallica
specie
monetario
monetary
monopolio
monopoly
monopolio legale
legal monopoly, patent
monopoly
monopolio naturale
natural monopoly
monopolio orizzontale
horizontal combination
monopolio perfetto
perfect (pure) monopoly
monopolista
monopolist
monopsonio
monopsony
montaggio finale
final assembly
monumento
monument
morale
morale
moratoria
moratorium

motivazione
motivation
motivo del profitto
profit motive
motivo precauzionale
precautionary motive
motore di ricerca *(informatica)*
search engine *(computer)*
movimentazione dei materiali
materials handling
movimento
movement
multa
docking
multicollinearità
multicollinearity
multidiffusione *(informatica)*
multicasting *(computer)*
multifunzione *(informatica)*
multifunction *(computer)*
multimedia
multimedia
multiplo
multiple
multiutente *(informatica)*
multiuser *(computer)*
mutui a pagamento graduale
graduated payment mortgage
(GPM)
mutuo a cessione completa
whole loan
mutuo a pagamento rapido
growing-equity mortgage
(GEM)
mutuo a termine
term, amortization
mutuo consenso
accord and satisfaction
mutuo ipotecario a tasso
variabile
adjustable mortgage loan
(AML)
mutuo ipotecario aperto
open-end mortgage
mutuo ipotecario con
autoammortamento
self-amortizing mortgage
mutuo ipotecario di secondo
grado
wraparound mortgage
mutuo soccorso
self-help
mutuo subordinato
junior mortgage

N

nascondiglio
cache
nastro
tape
nave da carico
tramp
nave per trasporto di
container
container ship
navigatore *(informatica)*
browser *(computer)*
navigazione *(informatica)*
navigation *(computer)*
nazionalizzazione
nationalization
negazione
disclaimer
negligenza
laches, negligence
negligenza comparativa
comparative negligence
negoziabile
negotiable
negoziazione
negotiation
negoziazione individuale
individual bargaining
negozio
shop
negozio a catena
chain store
negozio appartenente a una
catena
multiple shop
negozio del quartiere
neighborhood store
negozio di generi vari
variety store
negozio specializzata
specialty shop
nepotismo
nepotism
netto
net
nicchia
niche
nodo *(informatica)*
node *(computer)*
noleggio
lease

noleggionprincipale
master lease
nome legale
legal name
nominale di rimborso
principal amount
non abitato
unoccupancy
non contabilizzato
off the books
non formattati *(informatica)*
nonformatted *(computer)*
non liquido
illiquid
non quotato
not rated (NR)
non redimibile
noncallable
non rimborsabile
nonrefundable
non scontato
undiscounted
norma
norm
norme antimonopolio
antitrust laws
norme di comportamento negli
affair
business etiquette
norme di utilizzazione del suolo
land-use regulation
nota
note, record
nota a piè di pagina
(informatica)
footnote *(computer)*
nota anticipatoria sui
redditi
revenue anticipation note
(RAN)
nota di addebito
debit memorandum
nota integrativa
exposure draft
note indicizzate
floating-rate note
notifica
notice
notifica legale
legal notice

novazione
novation
numero a virgola
fissa
fixed-point number
numero a virgola
mobile
floating-point number
numero d'ordine
order number

numero di conto
account number
nuova emissione
hot issue
nuova emissione (di titoli)
new issue
nuove case
housing starts
nuovo accertamento
reassessment

O

o miglior prezzo
or better
obbligatario
obligee
obbligato
obligor
obbligazione
debenture
obbligazione a cedola zero
zero coupon bond
obbligazione a garanzia morale
moral obligation bond
obbligazione a lunga scadenza
long bond
obbligazione a premi
premium bond
obbligazione a redditività
revenue bond
obbligazione a sconto
obligation bond
obbligazione alla pari
par bond
obbligazione baby
baby bond
obbligazione con cedole al
portatore
coupon bond
obbligazione con interessi
postergati
deferred interest bond
obbligazione con retrocessione sul
prezzo d'emissione
deep discount bond
obbligazione corta.
short bond
obbligazione di alta qualità
high-grade bond
obbligazione di partecipazione
income bond
obbligazione garantita
(dallo stato)
guaranteed bond
obbligazione garantita da
ipoteca
collateralized mortgage obligation
(CMO)
obbligazione generica
generic bond

obbligazione generica garantita
general obligation bond
obbligazione ipotecaria
mortgage bond
obbligazione municipale
municipal bond
obbligazione nominativa
registered bond
obbligazione seriale
serial bond
obbligazione statale
bond
obbligazioni garantite
secured bond
obbligazioni seriali
series bond
obblighi previdenziali
presunti
projected benefit obligation
obbligo
commitment
obbligo del dividendo
liability dividend
obbligo della prova
burden of proof
obiettivo
goal, objective
obiettivo dei costi
cost objective
obsolescenza dell'abilità
skill obsolescence
obsolescenza per scarsa
funzionalità
functional obsolescence
obsolescenza tecnologica
technological obsolescence
occupante
occupant
occupazione
occupancy
offerente
offerer
offerta
offer
offerta al pubblico
going public
offerta aperta
open bid

offerta d'acquisto
tender offer
offerta della consegna
tender of delivery
offerta di prova
trial offer
offerta e accettazione
offer and acceptance
offerta ferma
firm offer
offerta in busta chiusa
sealed bid
offerta prendi o lascia
Boulewarism
offerta pubblica iniziale (di azioni)
initial public offering (IPO)
offerta totale
aggregate supply
oggetto collegato (informatica)
linked object (computer)
oligopolio
oligopoly
oligopolio collusivo
collusive oligopoly
oligopolio omogeneo
homogeneous oligopoly
oltre il limite
above the line
omogeneo
homogeneous
onere di acquisto
sales charge
oneri di intermediazione
finder's fee
oneri finanziari
finance charge
oneri fissi
fixed charge
onorario
honorarium
onorario di possesso
holding fee
onorario fisso o determinato
fixed fee
onore
honor
operaio specializzato
journeyman
operando
operand
operatore
trader

operatore (informatica)
operator (computer)
operazione di copertura
hedge
operazione interrotta
discontinued operation
operazioni a termine
mercati a termine
commodities futures
opere pubbliche
public works
opinione « tranne per »
« except for » opinion
opinione contraria
adverse opinion
opinione di titolo
opinion of title
opinione legale
legal opinion
opinione
opinion
opzione
option
opzione coperta
covered option
opzione di acquisto
call option
opzione di azioni d'incentivo
incentive stock option (ISO)
opzione di rinnovo
renewal option
opzione di ripresa
fallback option
opzione di vendita
put option
opzione doppia
straddle
opzione immobilizzata
lock-up option
opzione scoperta
naked option
opzione su azioni
stock option, employee stock option
opzioni aperte
open interest
opzioni per l'acquisto di azioni
compensatory stock options
opzioni quotate
listed options
opzioni su indici
index options

ora ufficiale
standard time
orario
timetable
orario di lavoro flessibile
flextime
orario normale
straight time
orario ridotto
part-time
ora-uomo
man-hour
ordinanza
ordinance
ordinanza sulla
    zonizzazione
zoning ordinance
ordinario corso degli
    affari
ordinary course of business
ordinazione originale
original order
ordine
command, order
ordine al meglio (borsa)
market order
ordine aperto
open order
ordine che si rinnova tacitamente
standing order
ordine d'acquisto
buy order, purchase order
ordine di credito
credit order

ordine di fabbricazione
manufacturing order
ordine di fermo nel pagamento
stop payment
ordine fisso
stop order
ordine negoziabile di prelievo
negotiable order of withdrawal (NOW)
ordine scalare
scale order
organigramma
organizational chart
organizzazione
organization
organizzazione a matrice
matrix organization
organizzazione del mantenimento
    della salute
health maintenance organization
(HMO)
organizzazione funzionale
functional organization, task
management
organizzazione gerarchica
line organization
organizzazione statale di
    compensazione
board of equalization
orientamento professionale
vocational guidance
orientamento
orientation
oro carta
paper gold

P

pacchetto decisionale
decision package
pacco
Package, parcel
padrone di casa
landlord
paga
pay
paga a cottimo
incentive pay
paga arretrata
back pay
paga base
base rate pay
paga base standard
standard wage rate
paga base
wage rate
paga minima
minimum wage
paga nominale
nominal wage
paga reale
real wages
pagamenti progressivi
progress payments
pagamento a cauzione
downpayment
pagamento alla consegna
cash on delivery
(COD)
pagamento alla scadenza
pay as you go, payment in due course
pagamento del capitale e degli
interessi
principal and interest payment
(P&L)
pagamento del capitale, degli
interessi, delle tasse e
assicurazione
principal, interest, taxes and insurance
payment (PITI)
pagamento di affitto minimo
minimum lease payments
pagamento di un debito
satisfaction of a debt
pagamento differito
deferred payments

pagamento in più
overpayment
pagamento parziale
on account
pagamento totale
total paid
pagare male
underpay
pagato in anticipo
paid in advance, prepaid
pagatore
payer
pagherò
promissory note
pagherò cambiario a vista
demand note
pagina di informazione
(informatica)
information page (computer)
pagina dispari (informatica)
odd page (computer)
pagina precedente (informatica)
page up (computer)
pagina principale (informatica)
home page (computer)
pagina successive (informatica)
page down (computer)
paginazione (informatica)
pagination (computer)
paralegale
paralegal
parametro
parameter
parcella per la prestazione di
servizi
service fee
parcheggio
parking
parco industriale
industrial park
parere con riserva
qualified opinion
parere contabile
accountant 's opinion
parere dei revisori, rapporto dei
sindaci
auditor's certificate, opinion or report

pari
par
parità di conversione
conversion parity
parità
parity
parola d'ordine *(informatica)*
password *(computer)*
parole chiave
buzzwords
parte competente
competent party
parte competitive
competitive party
partecipazione alle decisioni
participative leadership
partecipazione azionaria dei
lavoratori
employee profit sharing
partecipazione di maggioranza
controlling interest
partecipazione di minoranza
minority interest or minority
investment
partecipazione sul reddito generale
general revenue sharing
partita di merci disparate
job lot
partite monetarie
monetary item
parziale annullamento delle
azioni emesse
reverse split
passaporto
passport
passeggero in piedi
straphanger
passeggero per miglio
passenger mile
passibile
liable
passività
liability
passività a lungo termine
long-term liability
passività correnti
current liabilities
passo *(informatica)*
pitch *(computer)*
paternalismo
paternalism
patrimonio al lordo di imposte e
passività
gross estate

patrimonio mobiliare
personal property
patrimonio mobiliare
tangibile
tangible personal property
patrimonio netto effettivo
effective net worth
patrimonio netto negativo
deficit net worth
patto
covenant
patto prematrimoniale
prenuptial agreement
patto restrittivo
restrictive covenant
peculato
graft, peculation
pecuniario
pecuniary
pedaggio
toll
pegno
pledge
pegno volontario
voluntary lien
penale
penalty
penale impositiva
matrimoniale
marriage penalty
penale per rimborso anticipato
early withdrawal penalty, prepayment
penalty
pendole
commuter
penetrazione del mercato
market penetration
pennello *(informatica)*
paintbrush *(computer)*
pensionamento obbligatorio
compulsory retirement
pensione posticipata
deferred retirement
peone
peon
per cento
percent, percentage
per conoscenza
for your information
(FYI)
per persona
per capita
percentuale
kickback

percentuale di fido
loan-to-value ratio (LTV)
percorso *(informatica)*
path *(computer)*
perdita
loss
perdita (di un diritto)
forfeiture
perdita da sopravvenienze
loss contingency
perdita di capitale
capital loss
perdita economica
economic loss
perdita fortuita
fortuitous loss
perdita netta
net loss
perdita operativa netta
net operating loss (NOL)
perdita ordinaria
ordinary loss
perdita totale
total loss
perdite accidentali
casualty loss
perfezionato
perfected
pericoli misti
mixed perils
pericolo di catastrofe
catastrophe hazard
periodo
period
periodo base
base period
periodo contabile
accounting period
periodo di assestamento
precedente
prior period adjustment
periodo di dimezzamento
half-life
periodo di massima
attività
peak period
periodo di pagamento
pay period
periodo di recupero
payback period
periodo di rimborso
redemption period
periodo di tolleranza
grace period

periodo di tregua salariale
cooling-off period
periodo di uso minimo
off peak
periodo fiacco
slack
periodo finanziario anticipato
anticipated holding period
periodo medio di riscossione
receivables turnover
perito
estimator, surveyor
permesso
permit
permesso di lavoro
work permit
permesso di uso condizionato
conditional-use permit
permesso di uso speciale
special-use permit
permute
permutations
perpetuità
perpetuity
persona
person
persona ragionevole
reasonable person
personale esterno
field staff
personale
personnel
persuasione morale
moral persuasion
pertinenza
relevance
peso lordo
gross weight
pezzo di terra
plat
pezza giustificativa di cassa
journal voucher
pianificazione centrale
central planning
pianificazione d'inventario
inventory planning
pianificazione dell'utilizzazione
del suolo
land-use planning
pianificazione della liquidità
cash budget
pianificazione delle
contingenze
contingency planning

pianificazione fiscale
tax planning
pianificazione organizzativa
organization planning
pianificazione patrimoniale
estate planning
pianificazione strategica
strategic planning
pianificazione strategica
corporativa
corporate strategic planning
piano
plan
piano (fondo) per i dipendenti
qualified plan or qualified trust
piano 401 (k)
401 (k) plan
piano a gestione multiplo
multiple-management plan
piano B
plan B
piano d'ammortamento
amortization schedule
piano dei conti
chart of accounts
piano di acquisto incrociato
cross purchase plan
piano di amministrazione dei
depositi
deposit administration plan
piano di appezzamento di terreno
plot plan
piano di compartecipazione
profit-sharing plan
piano di compenso differito
deferred compensation plan
piano di contribuzione differito
deferred contribution plan
piano di deposito di premio
minimo
minimum premium deposit plan
piano di diffusione del capitale
azionario ai dipendenti
employee stock ownership plan
(ESOP)
piano di dispersione
scatter plan
piano di investimento
mensile
monthly investment plan
piano di marketing
marketing plan
piano di pensionamento
retirement plan

piano di reinvestimento dei
dividendi
dividend reinvestment plan
piano di riduzione salariale
salary reduction plan
piano di risparmio sugli stipendi
payroll savings plan
piano di ritiro
withdrawal plan
piano di società a ristretta base
azionaria
close corporation plan
piano di zonizzazione
zoning map
piano generale
master plan
piano Keogh
Keogh plan
piano mezzi
media plan
piano pensioni basato su benefici
benefit-based pension plan
piano pensioni consolidato
funded pension plan
piano pensionistico con
contributi
contributory pension plan
piano pilota
pilot plan
piano regolatore
density zoning
piano rinnovabile dei dividendi
dividend rollover plan
piano tecnico dettagliato
blueprint
piano volontario di
capitalizzazione
voluntary accumulation plan
pianta della casa
floor plan
piastra (informatica)
circuit board (computer)
piatto
flat
picchettaggio
picketing
piccola impresa
small business
piccolo investitore
small investor
piccolo negozio
mom and pop store
piena fiducia e credito totale
full faith and credit

pietra confinaria
landmark
piramide finanziaria
financial pyramid
plusvalenza
capital gain
plusvalore
unearned increment
poco controllo
loose rein
politica anticongiunturale
countercyclical policy
politica dei proprietari
immobiliari
homeowner's policy
politica delle porte aperte
open-door policy
politica di adibito a uso
commerciale
commercial property policy
politica di catastrofe
catastrophe policy
politica di deviazione
deviation policy
politica discrezionale
discretionary policy
politica fiscale
fiscal policy
polizza a blocchi
block policy
polizza assicurativa ad ombrello
umbrella liability insurance
polizza con partecipazione
participating policy
polizza contro la contraffazione
commerciale
commercial forgery policy
polizza di assicurazione sui mutui
ipotecari
mortgage insurance policy
polizza di carico
bill of lading
polizza di carico all'ordine
order bill of lading
polizza di carico con riserve
foul bill of landing
polizza di carico diretta
straight bill of lading
polizza di reddito familiare
family income policy
polizza fiduciaria
fiduciary bond
polizza per cauzione nominativ
name schedule bond

polizza principale
master policy
polizza quotata
rated policy
polizza regolare su rischi elencati
named peril policy
polizza totalmente pagata
fully paid policy
polizza vita indicizzata
adjustable life insurance
polizze sensitive a interessi
interest sensitive policies
porta a porta
house-to-house sampling
porta seriale (informatica)
serial port (computer)
portafoglio di vendite
sales portfolio
portafoglio efficiente
efficient portfolio
portafoglio
portfolio
portavoce
spokesperson
portello (informatica)
hatch (computer)
porto franco
free port
posizionamento
positioning
posizione
position
posizione allo scoperto
(borsa)
short position
posizione finanziaria
financial position
posizione lunga
long position
posizione scoperta (borsa)
naked position
posizioni scoperte
short interest
possedimento
possession
possesso
tenure
possesso comune di coniugi
tenancy by the entirety
possesso comune fra due o più
persone
tenancy in common
possesso della terra
tenure in land

possibile guadagno
gain contingency
posta elettronica
electronic mail (email)
posticipazione o anticipo
fiscale
tax loss carryback (carryforward)
posto di lavoro
work station
potenziale al rialzo
upside potential
potenziale non utilizzato
idle capacity
potere d'acquisto
purchasing power
potere da perito
expert power
potere di polizia
police power
potere temporale
staying power
poteri di spesa discrezionali
discretionary spending power
povertà
poverty
pratica illegale
steering
precalcolare
precompute
precettare
garnish
precettato
garnishee
prechiusura
preclosing
preclusione giuridica
estoppel
predizione
prediction
prefabbricato
Prefabricated
prefattura
pre-bill
preferenza di liquidità
liquidity preference
pregiudizio
dell'intervistatore
interviewer bias
prelievo automatico
automatic withdrawal
premessa
premises
premi incassati
premium income

premio
premium
premio costante
level premium
premio di produzione
override
premio di permanenza
golden handcuffs
premio di turno
shift differential
premio fisso
fixed premium
premio su rimborso anticipato
call premium
premio su titoli
bond premium
premio intangibile
intangible reward
prendere una posizione
take a position
prepensionamento
early retirement
prerogativa
prerogative
prerogativa manageriale
management prerogative
presa
taking
prescrizione
prescription
presentare in osservanza
present fairly
presentazione
presentation
presentazione in formato massimo
(informatica)
full screen display (computer)
presidente
president
presidente de consiglio di
amministrazione
chainman of the board
prestanome
dummy
prestatore
lender
prestatore istituzionale
institutional lender
prestito
loan
prestito (di livello) minimo
floor loan
prestito a catena
piggyback loan

prestito a tasso fisso
fixed-rate loan
prestito a termine
term loan
prestito apprezzato
crown loan
prestito con interessi
interest-only loan
prestito consolidato
consolidation loan
prestito di appoggio
standby loan
prestito di secondo grado
second mortgage lending
prestito differenziale
gap loan
prestito diviso fra più banche
participation loan
prestito esigibile
recourse loan
prestito indicizzato
indexed loan
prestito non produttivo
nonproductive loan
prestito rinnovabile
revolving credit
prestito rinnovabile alla
  scadenza
rollover loan
prestito stagionato
seasoned loan
prestito su polizza
policy loan
prestito su titoli
securities loan
presunzione di conoscenza
constructive notice
prevendita
presale
previdenza sociale
social insurance
previsione
forecasting
previsione di vendita
sales budget
prezzi civetta
bait and switch pricing
prezzo (basso) limite
trigger price
prezzo al dettaglio
  suggerito
suggested retail price
prezzo alla pari
parity price

prezzo amministrato
administered price
prezzo concordato
negotiated price
prezzo contrattuale (tassa)
contract price (tax)
prezzo d'equilibrio
normal price
prezzo d'offerta
supply price
prezzo del silenzio
hush money
prezzo dell'offerta
asking price
prezzo della domanda
demand price
prezzo di chiusura
closing price,
closing quote
prezzo di conversione
conversion price
prezzo di equilibrio
equilibrium price
prezzo di esercizio
strike price
prezzo di listino
list price
prezzo di mercato
market price
prezzo di mercato
  concordato
negotiated market price
prezzo di offerta
offering price
prezzo di rimborso
call price
prezzo di sottoscrizione
subscription price
prezzo eccessivo
overcharge
prezzo future su indice azionario
stock index future
prezzo giustificato
justified price
prezzo indicativo
target price
prezzo massimo
highs
prezzo monopolistico
monopoly price
prezzo netto
net rate
prezzo per merce pronta
spot price

prezzo ridotto
reduced rate
prezzo scontato
off-price
prezzo speciale
trade rate
primo contatto con la clientela
potenziale
cold canvass
principale
principal
principi contabili universalmente
accettati
generally accepted accounting
principles
principi contabili
accounting principles; accounting
standards
principi di revisione
contabile
auditing standards
principio del minimo
sforzo
least-effort principle
principio di accelerazione
accelerator principle
principio di competenza
matching principle
privatizzazione
going private, privatization
privazione
divestiture
privilegio
perquisite (perk)
privilegio del
trasportatore
carrier's lien
privilegio del venditore
vendor's lien
privilegio di rimborso
prepayment privilege
privilegio di ritenzione
involontaria
involuntary lien
privilegio generale
general lien
privilegio principale
first lien
privilegio sul reddito
wage assignment
privo di valore legale
null and void
procacciamento
procurement

procedura contabile
accounting procedure
procedura del parlamento
parliament procedure
processamento dei testi
(informatica)
word processing (computer)
processo analitico
analytic process
processo di sviluppo di terreni
land development
processo produttivo a ciclo
continuo
continuous process
procura
power of attorney, proxy
procura per passaggio di azioni
sockpower
procuratore commerciale
attorney-in-fact
procuratore generale
attorney-at-law
prodotti a domanda costante
staple stock
prodotti a marchio privato
store brand
prodotti finiti
finished goods
prodotto
produce, product
prodotto interno lordo
gross national product (GNP)
prodotto nazionale netto
net national product
produttività
productivity
produttore marginale
marginal producer
produzione
production
produzione a ciclo continuo
continuous production
produzione diretta
direct production
produzione in linea retta
straight-line production
produzione in serie
mass production
produzione indiretta
indirect production
produzione industriale
industrial production
produzione intermittente
intermittent production

produzione oltre i limiti
overrun
produzione programmata
scheduled production
produzione su commessa
job shop
professione
occupation, profession
professione contabile
public accounting
profilo della clientela
customer profile
profittatore
profiteer
profitto
profit, profitability
profitto (perdita) non realizzato
unrealized profit (loss)
profitto annuale
annual earnings
profitto normale
normal profit
profondità del lavoro
job depth
progetto inutile
boondoggle
progetto per l'emissione di
titoli
registration statement
programma applicativo
(informatica)
application program
(computer)
programma di applicazione
sequenziale
batch application (computer)
programma di garanzia dei
proprietari immobiliari
homeowner warranty program
(HOW)
programma di navigazione
(informatica)
web browser (computer)
programma di revisione
audit program
programma di servizi ai
dettaglianti
retailer's service program
programma di utilità
(informatica)
utility program (computer)
programma preparazione del
budget
program budgeting

programma scaduto
lapsing schedule
programma suggerito dal sistema
(informatica)
default (computer)
programmatore
programmer
programmatore dei mezzi
pubblicitari
media planner
programmazione a lungo termine
long-range planning
programmazione di obiettivi
goal programming
proiezione
projection
proiezione di risposta
response projection
prolungamento
extension
promotore
developer
promozione abbinata
tie-in promotion
promozione delle vendite
sales promotion
promozione verticale
vertical promotion
propensione marginale al
consumo
marginal propensity to consume
(MPC)
propensione marginale al
risparmio
marginal propensity to save
(MPS)
propensione marginale
all'investimento
marginal propensity to invest
proporzionale
ratable
proprietà
estate, holding, ownership, property,
proprietorship
proprietà affittata in esclusiva
tenancy in severalty
proprietà assoluta
fee simple, fee simple absolute, freehold
(estate), seisin
proprietà da reddito
income property
proprietà dell'acquisto
successivo
after-acquired property

proprietà esente da imposte
tax-exempt property
proprietà incorporea
incorporeal property
proprietà individuale
estate in severalty
proprietà industriale
industrial property
proprietà letteraria
copyright
proprietà marginale
marginal property
proprietà non gravata da ipoteca
gravami
unencumbered property
proprietà non migliorata
unimproved property
proprietà reversibile
estate in reversion
proprietà sequestrata
distressed property
proprietà simile
like-kind property
proprietario assenteista
absentee owner
proprietario-esercente
owner-operator
prospettiva
prospect
prospetto
prospectus
prospetto del capitale dei
soci
statement of partners' capital
prospetto preliminare
preliminary prospectus
protettore di sopratensione
(informatica)
surge protector (computer)
protezione adeguata; copertura
adeguata
adequacy of coverage
protezione del consumatore
consumer protection
protezione della scrittura
(informatica)
write-protected (computer)
protezione di copia
(informatica)
copy- protected (computer)
protezionismo
protectionism
protocollo
protocol

protocollo di trasferimento file
file transfer protocol (FTP)
prova
test
prova della perdita
proof of loss
prova di bontà di adattamento
goodness-of-fit test
prova di efficacia delle vendite
sales effectiveness test
prova di percolazione
percolation test
prova documentale
documentary evidence
proventi del raccolto
emblement
provvista
sore
prudenza
prudence
psicologia industriale
industrial psychology
pubblicità
advertising
pubblicità a favore del rivenditore
cooperative advertising
pubblicità a risposta diretta
direct response advertising
pubblicità commerciale
trade advertising
pubblicità con prodotti civetta
bait and switch advertising
pubblicità d'immagine
image advertising
pubblicità di azione diretta
direct-action advertising
pubblicità falsa
false advertising
pubblicità finanziaria
financial advertising
pubblicità industriale
industrial advertising
pubblicità ingannevole
deceptive advertising
pubblicità invisibile
subliminal advertising
pubblicità istituzionale
prestige advertising
pubblicità specializzata
specialty advertising
pubblico-obiettivo
target audience
pulito
clean

punteggio z
z score
punti sconto
discount points
punto
point
punto-base
basis point
punto (borsa)
tick
punto al ribasso
down tick
punto culminante delle vendite
selling climax
punto debole
soft spot
punto di emissione di nuove ordinazioni
recorder point

punto di equilibrio
break-even point
punto di intervento
peg
punto di pareggio
cutoff point
punto di quotazione lorda
gross rating point (GRP)
punto di riferimento
benchmark
punto di vendita al dettaglio
retail outlet
punto in più
plus tick
punto limite
trigger point
punto vendita
outlet store
puro testo *(informatica)*
plain text *(computer)*

Q

quadri intermedi
middle management
quadro di commando
console
qualità
quality
qualità di investimento
investment grade
qualità inferiore
low-grade
quando emesso
when issued
quantità di equilibrio
equilibrium quantity
quantità ordinata minima
indispensabile
threshold-point ordering
quantità prodotta
production rate
quartieri emergenti
gentrification
quarto mercato
fourth market

quasi contratto
quasi contract
quasi-moneta
near money
querelante
plaintiff
quindicinale
semimonthly
quorum
quorum
quota
quota, rate
quota di mercato
market share
quota di mercato di una
marca
brand share
quotazione
quotation, rating
quotazione ex-dividendo
ex-dividend rate
quotazione ferma
firm quote

R

raccolta
collection
raccolta di dati *(informatica)*
data collection *(computer)*
raccolta di fondi
fund-raising
raccomandazione multipla
blanket recommendation
raddoppiamento di
benefici
duplication of benefits
raggruppamento
bunching
ragionamento deduttivo
deductive reasoning
ragionamento induttivo
inductive reasoning
ragioneria
accountancy
ragioniere
accountant
ragnatela mondiale
(informatica)
world wide web (www)
(computer)
rapporto a scala
scale relationship
rapporto delle spese
expense report
rapporto di conversione
conversion ratio
rapporto di conversione in
cassa
collection ratio
rapporto di copertura del
debito
debt coverage ratio
rapporto di spesa
expense ratio
rapporto finanziario dettagliato
comprehensive annual financial report
(CAFR)
rapporto fra attività e passività
correnti
acid test ratio, current ratio
rapporto fra dividendi distribuiti e
utili conseguiti
dividend payout ratio

rapporto fra i debiti e il capitale
proprio
debt-to-equity ratio
rapporto fra premi e sinistri
loss ratio
rapporto fra utile e dividendo
payout ratio
rapporto/ indice dell'utile lordo
gross profit ratio
rappresentante del servizio
assistenza clienti
customer service representative
rappresentante registrato
registered representative
rappresentanza per
necessità
agency by necessity
rassegna
rundown
rata
installment
rata annuale di ammortamento
costante
annual mortgage constant
ratei passivi
accrued liabilities
ratifica
ratification
rating delle obbligazioni
bond rating
razionamento
rationing
razionamento del capitale
capital rationing
reale
real
realizzazione di utili
profit taking
reazione
response
recesso
recession
reciprocità
reciprocity
reciprocità commerciale
reciprocal buying
reciprocità di contratto
mutuality of contract

recuperare *(informatica)*
recover *(computer)*
recupero della base
recovery of basis
recupero di crediti
inesigibili
bad debt recovery
recupero di deprezzamento
depreciation recapture
redazione
compilation
redazione di testo
(informatica)
text editing *(computer)*
redditi soggetti a tassazione
separata
amended tax return
redditività dei costi
cost-effectiveness
reddito
income, revenue
reddito (perdita) da
investimento
passive income (loss)
reddito attivo
active income
reddito complessivo
aggregate income
reddito da capitale
unearned income (revenue)
reddito da lavoro
earned income
reddito da portafoglio
portfolio income
reddito dall'estero
foreign income
reddito di capitale netto
return on equity
reddito di un deceduto
income in respect of a
decedent
reddito disponibile
disposable income, discretionary
income
reddito fisso
fixed income
reddito generale
general revenue
reddito imponibile
taxable income
reddito imputato
imputed income
reddito lordo
gross income

reddito netto
net income
reddito nominale
money income
reddito operativo netto
net operating income (NOT)
reddito pensionistico
retirement income
reddito personale
personal income
reddito reale
real income
reddito sugli investimenti
return on invested capital
redistribuzione del reddito
income redistribution
regione critica
critical region
registrare a giornale
journalize
registratore di cassa
cash register
registrazione
recording, registration
registrazione *(informatica)*
posting *(computer)*
registrazione contabile
journal entry
registrazione contabile
composta
compound journal entry
registrazioni contabili
accounting records
registro
book
registro assegni
check register
registro dei conti da pagare
accounts payable ledger
registro dei crediti
accounts receivable ledger
registro delle azioni
stock ledger
registro delle ricevute
receipt book, voucher register
registro di avvio principale
(informatica)
boot record *(computer)*
registro principale di
avvio *(informatica)*
master boot record
(computer)
regola
regulation

regola "conosci il tuo cliente"
know-your-customer rule
regola del due per cento
two percent rule
regola del porto sicuro
safe harbor rule
regola dello scoperto (borsa)
short-sale rule
regolamentazione degli ordini
order regulation
regolamento
settlement
regolamento edilizio
building code
regressione multipla
multiple regression
regresso
downturn
reindustrializzazione
reindustrialization
reinvestimento
plow back
reinvestimento automatico
automatic reinvestment
reinvestimento delle plusvalenze
in nuovi titoli
pyramiding
relazione certificata di bilancio
certified financial statement
relazione degli utili
earnings report
relazione del titolo di proprietà
title report
relazione della proprietà
property report
relazione esterna
external report
relazioni industriali
industrial relations
relazioni pubbliche
public relations (PR)
relazioni umane
human relations
remunerazione
remuneration
rendiconto della situazione
statement of condition
rendimento a sconto
discount yield
rendimento al rimborso
yield to call
rendimento alla scadenza (di un
titolo)
yield to mature (YTM)

rendimento ante imposte
pretax rate of return
rendimento degli investimenti del
fondo pensione
return on pension plan assets
rendimento equivalente
yield equivalence
rendimento equivalente
corporativo
corporate equivalent yield
rendimento immediato
current yield
rendimento medio
mean return
rendimento medio contabile
accounting rate of return
rendimento netto
net yield
rendimento nominale
nominal yield
rendimento reale post-tassazione
after-tax real rate of return
rendimento semplice
simple yield
rendimento storico
historical yield
rendimento sul fatturato
return on sales
rendimento sulla vita media
yield to average life
rendimento tassabile equivalente
equivalent taxable yield
rendita del mercato
market rent
rendita di gruppo differita
deferred group annuity
rendita di pagamento differito
deferred-payment annuity
rendita variabile
variable annuity
rendita vitalizia individuale
individual retirement account (IRA)
reperimento di dati (informatica)
data retrieval (computer)
reputazione
reputation
requisiti di riserva
reserve requirement
requisiti per la quotazione
listing requirements
resettare (informatica)
reset (computer)
resi e abbuoni sulle vendite
sales returns and allowances

residenziale
residential
resoconto provvisorio
interim statement
responsabile
superintendent
responsabile dei materiali
material man
responsabilità
accountability
responsabilità civile
civil liability
responsabilità civile verso
terzi
civil liability
responsabilità cumulativa
cumulative liability
responsabilità di pensione
minima
minimum pension liability
responsabilità diretta
direct liability
responsabilità e rischi
commerciali
business exposures liability
responsabilità
incondizionata
absolute liability
responsabilità legale
legal liability
responsabilità limitata
limited liability
responsabilità penale
criminal liability
responsabilità personale
personal liability
responsabilità professionale
professional liability
responsabilità sociale
social responsibility
responsabilità solidale
joint and several liability, joint
liability
responsabilità vicaria
vicarious liability
restituzione di proprietà al
precedente possessore
reconveyance
restituzione
restitution
restringimento
shrinkage, squeeze
restrizione
restriction

restrizione di scrittura
deed restriction
rete *(informatica)*
network *(computer)*
rete di comunicazioni
communications network
rete locale *(informatica)*
LAN (local area network) *(computer)*
retribuzione a cottimo; cottimo
piece rate
retribuzione a premio
premium pay
retribuzione annua garantita
guaranteed annual wage (GAW)
retribuzione graduale
graduated wage
retribuzione minima garantita
wage floor
retroattivo
retroactive
retrodatare
backdating
reversione
reversion
revisione analitica
analytical review
revisione contabile
audit
revisione contabile completa
complete audit
revisione contabile sommaria
limited audit
revisione esterna
external audit
revisione interinale
interim audit
revisione interna
internal audit
revisione legale dei conti
statutory audit
revisione operativa
operational audit
revisione sul posto
site audit
revisione permanente
continuous audit
revoca
revocation
revocare
disaffirm
revocare un pegno
discharge of lien
riabilitazione
rehabilitation

riabilitazione del fallito
discharge in bankruptcy
riacquisto
buy in, recovery
rialzista
bull
rialzo tecnico
technical rally
riassestamento
readjustment
riassicurazione
reinsurance
riassicurazione per eccesso di
perdita globale
stop-loss reinsurance
riavviare il computer *(informatica)*
reboot *(computer)*
ribassista
bear
ribasso
rebate
ricambio di magazzino
inventory turnover
ricapitalizzazione
recapitalization
ricavo
proceeds
ricavi della rivendita
resale proceeds
ricavi netti
net proceeds,
net sales
ricavo dalle rivendite
proceeds from resale
ricavo marginale
marginal revenue
ricchezza nazionale
national wealth
ricco
rich
ricerca
research
ricerca applicata
applied research
ricerca del titolo di proprietà
title search
ricerca di mercato
market research, marketing research
ricerca e sviluppo (RS)
research and development (R&D)
ricerca operativa
operations research (OR)
ricerca qualitativa
qualitative research

ricerca quantitativa
quantitative research
ricevimento
receipt
ricevitore
receiver
richiamare *(informatica)*
recall *(computer)*
richiamo
recall
richiamo di massa
mass appeal
richiesta di copertura
margin call
richiesta di fondi
application of funds
richiesta di prestito
loan application
richiesta di proposta
request for proposal (RFP)
riciclaggio
recycling
ricollocamento preferenziale
preferential rehiring
riconciliazione
reconciliation
riconoscimento
acknowledgment, recognition
riconoscimento del parlato
(informatica)
speech recognition *(computer)*
riconoscimento della voce
(informatica)
voice recognition *(computer)*
riconoscimento di debito
due bill
riconsegnare
reconsign
ricoperture di scoperto
short squeeze
ricorso
recourse
ricorso contro mandato per
errore
writ of error
riduzione
abatement
riduzione d'imposta
tax abatement
riduzione del risarcimento
mitigation of damages
riduzione in un piano
pensionistico
curtailment in pension plan

riesame
review
rifinanziare
refinance
rifondere un
debito
recasting a debt
riforma
reformation
rigenerare
(informatica)
refresh
(computer)
rilanciare
outbid
rilascio
issue
rilascio
release
rilascio completo delle
informazioni
full disclosure
rilascio parziale
partial release
rilascio preventivo
prerelease
rilevamento
takeover
rimanenze contabili
book inventory
rimanenze finali
closing inventory
rimborso
recoupment, redemption
rimborso anticipato
prepayment
rimborso di capitale
return of capital
rimborso per
esperienza
experience refund
rimborso premi su polizze
disdette
unearned premium
rimedio
remedy
rimessa telegrafica
cable transfer
rimpatrio
repatriation
rinegoziare
renegotiate
rinnovamento della proprietà
reconditioning property

rinnovo a lungo
senior refunding
rinnovo del debito
refunding
rinuncia
surrender, waiver
rinvio
remit
riorganizzare (un'azienda)
shakeup
riorganizzazione
reorganization
riparato
landlocked
riparazioni
repairs
ripartizione
apportionment
ripartizione dei costi
cost application
ripetizione
iteration
riporto (da esercizi
precedenti)
carryback
riporto da esercizi precedenti
carryover
riporto perdite
loss carryforward
riprendere
recapture
ripresa
rally
ripresa automatica del
funzionamento
warm start
ripresa *(informatica)*
restart *(computer)*
ripristino del valore
monetario
remonetization
riproduttore di mezzi audiovisivi
(informatica)
media player *(computer)*
ripudio
repudiation
risanamento edilizio
urban renewal
risarcire
indemnify, recoup
riscatto di debiti
debt retirement
riscatto su polizza vita
life insurance surrender

rischio
risk
rischio al ribasso
downside risk
rischio di credito
credit risk
rischio paese
sovereign risk
rischio professionale
occupational hazard
rischio sistematico
systematic risk
rischio soggettivo
moral hazard
rischio speculativo
speculative risk
rischio statico
static risk
risconto
rediscount
risconto attivo
prepaid expense
risconto di interesse
unearned interest
riscrivere *(informatica)*
overwrite *(computer)*
riscuotibile
collectible
riserva
reserve
riserva (di materie prime)
stockpile
riserva *(informatica)*
standby *(computer)*
riserva di bilancio
balance sheet reserve
riserva di cassa
cash reserve
riserva obbligatoria
federal funds (FED FUNDS)
riserva per crediti inesigibili
bad debt reserve
riserva presa a prestito
borrowed reserve
riservato
confidential
riserve delle eccedenze
excess reserves
riserve monetarie
monetary reserve
risoluzione
resolution
risoluzione anticipata di contratto
anticipatory breach

risorsa
resource
risorse dei fondi
sources of funds
risorse naturali
natural resources
risorse naturali non rinnovabili
nonrenewable natural resources
risorse naturali rinnovabili
renewable natural resource
risorse umane
human resources
risparmio forzato
forced saving
risposta
answer
ristabilimento
reinstatement
ristrutturazione
workout
risultato finale
bottom line
risultato
yield
risviluppare
redevelop
ritenuta d'acconto
withholding tax
ritenuta
withholding
ritenute sugli stipendi
payroll deduction
ritirare
impound
ritirarsi
retire
ritiro
retirement, withdrawal
ritmo d'inflazione
inflation rate
ritorno
return
ritorno di informazione
information return
ritorno manuale *(informatica)*
hard return *(computer)*
rivalutazione
revaluation
rivelazione
disclosure
rivenditore specializzato
specialty retailer

rivista di categoria
trade magazine
rivoluzione industriale
industrial revolution
rizonizzazione
down zoning, rezoning
rizonizzazione di
terreno
spot zoning
rotazione
rollover
rotazione delle
scorte
stock turnover

rotazione di capitali
capital turnover
rotazione elevata
churning
rotazioni degli incarichi
job rotation
rottura
break, breakup
ruolo delle imposte
assessment role
rurale
rural
rurale e urbano
rurban

S

sabotaggio
sabotage
sala di consiglio
boardroom
salariati
salariat
salario annuale
annual wage
salario
wage
saldo
remainder
saldo compensativo
compensative balance
saldo medio giornaliero
average (daily) balance
saldo scoperto
outstanding balance
salto di qualità
flight to quality
salto di scaglione
bracket creep
salvaschermo *(informatica)*
screen filter *(computer)*
sanzione civile
civil penalty
sanzioni economiche
economic sanctions
saturazione
glut
scadenze scaglionate
staggering maturities
scaglione d'imposta
tax bracket
scala
scale *(computer)*
scala ad intervallo
interval scale
scala dei grigi *(informatica)*
gray scale *(computer)*
scala di rapporti
ratio scale
scala nominale
nominal scale
scala ordinale
ordinal scale
scala retributiva
wage scale

scala salariale
wage bracket
scalata
buyout
scalata bust-up
bust-up acquisition
scambio
swap
scambio senza imposta
tax-free exchange
scappatoia
loophole
scappatoia fiscale
tax shelter
scappatoia fiscale abusiva
abusive tax shelter
scaricamento
discharge
scaricare *(informatica)*
download *(computer)*
scarico
unloading
scarsità
scarcity
scarto quadratico medio
standard deviation
scelto
select
scheda
schedule
scheda (per votare)
ballot
scheda d'ordine
order card
scheda dati personale
personal data sheet
scheda di gioco *(informatica)*
game card *(computer)*
scheda grafica *(informatica)*
graphics card *(computer)*
scheda magnetica *(informatica)*
magnetic card *(computer)*
scheda videografica *(informatica)*
video graphics board *(computer)*
schema di flusso degli ordini
order flow pattern
schema generale
general scheme

schermata d'aiuto *(informatica)*
help screen *(computer)*
schermata di avvio *(informatica)*
start-up screen *(computer)*
schermo a contatto *(informatica)*
touch screen *(computer)*
schermo a cristalli liquidi
(informatica)
liquid crystal display (LCD) *(computer)*
schermo dei titoli
(informatica)
title screen *(computer)*
scienza attuariale
actuarial science
scienza dell'organizzazione
management science
scioperare
hit the bricks
sciopero
strike
sciopero bianco
slowdown
sciopero con occupazione
sit-down strike
sciopero di solidarietà
sympathetic strike
sciopero generale
general strike
sciopero selvaggio
wildcat strike
sciopero spontaneo
walkout
sconfinamento nei costi
cost overrun
sconfinamento
trespass
scongelare
unfreeze
scontista
discount broker
sconto
discount
sconto commerciale
accounts receivable financing
sconto di cassa
cash discount
sconto ipotecario
mortgage discount
sconto non guadagnato
unearned discount
**sconto o prezzo speciale offerto dal
  produttore**
handling allowance

sconto promozionale
promotional allowance
sconto su titoli
bond discount
sconto sul quantitativo
quantity discount, volume discount
**sconto sulle azioni di nuova
  emissione**
original issue discount
(OID)
sconto verticale
vertical discount
scoperta
discovery
scopritore di talenti
headhunter
scorrere in alto *(informatica)*
scroll up *(computer)*
scorrere in basso *(informatica)*
scroll down *(computer)*
scorrettezza
malpractice
scrittoio
desk
scrittore
writer
scrittura di chiusura
closing entry
scrittura di rettifica
adjusting entry
scrittura di storno
reversing entry
scrittura non registrata
unrecorded deed
scritturazione originaria
original entry
secondo le regole
buy the book
secondo scala
true to scale
secondo scala
(informatica)
true to scale *(computer)*
secondo turno di lavoro
swing shift
sede centrale
front office
seggio
seat
**segmentazione del
  mercato**
market segmentation
segnali misti
mixed signals

segreto di fabbricazione
trade secret
seguire i prezzi
reading the tape
seguire la via veloce
fast tracking
selezionare *(informatica)*
select *(computer)*
semestrale
semiannual
semiconduttore
semiconductor
semiduplex
half duplex
semilavorati
intermediate goods
semplificazione del lavoro
work simplification
sentenza di esecuzione
ipotecaria
deficiency judgment
sentenza interlocutoria
interlocutory decree
senza crescita
no-growth
senza ricorso
without recourse
senza scopo di lucro
not for profit
senza vincoli né ipoteche
free and clear
separazione
severalty, strip
separazione dei beni
separate property
separazione delle funzioni
segregation of duties
separazione fra linee
line pitch
separazione fra linee
(informatica)
line pitch *(computer)*
serrata
lockout
servente web*(informatica)*
web server *(computer)*
servitù
Easement
servitù implicita
implied easement
servizio
service
servizio acquisti
shopping service

servizio assistenza clienti
customer service
servizio del debito
debt service
servizio del prestito costante/fisso
level debt service
servizio di consulenza per gli
investimenti
investment advisory service
servizio di merchandising
merchandising service
servizio pubblico
utility
servo *(informatica)*
server *(computer)*
settimana lavorativa
work week
settore
sector
sfratto
ejectment, eviction
sfratto costruttivo
eviction, constructive
sfratto di rappresaglia
retaliatory eviction
sfratto effettivo
eviction, actual
sfratto parziale
eviction, partial
sfruttamento
exploitation,
milking
sfruttamento della
manodopera
sweatshop
sicurezza del posto di lavoro
job security
sicurezza garantita
guaranteed security
sigillo
seal
significanza
materiality
simbolismo
tokenism
simbolo azionario dei
titoli
stock symbol
simbolo di successo
status symbol
simulazione
simulation
simulazione di malattia
malingering

sindacato
employee association, trade union
sindacato aperto
open union
sindacato autonomo
independent union
sindacato dei giornalisti
newspaper syndicate
sindacato dei lavoratori
labor union
sindacato di categoria
craft union
sindacato industriale
industrial union
sindacato internazionale
international union
sindacato interno aziendale
company union
sindacato verticale
vertical union
sindaco
auditor
sinergia
synergy
sistema (informatica)
system (computer)
sistema a punto di riordino
order-point system
sistema accelerato di recupero del
   costo
accelerated cost recovery system
(ACRS)
sistema allodiale
allodial system
sistema autonomo
stand-alone system
sistema basato sul profitto
profit system
sistema contabile
accounting system
sistema contabile basato sui valori
   attuali
current value accounting
sistema contabile dei costi diretti
direct costing
sistema dei prezzi
price system
sistema dei suggerimenti
suggestion system
sistema di contabilità anticipata
imprest system
sistema di denominazione del
   dominio
domain name system

sistema di informazione di
   marketing
marketing information system
sistema di informazione per la
   direzione
management information system
(MIS)
sistema di mercato
market system
sistema di supporto decisionale
decision support system (DSS)
sistema economico
economic system
sistema gestionale
management system
sistema interattivo
interactive system
sistema metrico
metric system
sistema monetario
monetary standard
sistema operativo di base
basic operating system (computer)
sistema per controllare il
   pagamento delle tasse
back up withholding
sistema retributivo a incentivi
incentive wage plan
sistema standard di
   classificazione industriale
standard industrial classification (SIC)
system
sistemare
settle
situazione di cassa
cash position
situazione finanziaria
statement of affairs
situazione speciale
special situation
smistamento
switching
socialismo
socialism
società
partnership
società a leva finanziaria
leveraged company
società a ristretta partecipazione
   azionaria
closely held corporation
società anonima a responsabilità
   limitata
limited company

società collegata
subsidiary company
società controllante
holding company
società controllata
affiliated company, controlled
company
società cooperativa di credito
credit union
società cooperativa di produzione
producer cooperative
società di capitali
joint stock company
società di gestione amministrativa
administrative management society
società di investiment
investment company
**società di investimenti che vende
fondi mutui al pubblico**
open-end management company
società di investimento registrata
registered investment company
società di mutua assicurazione
mutual insurance company
società di mutuo soccorso
mutual association
società fiduciaria
trust company
società fiduciaria depositaria
depository trust company (dtc)
società finanziaria
finance company
**società finanziaria a carattere
personale**
personal holding company (PHC)
società finanziaria bancaria
bank holding company
società finanziaria dipendente
captive finance company
società in accomandita semplice
limited partnership
**società in accomandita semplice
principale**
master limited partnership
**società iscritta (Borsa di New
York)**
member firm or member corporation
società legalmente costituita
registered company
società liquidata
defunct company
società multinazionale
multinational corporation
(MNC)

società mutua
mutual company
società nazionale
domestic corporation
società ombra
shell corporation
**società per investimenti
regolamentati**
regulated investment company
società privata in accomandita
private limited ownership
società senza capitale azionario
nonstock corporation
società senza scopo di lucro
nonprofit corporation
**società sotto giurisdizione
straniera**
alien corporation
società straniera
foreign corporation
socio
partner
socio accomandante
limited or special partner
socio accomandatario
general partner
socio minoritario
junior partner
socio occulto
silent partner
soddisfacimento delle esigenze
need satisfaction
soddisfazione sul lavoro
job satisfaction
software applicativo *(informatica)*
application software *(computer)*
software contabile
accounting software
software migliorato *(informatica)*
upgrade software *(computer)*
soggetto a ipoteca
subject to mortgage
solo lettura *(informatica)*
read-only *(computer)*
soltanto servizi amministrativi
administrative services only (ASO)
solvibilità
ability to pay, solvency
somma dei dividendi
dividend addition
somma orizzontale
cross-footing
sopravvalutato
overvalued

sopravvalutazione delle giacenze
di magazzino
watered stock
sopravvenienza
extraordinary item
sospensione
suspension
sospensione dal lavoro
lay off
sospensione di
transazione
suspended trading
sospensione disciplinare
disciplinary layoff
sosta
demurrage
sostegno dei prezzi
price support
sostituibilità
trade-off
sostituire *(informatica)*
replace *(computer)*
sostituzione di reddito
income replacement
sostituzione; rimpiazzo
substitution
sotto banco
under the counter
sotto la pari
below par
sottoassicurato
underinsured
sottocapitalizzazione
undercapitalization
sottoccupato
underemployed
sottoindice
(informatica)
subdirectory
(computer)
sottolineare
(informatica)
underline *(computer)*
sottoprodotto
spin-off,
by-product
sottoprogramma
subroutine
sottoscrittore
underwriter
sottoscrizione
subscription
sottovalutato
undervalued

sottrazione di manodopera
labor piracy
sovranità
royalty
sovrappiù elargito
donated surplus
sovrapprezzo
surcharge
sovrapprezzo azioni
additional paid-in capital
sovratensione
power surge
sovrimposta
surtax
spazio aperto
open space
specialista
specialist
specializzazione orizzontale
horizontal specialization
specializzazione verticale
vertical specialization
specifica
specification
specificazioni delle
mansioni
job specification
speculatore
Raider
speculazione al ribasso
bear raid
spedizione
consignment
spedizione di pacchi a tariffa
maggiorata
special handling
spergiuro
perjury
spesa
expense
spesa generale
general expense
spesa in disavanzo
deficit spending
spesa incrementale
incremental spending
spesa nazionale lorda
gross national expenditure
spesa o deposito non
rimborsabile
nonrefundable fee or nonrefundable
deposit
spesa straordinaria
nonrecurring charge

spese bancarie e (costi) di
mantenimento
carrying charge
spese d'esercizio; spese di
gestione
operating expense
spese dell'esercizio
period expense
spese di amministrazione
administrative expense
spese di chiusura
closing cost
spese di esercizio ordinarie e
necessarie
ordinary and necessary business
expense
spese di gestione
origination fee
spese di interessi per
investimento
investment interest expense
spese di riserva
standby fee
spese generali
overhead
spese generali indirette
indirect overhead
spese generali non imputate
underapplied overhead
spese non operative
nonoperating expense (revenue)
spese per l'uso di una rete
ferroviaria
trackage
spezzatura
odd lot
spia
stool pigeon
spiazzamento
crowding out
spillatico
pin money
spionaggio
espionage
spirale inflazionistica
inflationary spiral
spogliare
dispossess
sportello sconto
discount window
sprecodanni
waste
stabilità
footing

stabilizzatore automatico
built-in stabilizer
stabilizzatori automatici
(fiscali)
automatic (fiscal) stabilizers
stabilizzazione
stabilization
stabilizzazione dei prezzi
price stabilization
stabilizzazione salariale
wage stabilization
stagionalità
seasonality
stagnazione
stagnation
stampa fronte retro (informatica)
duplex printing (computer)
stampante (informatica)
printer (computer)
stampatrice lineare
line printer
standard
standard
standard industriale
industry standard
stanza di compensazione
clearinghouse
stanziamenti
appropriation
stanziamento pubblicitario
advertising appropriation
stanziare
allocate
statistica
statistics
statistica descrittiva
descriptive statistics
statistica di prova
test statistic
statistica f
f statistic
statistica non parametrica
nonparametric statistics
statistica T
T statistic
statisticamente significativo
statistically significant
stato
status
stato del pagamento
paid status
stato patrimoniale
individuale
personal financial statement

stato patrimoniale pro-forma
projected (pro forma) financial
statement
stato sociale
welfare state
statuto
statute
statuto societario
articles of incorporation
stazione commerciale
trading post
stile amministrativo
management style
stima
estimate
stimare
appraise
stimatore
appraiser
stimatore imparziale
unbiased estimator
stipendio
salary, stipend, stipendiary
stipendio netto
take-home pay
stipula
stipulation
stocastico
stochastic
stock
stock
stock di riserva
buffer stock
storia del portafoglio
portfolio history
straripamento
overflow
strategia
strategy
strategia competitive
competitive strategy
strategia d'investimento
investment strategy
strategia di differenziazione
differentiation strategy
strategia di marketing
milking strategy
strategia di segmentazione
segmentation strategy
striscia magnetica
(informatica)
magnetic strip (computer)
striscia nell'imballaggio
package band

strumento
instrument
strumento di debito
debt instrument
strumento di disegno (informatica)
draw tool (computer)
strumento negoziabile
negotiable instrument
strumento non negoziabile
nonnegotiable instrument
struttura
structure
struttura aziendale direzione-
esecuzione
line and staff organization
struttura complessa di capitale
complex capital structure
struttura corporativa
corporate structure
struttura del capitale
capital structure
struttura finanziaria
financial structure
struttura organizzativa
organization structure
struttura organizzativa verticale
vertical management structure
struttura storica
historical structure
strutture annesse
appurtenant structures
studio dei micromovimenti
micromotion study
studio dei movimenti
motion study
studio della fattibilità
feasibility study
su richiesta
on demand
subaffittare
sublet
subaffitto
sublease
subaffittuario
subtenant
subappaltatore
subcontractor
subire una perdita considerevole
take a bath, take a beating
submarginale
submarginal
subordinato
subordinated

subordinazione
subordination
subottimizzare
suboptimize
successione sull'utilizzazione del
suolo
land-use succession
suddividere
subdividing
suddivisione
subdivision
suddivisione in zonevendita
zoning
supercomperato
overbought
superficie complessiva
lorda
gross leaseable area
superficie in acri
acreage
supermercato
supermarket
supermercato finanziario
financial supermarket
supernazionale
transnational
surplus
surplus
surriscaldamento
overheating
surrogazione
subrogation
sussidi in caso di
sciopero
strike benefits
sussidiario
subsidiary

sussidio
subsidy
sussidio in caso di sciopero
strike pay
sussidio speciale
specific subsidy
sussistenza
subsistence
svalutare
depreciate
svalutazione accumulata
accumulated depletion
svalutazione economico
economic depreciation
svalutazione mista
composite depreciation
svalutazione
devaluation, depreciation
svendita
blowout
sviluppo
development
sviluppo del lavoro di
squadra
team building
sviluppo del marchio
brand development
sviluppo dell'organizzazione
organization development
sviluppo economico zero
zero economic growth
svolgere un secondo
lavoro
moonlighting
svuotare
(informatica)
purge (computer)

T

tabella della domanda
demand schedule
tabella di monitoraggio
hit list
tabella di mortalità
mortality table
tabulazione incrociata
cross tabulation
tagliare *(informatica)*
crop *(computer)*
tale quale
as is
tariffa a listino
rate card
tariffa comune
joint fare, joint rate
tariffa di una sola volta
one-time rate
tariffa doganale
tariff
tariffa fissa
flat scale
tariffa molto ribassata
supersaver fare
tariffa per miglio
mileage rate
tariffa per trasporti cumulativi
through rate
tariffa ridotta
carload rate
tariffazione in base all'esperienza
experience rating
tassa del pendolare
commuter tax
tassa di incentivo
incentive fee
tassa di interesse "civetta"
teaser rate
tassa di manutenzione
maintenance fee
tassa di successione; imposta sui
trasferimenti
transfer tax
tassa sugli articoli di lusso
luxury tax
tassa sull'accumulazione dei
profitti
accumulated earnings tax or

accumulated profits
tassazione
taxation, interest on dividends
tassi e classificazioni
rates and classifications
tasso annuale
annualized rate
tasso base
rate base
tasso combinato
blended rate
tasso contrattuale
contract rate
tasso d'interesse
interest rate
tasso d'interesse nominale
nominal interest rate
tasso della pagina *(informatica)*
frame rate *(computer)*
tasso di assenza
absence rate
tasso di assorbimento
absorption rate
tasso di attualizzazione
hurdle rate
tasso di base
prime rate
tasso di cambio
exchange rate
tasso di cambio di moneta
fluttuante
floating currency exchange rate
tasso di cambio fluttuante
floating exchange rate
tasso di capitalizzazione
capitalization rate
tasso di crescita economica
economic growth rate
tasso di errori sui bit *(informatica)*
bit error rate *(computer)*
tasso di incremento
growth rate
tasso di incremento composto
compound growth rate
tasso di incremento della
popolazione pari a zero
zero population growth (ZPG)
tasso di interesse reale
real interest rate

tasso di interesse variabile
variable interest rate
tasso di liquidità
liquidity ratio
tasso di posti vacanti
vacancy rate
tasso di recupero
recapture rate
tasso di reinvestimento
reinvestment rate
tasso di remunerazione dei federal funds
federal funds rate
tasso di remunerazione della gestione finanziaria
financial management rate of return (FMRR)
tasso di remunerazione reale
real rate of return
tasso di remunerazione richiesto
required rate of return
tasso di rinvio
remit rate
tasso di risconto
rediscount rate
tasso di risparmio
savings rate
tasso di sconto
discount rate
tasso di sconto aggiustato
risk-adjusted discount rate
tasso d'interesse sul prestito all'intermediario
broker loan rate
tasso effettivo
effective rate
tasso globale di ritorno
overall rate of return
tasso interno di remunerazione
internal rate of return (IRR)
tasso percentuale annuo
annual percentage rate (APR)
tasso ufficiale di cambio
official exchange rate
tastiera _(informatica)_
keyboard _(computer)_
tastiera qwerty _(informatica)_
qwerty keyboard _(computer)_
tastiera qwertz _(informatica)_
qwertz keyboard _(computer)_
tasto _(informatica)_
key _(computer)_

tasto alt _(informatica)_
alternate coding key (alt key) _(computer)_
tasto di commutazione _(informatica)_
toggle key _(computer)_
tasto di funzione _(informatica)_
function key _(computer)_
tasto di posizionamento della tastiera _(informatica)_
shift key _(computer)_
tasto di posizionamento iniziale _(informatica)_
home key _(computer)_
tasto di servizio _(informatica)_
control key (ctrl) _(computer)_
tasto di spaziatura _(informatica)_
space bar _(computer)_
tasto eliminare _(informatica)_
delete key (del _(computer)_))
tasto escape _(informatica)_
escape key (esc) _(computer)_
tasto num lock. _(informatica)_
num lock key _(computer)_
tasto per tornare indietro _(informatica)_
backspace key _(computer)_
tasto tab _(informatica)_
tab key _(computer)_
tattica
tactic
tavola di contingenza
contingency table
tecnica di promozione vendite
sweepstakes
tecnologia
technology
telecomunicazioni
telecommunications
telegramma notturno
night letter
tempesta di idee
brainstorming
tempo compensativo
compensatory time
tempo concesso
allowed time
tempo di accesso
access time
tempo di pausa
off time

tempo di risposta
turnaround time
tempo e un mezzo
time-and-a-half
tempo improduttivo
downtime
tempo morto
dead time
tendenza a lungo termine
long-term trend
tendenza centrale
central tendency
tenore di vita
standard of living
teoria dei titoli di proprietà
title theory
teoria dell'anello debole
weakest link theory
teoria della motivazione
esterna
field theory of motivation
teoria di Dow
Dow theory
teoria di un insieme di diritti
bundle-of-rights theory
teoria moderna di gestione del
portafoglio
modern portfolio theory (MPT)
termine
expiration, term
termine fisso
locked in
termine ultimo a mezzanotte
midnight deadline
termine utile
closing date
terra
land
terreno allo stato naturale
raw land
terreno migliorato
improved land
terreno non utilizzato
vacant land
terza persona
third party
tesoriere
treasurer
tessili
soft goods
test del chi-square
chi-square test
test di ipotesi a due code
two-tailed test

test di mercato
market test
test di piazzamento
placement test
testamento
testament
testata di pubblicazione
masthead
testatore
testator, testate
testimoniale
testimonial
testimonianza
testimonium
testo obbligatorio
mandatory copy
tetto salariale
wage ceiling
tipologia di avvolgimento
(informatica)
wraparound type
(computer)
tiro
draw
titoli
securities
titoli azionari privile
giati
cumulative preferred
stock
titoli difensivi
defensive securities
titoli esenti
exempt securities
titoli flottanti
floating securities
titoli negoziabili
marketable securities
titoli nominativi
registered security
titoli scritturali
book-entry securities
titoli stagionati
seasoned issue
titolo
title
titolo a breve termine in anticipo
di tassazione
tax anticipation note
(TAN)
titolo a medio termine
medium-term bond
titolo a sconto
discount bond

titolo ai massimi
topping out
titolo al portatore
bearer bond
titolo assicurabile
insurable title
titolo di credito
paper
titolo di crescita
performance stock
titolo di debito
debt security
titolo di prim'ordine
blue-chip stock
titolo di sviluppo
growth stock
titolo difettoso
defective title
titolo esente da imposte
tax-exempt security
titolo fiduciario per macchinari
equipment trust bond
titolo franco e libero
clear title
titolo garantito da ipoteca
mortgage-backed security
titolo immobiliare
housing bond
titolo inattivo (poco trattato)
inactive stock or inactive bond
titolo ipotecario alternativo
alternative mortgage instrument
(AMI)
titolo municipale garantito da
reddito
municipal revenue bond
titolo non quotato
unlisted security
titolo non valido di proprietà
bad title
titolo obbligazionario di società
corporate bond
titolo privilegiato
senior security
titolo quotato
listed security
titolo sottoposto a trasferimento
pass-through security
titolo sottostante
underlying security
titolo spazzatura
junk bond
titolo subordinato
junior security

titolo volante
high flyer
titolo-guida
leader
togliere l'alimentazione
(informatica)
power down (computer)
togliere la tensione (informatica)
turn off (computer)
tonnellata lorda
gross ton
topo (informatica)
mouse (computer)
torto
irreparable harm
totale di quadratura
hash total
totale parziale
subtotal
traccia
trace
tracciatore
plotter
tradimento
treason
tradurre
translate
traente
drawer
transazione a spanna
arm's length transaction
transazione con parte correlata
related party transaction
transazione garantita
secured transaction
transazione netta
net transaction
transazione
transaction
trasferimento a salto
generazionale
generation-skipping transfer
trasferimento a titolo di garanzia
collateral assignment
trasferimento di redditi
assignment of income
trasferimento
transfer payment
trasferire
relocate
trasmettere virus
(informatica)
transmit a virus
(computer)

trasmissione dati
data transmission *(computer)*
trasmissione di beni per eredità
descent
trasportare
convey
trasporto
conveyance, transportation
trasporto merci via aerea
air freight
trasporto su carro
cartage
tratta
draft
tratta a termine
time draft
tratta a vista
sight draft
trattamento di fine rapporto
termination benefits
trattario
drawee
trattato commerciale
trade agreement
trattenuta (sulla paga)
holdback
trattenuta sullo stipendio
holdback pay
tratto
tract

tribunale di giurisdizione
court of record
tribunale doganale
customs court
trimestrale
quarterly
trivellazione di pozzi
esplorativi
wildcat drilling
troncamento
truncation
truffa all'americana
confidence game
trust cieco
blind trust
trust involontario
involuntary trust
turbativa
nuisance
turno
shift
turno di notte
graveyard shift
turno diviso
split shift
turno rotatorio
rotating shift
tutti i rischi/tutti i
pericoli
all risk/all peril

U

ubicazione di massima vendita
one-hundred-percent location
udienza
audience
udito
hearing
ufficiale di stato civile
registrar
ufficio
bureau
ufficio assistenza
service department
ufficio crediti
bank trust department
ufficio del fisco americano
Internal Revenue Service (IRS)
ufficio del personale
personnel department
ufficio del registro
registry of deeds
ufficio informazioni commerciali
credit bureau
ufficio studi
research department
uguale protezione legale
equal protection of the laws
ultimo entrato, primo uscito
last in, last out (LIFO)
ultimo prezzo
last sale
un sacco di soldi
megabucks
uniforme
across the board
unione orizzontale
horizontal union
unità (informatica)
drive (computer)
unità centrale (informatica)
central precessing unit (CPU)
(computer)
unità centrale di
elaborazione
(informatica)
mainframe (computer)
unità condivisa
(informatica)
shared drive (computer)

unità di commando
unity of command
unità di contrattazione
trading unit
unità disco (informatica)
disk drive (computer)
unità disco rigido
(informatica)
hard drive (computer)
unità modello
model unit
unità operativa
task group
unità periferica
peripheral device
unità periferica (informatica)
peripheral device, input-output device
(computer)
uomo di paglia
straw man
urbano
urban
uscire dal sistema (informatica)
sign off (computer)
uscita su stampante
(informatica)
printout (computer)
uso intensivo di manodopera
people intensive
uso non conforme
nonconforming use
uso più consono e dal più alto
rendimento
highest and best use
uso preesistente
preexisting use
uso pubblico
public use
usucapione
adverse possession
usufrutto vedovile (del marito)
curtesy
usufruttuario
beneficial owner
usufruttuario a vita
life tenant
usura
usury

usurpare
encroach
usurpazione
encroachment
utente
(informatica)
user *(computer)*
utile lordo
gross earnings,
gross profit
utile netto
net profit
utile netto per azione
ordinaria
net income per share of common
stock
utile non ripartito
undivided profit
utili ante imposte
earnings before taxes
utili e profitti
earnings and profits
utili ipotetici
paper profit (loss)

utili non distribuibili
restricted surplus
utili non distribuiti appropriati
appropriated retained earnings
utili non ripartiti
retained earnings, unappropriated
retained earnings
utili per azione
earnings per share
utili per azioni (ordinarie) diluiti
fully diluted earnings per (common)
share
utili primari per azioni
ordinarie
primary earnings per (common) share
utili realizzati
realized gain
utilità di luogo
place utility
utilità marginale
marginal utility
utilizzatore finale
(informatica)
end user *(computer)*

V

vacante
vacant
valido
valid
valido fino a revoca
good-till-canceled order
(GTC)
valore
worth
valore atteso
expected value
valore attuale
present value
valore attuale di 1
present value of 1
valore attuale di annualità
present value of annuity
valore attuale di mercato
current market value
valore attuale netto
net present value (NPV)
valore capitalizzato
capitalized value
valore combinato
blended value
valore comparabile
comparable worth
valore contabile
book value
valore contabile effettivo
actual cash value
valore contabile netto
net book value
valore determinato dalla
scarsezza
scarcity value
valore di credito
loan value
valore di liquidazione
liquidated value
valore di mercato
market value
valore di p
p value
valore di realizzo
salvage value
valore di riscatto (ass.)
cash surrender value

valore di scambio; controvalore
value in exchange
valore di un'impresa in
funzionamento
going-concern value
valore di una proprietà affittata
leasehold value
valore economico
economic value
valore facciale
face amount
valore in dollari LIFO
dollar value LIFO
valore intangibile
intangible value
valore intrinseco
intrinsic value
valore marginale
imputed value
valore netto delle attività
net asset value (nav)
valore netto realizzabile
net realizable value
valore nominale
par value
valore nominale
dell'interesse
face interest value
valore oggettivo
objective value
valore patrimoniale netto
net assets
valore psichico
psychic income
valore rapportato al tempo
time value
valore reale del denaro
real value of money
valore residuo
residual value
valore reversibile
reversionary value
valore stabilito
stated value
valore svalutato
written-down value
valori fluttuanti
floating supply

valuta controllata
managed currency
valuta debole
soft currency
valuta metallica
hard money
valuta preferenziale
reporting currency
valutazione
appraisal
valutazione a mercato
mark to the market
valutazione accertata
assessed valuation
valutazione del merito
merit rating
valutazione delle fonti
source evaluation
valutazione di idea
concept test
valutazione di titoli
security rating
valutazione prospettiva
prospective rating
valutazione
valuation
valutazioni delle
mansioni
job evaluation
vantaggio assoluto
absolute advantage
vantaggio concorrenziale
differential advantage
variabile
variable
variabile con indice
subscripted variable
variabili indipendenti
independent variables
variazione
change, variance
variazione ciclica
cyclic variation
variazione nel prezzo secondo le
notizie
discounting the news
variazione nel tasso di
interesse
twisting
velo corporativo
corporate veil
velocità di trasmissione
(informatica)
baud rate (computer)

velocità
velocity
vendita
sale
vendita a domicilio
house-to-house selling
vendita a rate
installment sale
vendita a terzi
third-party sale
vendita ai rivenditori
sell-in
vendita al dettaglio
retail
vendita allo scoperto (borsa)
selling short
vendita coatta
forced sale
vendita condizionata
conditional sale
vendita del centesimo
one-cent sale
vendita di cianfrusaglie
tag sale
vendita diretta
direct sales, nonstore
retailing
vendita e rilocazione
sale and lease back
vendita fittizia di titoli
wash sale
vendita giudiziaria
judicial foreclosure or judicial sale
vendita nel mercato
parallelo
over-the-counter retailing
vendita o scambio
sale or exchange
vendita pubblica
public sale
vendita scoperta
writing naked
vendita sottocosto
dumping
vendita specializzata
specialty selling
vendita totale
absolute sale
vendite elusive
tax selling
venditore
salesperson, vendor
venditore ambulante
huckster

verbale (di assemblea)
minutes
verbale di ogni incontro
call report
verdetto
judgment
verdetto diretto
directed verdict
verifica di conformità
compliance audit
verifica precedenti
background check
verificatore ortografico
(informatica)
spell checker *(computer)*
verme *(informatica)*
worm *(computer)*
versamento
payout
versamento del rateo finale di
mutuo
balloon payment
versamento in contanti
cash disbursement
vertenza di lavoro
labor dispute
vettore
carrier
vettore contrattuale
contract carrier
vicepresidente
vice-president
vicolo cieco
impasse
videoconferenza
(informatica)
video conference
(computer)
vincolo paesaggistico
scenic easement

violazione di brevetto
patent infringement
violazione di un diritto
legal wrong
violazione
violation
violenza privata
battery
vista di contorno *(informatica)*
outline view *(computer)*
vita ammortizzabile
depreciable life
vita economica
economic life
vita intera a premi limitati)
limited payment life insurance
vita utile di riferimento
guideline lives
vita utile
useful life
vitalizio
life estate
vizio occulto
latent defect
volatile
volatile
volontà
will
volume d'affari
turnover
volume
volume
volume totale
total volume
votazione cumulativa
cumulative voting
votazione statutaria
statutory voting
voto sindacale
strike vote

Z

zatteraggio
lighterage
zona di povertà
blighted area
zona di rilevamento
survey area

zona di terreno attorno ad una
  abitazione
curtilage
zona franca
foreign trade zone
zona residenziale
residential district

Order Form

Fax orders (Send this form): (301) 424-2518. Telephone orders: Call 1 (800) 822-3213 [in Maryland: (301) 424-7737]
E-mail orders: spbooks@aol.com or www.SchreiberLanguage.com
Mail orders to: Schreiber Publishing, 51 Monroe St., Suite 101, Rockville MD 20850 USA
  Please send the following books, programs, and/or a free catalog. I understand that I may return any of them for a full refund, for any reason, no questions asked:

ˈ **The Translator's Handbook** 5ᵗʰ Revised Edition - $25.95
ˈ **Spanish Business Dictionary** - Multicultural Spanish - $24.95
ˈ **German Business Dictionary** - $24.95
ˈ **French (France and Canada) Business Dictionary** - $24.95
ˈ **Chinese Business Dictionary** - $24.95
ˈ **Arabic Business Dictionary** - $24.95
ˈ **Italian Business Dictionary** - $24.95
ˈ **Korean Business Dictionary** - $24.95
ˈ **Japanese Business Dictionary** - $24.95
ˈ **Russian Business Dictionary** - $24.95
ˈ **Global Business Dictionary (English, French, German, Russian, Japanese, Chinese)** - $33.95
ˈ **Spanish Chemical and Pharmaceutical Glossary** - $29.95
ˈ **The Translator's Self-Training Program** (circle the language/s of your choice): Spanish French German Japanese Chinese Italian Portuguese Russian Arabic Hebrew - $69.00
ˈ **The Translator's Self-Training Program Spanish Medical** - $69.00
ˈ **The Translator's Self-Training Program Spanish Legal** - $69.00
ˈ **The Translator's Self-Training Program - German Patents** - $69.00
ˈ **The Translator's Self-Training Program - Japanese Patents** - $69.00
ˈ **Multicultural Spanish Dictionary** - How Spanish Differs from Country to Country - $24.95
ˈ **21ˢᵗ Century American English Compendium** - The "Odds and Ends" of American English Usage - $27.95
ˈ **Dictionary of Medicine French/English** - Over one million terms in medical terminology - $179.50

Name: _____

Address: _____

City: _____ State: _____ Zip: _____

Telephone: _____ e-mail: _____
Sales tax: Please add 5% sales tax in Maryland
Shipping (U.S.): $4.50 for the first book and $2 for each additional book
Inquire about international shipping rates.
Payment: ˈ Check ˈ Credit card: ˈ Visa ˈ MasterCard

Card number: _____

Name on card: _____ Exp. Date: ___/___